OEUVRES
COMPLÈTES
D'ÉTIENNE JOUY.

TOME III.

ON SOUSCRIT A PARIS:

Chez JULES DIDOT AÎNÉ, rue du Pont de Lodi, n° 6;
BOSSANGE père, rue de Richelieu, n° 60;
PILLET aîné, imprimeur-libraire, rue Christine, n° 5;
AIMÉ-ANDRÉ, quai des Augustins, n° 59;
Et chez l'AUTEUR, rue des Trois Frères, n° 11.

OEUVRES
COMPLÈTES
D'ÉTIENNE JOUY,
DE L'ACADÉMIE FRANÇAISE;
AVEC DES ÉCLAIRCISSEMENTS ET DES NOTES.

Essai sur les mœurs.
TOME III.

PARIS
IMPRIMERIE DE JULES DIDOT AINÉ,
RUE DU PONT DE LODI, N° 6.
1823.

OBSERVATIONS

SUR

LES MOEURS FRANÇAISES

AU COMMENCEMENT DU 19ᵉ SIÈCLE.

VOLUME III.

L'ERMITE
DE
LA CHAUSSÉE-D'ANTIN.

N° LXXXIII [1ᵉʳ JANVIER 1813.]

RÉVOLUTIONS DES MODES.

> Tout change : la raison change aussi de méthode.
> Écrits, habillements, système, tout est mode
>   RACINE fils, *Épit. à Rousseau.*
>
> Je loue l'industrie d'un peuple qui cherche à faire payer aux autres ses propres mœurs et ses ajustements ; mais je le plains de se laisser lui-même si fort piper et aveugler à l'autorité de l'usage présent, qu'il soit capable de changer d'opinion et d'avis, tous les mois, s'il plaît à la coutume... On dirait que c'est quelque espèce de manie qui lui tourneboule l'entendement
>   MONTAIGNE

JE vois avec plus de plaisir que de vanité prospérer entre mes mains une entreprise où plusieurs hommes de mérite ont successivement échoué, dans le siècle dernier : le peu de succès qu'ont obtenu dans leur temps les *Spectateurs*, les *Observateurs*, les *Épilogueurs* français, avait fait croire à certaines personnes que l'amour-propre national ne s'accommodait point de cette espèce de lanterne magique, au moyen de laquelle un moraliste, plus ou moins sévère, reproduit chaque semaine quelque partie du tableau fidèle de nos vices, de nos travers, ou de nos ridicules : j'ai lieu de croire, au contraire, que c'est au défaut de fidélité de ces portraits qu'il faut s'en prendre du froid accueil qu'ils ont reçu.

L'abbé Prévost, Marivaux, et leurs imitateurs, ont fait, si j'ose m'exprimer ainsi, de l'esprit et de la morale à propos de mœurs : mais ils ne paraissent pas s'être astreints à retracer celles de leurs contemporains ; il n'y a rien de déterminé, rien de local dans leurs peintures : le site est de tous les pays ; les personnages sont de tous les temps. Je me suis tracé un cadre moins vaste ; et, par compensation de tous les avantages que ces écrivains ont sur moi, j'ai pris sur eux celui de la vérité, ou du moins de l'à-propos. Je dessine ce que je vois ; je trace des caractères que j'ai sous les yeux ; et, pour être plus sûr de la ressemblance, je moule mes figures sur la nature vivante.

Mon travail, il faut l'avouer, devient chaque jour plus facile, et souvent il m'arrive de trouver dans ma correspondance le germe, la matière, quelquefois même, comme dans la lettre suivante, le texte de mon Discours.

« Mon cher Ermite,

« Je vis solitaire, inconnu; j'aime à réfléchir, à observer, et toutes les fois que je fais quelque remarque, je m'amuse à l'écrire; mais, comme dit Marmontel, « Il est triste de voir une belle cam-« pagne, sans pouvoir dire à quelqu'un : Voilà une « belle campagne ! » C'est donc un plaisir pour moi de vous communiquer mes idées : et je m'y livre avec d'autant moins de scrupule que, vous étant tout-à-fait inconnu, vous n'êtes pas même tenu envers moi aux plus simples égards de la politesse, et que le feu est là pour faire justice de ma lettre, pour peu qu'elle vous ennuie: cela posé, M. l'Ermite, causons ensemble.

« Dites-moi, si vous le savez, pourquoi mes chers compatriotes, que Voltaire appelait Welches dans ses moments d'humeur, mais qui n'en sont pas moins célèbres pour l'excellence de leur goût et la richesse de leur imagination; pourquoi, dis-je, les Français sont, de tous les peuples, le plus sujet à s'engouer de certains souvenirs, de certaines idées rebattues, au point d'en faire, à leurs usages, à leurs modes, les plus ridicules applications? Sommes-nous des enfants, qui ne peuvent admirer un objet sans vouloir l'ôter de sa place? La raison nous dit que chaque peuple, chaque pays et chaque siècle a son caractère propre ; qu'il faut modifier avec art les emprunts qu'on lui fait, sous peine de reproduire les plus choquantes disparates ; et qu'une imitation servile est toujours un signe de médiocrité. Plus cette réflexion est juste, moins on doit s'étonner du cercle vicieux que la mode parcourt en France depuis quelques années.

« Après s'être affublée successivement de guenilles égyptiennes, grecques, romaines, asiatiques, la voilà maintenant bariolée des couleurs de la chevalerie. Naguère nous ne voulions que de l'antique, c'est du gothique qu'il nous faut maintenant : je n'examine pas si nous sommes, de caractère, plus véritablement *chevaliers* que nous n'étions *Romains* autrefois : je n'envisage que le côté frivole de nos métamorphoses ; je ne veux enlever que l'habit ; ce n'est pas ma faute si, comme la robe du centaure Nessus, il s'attache à la peau.

« Je suis lié avec un homme d'affaires, qui, en arrangeant celles des autres, a si bien fait les siennes, qu'il jouit d'une fortune considérable ; il la partage avec ses enfants et sa femme : je ne connais à celle-ci d'autre défaut que d'être esclave de la mode, comme je ne connais à mon ami d'autre ridicule que d'être, à cet égard, esclave de sa femme. La nature en a fait un gros homme court, joufflu, portant besicles et faux toupet en ailes de pigeon ; je vous laisse à penser la figure qu'il devait faire, il y a quelques années, dans une chambre à coucher meublée entièrement à la grecque, autour de laquelle régnait un bas-relief représentant les aventures galantes d'Alcibiade. Je ris encore en songeant à ce lit en glace, ombragé d'un nuage de mousseline, et soutenu par des cygnes et des Amours, où je le voyais tous les matins en bonnet de coton à mèche et en camisole d'indienne.

« Je l'allai voir, à mon retour d'un assez long voyage; en dix ans, vingt siècles avaient passé sur sa maison : je le trouvai dans une bibliothèque, dont les fenêtres en ogives ne laissaient entrer qu'un jour douteux et fatigant, à travers des vitraux coloriés. Ses livres (tous ouvrages du droit public) étaient rangés sur des rayons couleur de laque, surmontés par des écussons, où l'on était tout surpris de lire des devises, telles que,

> La science est folle parole;
> Ne suivons que d'Amour l'école.

Ou bien :

> Amour abat orgueil des braves.

Ou bien :

> Tout pour les dames.

Et autres gentillesses semblables.

« Nous prîmes jour pour dîner chez lui en famille : lorsque j'arrivai, elle était réunie dans le salon, et formait un des tableaux les plus grotesques que j'aie vus de ma vie. Le père de mon ami, en habit de droguet à fleurs et en perruque à marrons, était assis dans une espèce de chaise curule ; le maître de la maison, qui devait aller le soir, avec sa femme, au cercle d'un grand seigneur, était vêtu d'un habit habillé français ; et, à défaut d'autres siéges, il était assis, ou plutôt accroupi sur un divan très bas, qui régnait autour du salon. Madame, en grande robe à la Médicis, tenait sur son bras un schall indien : sa fille était vêtue à la grecque, son fils aîné à l'anglaise, et les enfants en mameloucks.

« Pour me consoler des folies changeantes de la mode, je voulus aller revoir les beautés immuables des arts. J'avais laissé la peinture à l'époque la plus florissante de notre école, où les David, les Gérard, les Girodet, faisaient revivre ces belles formes, ce grand goût de l'antique, dont je suis idolâtre.

« J'entre au salon : je n'y vois que de gothiques monuments, que des voûtes obscures, que des femmes ensevelies dans le velours, et des hommes emprisonnés dans l'acier. Je m'arrête, avec la foule, devant un tableau où tous les visages, masqués d'une visière, ne me laissent apercevoir, pour tout aspect humain, que les yeux louches et le nez écrasé de notre brave Duguesclin, personnage dont les vertus appartiennent à l'histoire, mais dont les traits ne conviennent pas à la peinture. Après avoir répété, dans un autre temps, avec un auteur plein d'esprit, que la paresse enlève malheureusement aux Muses :

Qui me délivrera des Grecs et des Romains !

je m'écriai en rentrant chez moi :

Qui me délivrera des chevaliers français !

« Je n'étais point encore à l'abri de leurs coups : au moment où je partais pour aller à la campagne chez un de mes amis, qui possédait une petite terre à quelques lieues de Paris, j'apprends qu'il a vendu cette agréable habitation pour acheter un vieux castel, berceau d'une illustre famille, à laquelle il a rêvé qu'il appartenait; et qu'il a l'intention d'en faire le majorat de son fils aîné.

« Je m'embarque assez tristement pour le noble manoir, situé au fond de la Basse-Bretagne : j'arrive, après avoir versé trois fois, dans le voisinage de Quimperlé ; je tourne, pendant un quart d'heure, autour d'une muraille à créneaux, flanquée de tours et de tourelles; je trouve enfin le pont-levis, que je passe sans contestation, et tout honteux de n'avoir pas un écuyer pour sonner du cor. Je me nomme à l'unique laquais du seigneur châtelain, qui battait le frac de son maître dans *la salle des armes*.

«Après de longs circuits dans les corridors obscurs et déserts du vaste édifice, je trouve M. N*** dans une salle à solives découvertes, meublée de portraits de famille et de quelques chaises de cuir noir, sur lesquelles il fallait monter pour voir par les fenêtres. Notre conversation roula pendant deux jours sur la noblesse et les traditions du lieu.

« On me mena promener en calèche, traînée par des chevaux de ferme, sur une bruyère, où se donnaient jadis les joutes et les tournois.

« J'entendis, dans une superbe chapelle, dont la moitié s'était écroulée tout nouvellement, la messe d'un prêtre dont la chasuble était faite d'un vieux morceau de velours d'Utrecht.

« Nous fîmes un assez bon dîner avec le maire, le juge de paix, et le receveur des contributions, dans la salle dite *des Vassaux*.

« Je dormis, comme on dort, au bruit des chouettes et des rats, dans un vieux lit de lampas à ramages, où le connétable de Clisson avait, dit-on, couché; et je repris avec joie la route de Paris, maudissant ma froide imagination, qui me rend plus sensible au ridicule qui naît du défaut d'accord et d'ensemble dans les choses, qu'à l'intérêt qui résulte du temps, des personnes et des souvenirs qu'elles retracent. »

A. P.

Cette lettre, dont je laisse à mes lecteurs le soin d'apprécier la malice et la gaieté, servira de préface à une très courte dissertation sur les modes, où je me propose de passer rapidement en revue les principales révolutions qu'elles ont subies en France, et les ridicules qu'elles ont successivement amenés à leur suite.

Entre autres contrastes dont se compose le caractère français, le plus marquant, le plus inexplicable, est le goût du changement uni à l'amour de la routine, que notre nation seule a trouvé le secret de concilier ; ce qui fait que nous changeons la forme de nos habits, de nos ameublements, deux ou trois fois par siècle, et que la moitié de Paris préfère encore, au même prix, l'eau bourbeuse de la Seine à l'eau purifiée ; mais cette fois il est question de mode, et non pas de routine : ne nous écartons pas de notre sujet.

Si l'on veut se faire une idée des métamorphoses par lesquelles notre mannequin a passé depuis l'origine de la monarchie, c'est dans le musée des Petits-Augustins qu'il faut aller en commencer l'étude : on y voit que la *chlamyde* des Romains, la *saye* des Sicambres, et l'*aumusse* ou *chaperon*, furent pendant deux ou trois siècles les vêtements et la coiffure à la mode chez les premiers Français. Dans ces temps reculés, les différentes classes de la société étaient distinguées par l'ampleur, l'étoffe et les bordures de la chlamyde, dont la forme était déja sensiblement altérée vers la fin du septième siècle.

La soie était exclusivement réservée aux princes et aux personnages de la plus haute distinction; le camelot et la bure étaient à l'usage de la bourgeoisie et du peuple. Autant qu'on en peut juger, par quelques monuments informes des arts, retombés alors dans la barbarie, dès ce temps (sur lequel nous n'avons d'ailleurs aucune notion précise) nos ancêtres manifestaient cette inconstance de goût que l'on a depuis tant reprochée à leurs neveux.

La protection que réclame l'industrie, et les justes bornes dans lesquelles le luxe doit être retenu, dans un état pauvre, avaient fixé l'attention du sage Louis IX : « *Il est juste que chacun s'habille suivant* « *son état* (dit ce prince dans ses instructions à son « fils): *un homme doit être proprement mis, quand* « *ce ne serait que pour plaire à sa femme; et il faut* « *faire en sorte, dans ses habillements, que les gens* « *raisonnables ne puissent pas dire qu'on en fait trop,* « *et que les jeunes gens n'aient pas lieu de dire qu'on* « *n'en fait pas assez.* »

Philippe-le-Bel, dans le siècle suivant, remit en vigueur d'anciennes lois somptuaires, pour réprimer le luxe de la bourgeoisie, qui dès-lors cherchait à marcher de pair avec la cour: *le char fut interdit aux femmes bourgeoises;* il leur fut défendu, sous peine d'amende, *de se faire accompagner de nuit avec la torche de cire;* les fourrures de certaines qualités et les pierreries furent réservées à la noblesse : *les ceintures dorées* devinrent l'apanage exclusif des courtisanes. Les femmes honnêtes de ce temps-là s'en consolèrent en créant le proverbe :

Bonne renommée vaut mieux que ceinture dorée.

Cette loi somptuaire a disparu, et nous avons conservé le proverbe, mais sans tirer à conséquence.

Un homme de lettres et d'esprit (il n'y a pas là de pléonasme) eut, il y a quelques années, l'idée ingénieuse de composer une histoire de France en chansons, non pas à la manière de certains rimeurs faméliques, qui se sont avisés d'ajuster en potspourris, sur des airs de pont-neuf, l'éloge du gouvernement, les règles de la grammaire, de la physique, et même les articles du Code civil; mais en réunissant, par un commentaire historique, les noëls, les vaudevilles, les couplets satiriques qui ont paru aux différentes époques de notre histoire, et qui se rattachent à ses principaux événements.

La *satire Ménippée* renferme un grand nombre de couplets, auxquels nous devons la connaissance d'une foule d'anecdotes sur la *Ligue*, que l'on chercherait vainement ailleurs. *Les Mazarinades* sont de vrais mémoires de la *Fronde,* qui ont sur les autres l'avantage de nous rendre, pour ainsi dire, contemporains de cette époque d'intrigues, en nous transportant au milieu des personnages qui y jouaient les principaux rôles [1].

Une *Histoire universelle des Modes,* exécutée sur le même plan, par un homme de goût, savant et philosophe, serait, à coup sûr, un des ouvrages les plus piquants et les plus originaux que l'on ait publiés. Rien de moins frivole qu'un pareil sujet, considéré dans ses rapports nécessaires avec les mœurs, avec les lois, avec l'esprit général des siècles et des nations.

En voyant les Orientaux, sous un ciel brûlant, chargés de pelisses, de schalls, d'étoffes de toute espèce; en remarquant leurs pieds qui jouent dans leurs babouches, ne peut-on pas prononcer, sans autre examen, que ces peuples sont oisifs et paresseux?

Qui ne voit dans le Hollandais, en habit bleu tout uni, en perruque ronde sans poudre, l'homme économe, laborieux et dénué d'imagination? Dans le Hongrois, sous son costume riche et guerrier, l'homme fier et indépendant? L'ancien Grec, vêtu ou plutôt orné d'habillements les plus favorables à

[1] L'histoire critique de l'époque actuelle se retrouvera tout entière dans les chansons de Béranger

la beauté, ne représente-t-il pas le peuple-roi des arts?

Si le caractère des nations se découvre dans leurs modes, on y reconnaît aussi toutes les grandes époques de leur histoire. Chez nous, par exemple, toutes les révolutions de nos mœurs ne se trouvent-elles pas dans celles de nos habits? Sous les premières races, Charlemagne qui nous apparaît avec ses cheveux coupés carrément sur le cou, sa tunique de laine brodée en soie, son manteau de peau de mouton agrafé à la manière des empereurs romains, et sa chaussure en forme de cothurne, ne nous donne-t-il pas l'idée de la barbarie, unie à quelques souvenirs d'une haute civilisation? Ne se fait-il pas reconnaître pour le conquérant qui prenait le titre d'*Auguste* tout en faisant vendre pour son compte les œufs de sa basse-cour et les légumes de son jardin?

Au temps de la féodalité, où la guerre était la seule science, et la noblesse le seul état, les hommes étaient vêtus de fer, et les femmes des armoiries de leurs époux. Une moitié de la jupe d'une femme de la maison de Dreux était occupée par une *merlette*, et l'autre par un *croissant de gueule échiqueté d'hermine*. Les femmes étaient, pour ainsi dire, sous le bouclier qui les défendait.

Dans les siècles suivants, le progrès des arts et des lumières se fait remarquer dans les modes, où règnent une élégance capricieuse, une sorte de pompe, fruit de l'imagination chevaleresque et du génie espagnol, modifié par le goût français, dont se compose, au temps de François Ier, le costume le plus pittoresque que notre nation ait adopté.

Louis XIV, dont le caractère particulier a tant influé sur celui de son siècle, fit, aux dépens du goût, mais au profit de la noblesse et de la gravité, une révolution complète dans les modes de son temps, où la majesté ne se montra pas toujours exempte de charlatanisme.

Après lui, les mœurs, et, avec elles, les habits, perdirent de leur noblesse, et continuèrent à s'éloigner de la simplicité : l'esprit de société fit de grands progrès, l'urbanité se perfectionna, les mœurs se corrompirent, et l'on vit régner ces graces de convention que le bon goût réprouve.

L'habit français, mesquin, écourté, conservait cependant quelque élégance. Bientôt les classes tendirent à se confondre, les mœurs à s'effacer ; le bon sens et le bon goût s'éloignèrent de compagnie. Tandis que les hommes, en attendant mieux, se faisaient égaux par le frac, les femmes se défiguraient à l'envi par la hauteur démesurée de leur coiffure.

La révolution arriva: on reprit alors la nature de si haut, que les habits montrèrent le corps à-peu-près nu, comme la liberté mit à découvert les vertus, les passions, et les vices de l'ame.

Dans l'immense tableau des grands événements produits par de petites causes, les modes occupent nécessairement beaucoup de place. Un des plus grands malheurs dont la France ait eu à gémir, le divorce de Louis-le-Jeune et d'Éléonore de Guyenne, vint de la mode que ce prince voulut introduire, de se raser la barbe et de se couper les cheveux. La reine, sa femme, qui paraît avoir eu, sur la beauté masculine, des idées très arrêtées, disait, avec humeur, *qu'elle avait cru épouser un roi, et non pas un moine.* L'entêtement que Louis mit à se faire raser, et l'horreur qu'éprouvait Éléonore à la vue d'un menton imberbe, firent perdre à la France les belles provinces que cette princesse avait apportées en dot, et qui, dévolues à l'Angleterre, par suite d'un second mariage, devinrent la source des guerres qui désolèrent la France pendant quatre cents ans.

Parmi beaucoup d'autres sujets de la haine que la nation portait à Charles-le-Chauve, il faut compter la manière étrange dont il affectait de se vêtir : ses habits à la grecque achevèrent d'éloigner de lui les cœurs français, et furent, en partie, cause que personne ne songea à punir le crime du juif Sédécias qui l'avait empoisonné.

C'est principalement sur la chevelure et la barbe que se sont exercés parmi nous les caprices de la mode. Les cheveux courts ou longs, la barbe épaisse ou rasée, *la royale* ou *le barbichon*, les moustaches retroussées ou pendantes, toutes ces modes, qui ont varié de cent manières l'expression des têtes françaises, ont eu d'illustres origines.

Les cheveux courts du règne de François Ier sont dus à une blessure que ce prince reçut à la tête, et qui l'obligea de faire couper ses cheveux. La belle chevelure de Louis XIV, enfant, introduisit l'usage des perruques à longues boucles flottantes. Les énormes perruques qui succédèrent à celles-ci, que toute l'Europe adopta, et qui, depuis, sont restées l'apanage de la magistrature, furent inventées, vers la fin du XVIIe siècle, par un coiffeur célèbre, nommé Duviller, pour dissimuler une légère inégalité des épaules du dauphin.

Les moustaches reçurent une grande illustration dans le 16e siècle. Un Espagnol empruntait sur sa moustache, un Français jurait par elle. « *J'ai la plus grande estime* (dit un auteur de cette époque) *pour ce jeune homme, curieux d'avoir de belles moustaches, et qui regarde comme un temps bien employé celui qu'il met à les relever ; plus il les considère, plus son ame se prépare à des actions mâles et héroïques.* » Les moustaches parurent à l'historien Granger un signe de décadence : « *La barbe*, dit-il, *dégénéra en moustaches sous les deux Charles d'Angleterre, et disparut entièrement avec Jacques II, comme si sa destruction avait été liée à celle de la maison Stuart.* »

La force des Stuarts pouvait être dans leur barbe,

la force de Samson était bien dans ses cheveux; cependant il est permis de croire que la valeur, l'habileté du prince d'Orange et l'extrême faiblesse de son beau-frère, ont au moins autant contribué à la ruine de cette famille, que le discrédit où son chef laissa tomber ses moustaches.

On a écrit je ne sais combien de volumes sur la chevelure et sur la barbe; on a suivi cette partie de nos modes dans toutes leurs variations; ces recherches, qui n'ont pas été sans fruit pour les artistes, n'ont été d'aucun secours pour les historiens. Le meilleur mot qui ait été dit sur la barbe est celui d'Henri IV: « *Le vent de l'adversité a soufflé sur ma barbe.* »

La mode est l'empire des femmes; on n'y connaît de lois que leurs caprices, et l'extrême délicatesse ne s'accorde pas toujours avec la bizarrerie des idées que fait naître chez elle le besoin du changement. Je citerai, parmi beaucoup d'exemples de ce goût fantasque, l'événement qui mit en vogue, sous un autre nom, la couleur *feuille-morte*, que l'on avait dédaignée jusque-là. L'archiduc Albert assiégeait Ostende en 1601; l'infante Isabelle, son épouse, fille de Philippe II, fit un vœu qui ne serait probablement pas tombé dans l'esprit d'une Française, celui de ne changer *aucun* des vêtements qu'elle portait alors sur elle, avant que la place fût rendue; le siège dura trois ans et soixante-dix-huit jours. Un pareil laps de temps dut singulièrement altérer la blancheur de ce voile de lin qui approche le plus près du corps, et que l'archiduchesse ne quitta, conformément à son vœu, que le jour où elle entra dans la place. Ses courtisans, presque aussi empressés, presque aussi ingénieux que ceux du Grand-Lama, adoptèrent et mirent en vogue, sous le nom d'*Isabelle*, une couleur qui leur retraçait, comme on voit, une bien agréable image.

L'usage des bracelets, des colliers, et des boucles d'oreilles (le seul qui soit commun à toutes les femmes de tous les temps et de toutes les nations), acquit une grande faveur sous le règne de Charles VII. Agnès Sorel est la première, en France, qui employa des diamants à ce genre de parure.

Isabeau de Bavière avait les épaules trop belles et les mœurs trop faciles pour s'accommoder de l'espèce de guimpe que l'on portait à la cour de France lorsqu'elle y arriva ; c'est à cette belle et méchante reine qu'il faut faire honneur de ces robes échancrées par-derrière, que l'on a perfectionnées, de nos jours, de manière à justifier Isabeau du reproche d'indécence qu'on lui faisait de son temps.

Henri II, par un motif tout contraire, pour cacher certaine cicatrice qu'il avait au cou, et sur l'origine de laquelle il craignait qu'on se méprît, ou plutôt qu'on ne se méprît pas, imagina les *fraises*[1] ;

---

[1] C'est un motif semblable qui a donné lieu, de nos jours, à l'élévation du collet de la chemise, imaginée à la cour d'Angleterre

et les femmes, qui passent volontiers d'un extrême à l'autre, adoptèrent, avec beaucoup d'exagération, la mode que le prince avait introduite. Catherine de Médicis en fit son principal ornement; et, quelques années après, une reine de la même maison, Marie de Médicis, sans diminuer l'ampleur de la fraise, lui donna une direction plus favorable au développement du cou; elle a laissé son nom à cette parure, remise en vogue, avec beaucoup de goût, par les femmes françaises, au commencement du 19e siècle. Cet ornement, commun aux deux sexes du temps des Médicis, fut adopté dans toute l'Europe. John Stowe, auteur et tailleur anglais, qui a laissé des monuments précieux sur les modes de son pays, dit que « *à cette époque la réputation d'un jeune cavalier consistait dans l'ampleur de sa fraise et la longueur de sa rapière.* »

Le règne de Henri III fut celui des parfumeurs. Ce prince efféminé, qui passait chaque jour quatre heures à sa toilette, et qui couchait avec des gants préparés pour avoir les mains plus blanches, fit aisément partager aux femmes et à cette foule de *jeunes voluptueux qui régnaient sous son nom* sa passion pour les parfums et pour les cosmétiques. Les parfumeurs italiens étaient alors les plus célèbres,

pour cacher les traces d'un mal qu'on nomme en ce pays *king's evil* (mal du roi), dont les princes de la famille régnante sont affligés.

plusieurs vinrent s'établir à Paris; et cet art, dont les produits tiennent un si haut rang dans l'estime et dans les jouissances des Orientaux, y fut porté à un point où, malgré leurs efforts, les Tessier, les Fargeon, les Riban, ne l'ont pas encore relevé.

Un des plus ridicules ajustements de la toilette des femmes d'autrefois, *le vertugadin*, date du 16ᵉ siècle; il avait été fort mal imaginé pour donner de l'élégance à la taille en arrondissant les hanches, et les femmes en firent honneur à leur modestie, en l'appelant *vertugardien*, dont on a fait *vertugadin*, par corruption.

Cette parure, abandonnée pendant plus d'un siècle, reparut avec éclat sous le nom de *panier*; c'était celui d'un maître des requêtes qui mourut à cette époque, et qu'il plut à quelques élégantes d'immortaliser par un ridicule.

La mode des paniers enveloppa toutes les femmes de l'Europe. Adisson s'égaie, à ce sujet, avec autant d'esprit que de malice : il compare ce bizarre ajustement *à ces palissades sacrées des nations africaines, où l'on finit par découvrir, au fond de sept ou huit enceintes circulaires, le dieu, qui n'est qu'un petit singe.*

Cette plaisanterie a plus de sel dans l'original que je n'ose lui en donner dans une traduction : je vais en rapporter le texte, pour l'amusement de ceux de mes lecteurs à qui la langue anglaise est familière :

« *When I survey this new-fashioned rotundo* (c'est

de paniers qu'il est question), *I cannot but think of the old philosopher, who, after having entered into an egyptian temple, and looked about for the idol of the place, at length discovered a little black monkey, inshrined in the midst of it; upon which he could not forbear crying out: What a magnificent place is here for such a ridiculous inhabitant !»*

Je parlerai maintenant des modes actuelles avec quelques détails, en continuant à les examiner sous le rapport du goût, des convenances, et des mœurs.

Après avoir jeté un coup d'œil rapide sur les principales révolutions des modes en France, depuis la fondation de la monarchie jusqu'à nos jours, je m'arrête un moment à ce 18e siècle, dont j'ai vu la plus grande moitié, et aux folies duquel je me souviens, avec un peu de honte, d'avoir contribué de tout mon pouvoir.

Pendant les dernières années de Louis XIV, la cour, asservie aux immuables formules de l'étiquette, se conformait aux mœurs du prince, et la gravité la plus maussade en avait banni la mode. Les vieux seigneurs ne songeaient point à rajeunir un costume contemporain de leur jeunesse et de leur gloire; les jeunes craignaient de hasarder le moindre changement sous les yeux d'un monarque ombrageux, pour qui toute espèce d'innovation était une atteinte à son autorité, ou du moins une satire indirecte des usages dont il était le fondateur.

Ainsi, d'un côté, la crainte que le roi inspirait, de l'autre, l'excessive pruderie qu'affichait madame de Maintenon, asservirent quelque temps la cour et la ville au joug de l'uniformité, le plus pesant qu'on puisse imposer à la nation française. Louis XIV mourut; le protée des modes brisa ses liens et s'établit à la cour du régent.

Le duc d'Orléans, dans la maturité de l'âge, avait conservé les goûts de sa jeunesse : il donna lui-même le signal du changement subit qui s'opéra dans le costume et dans les mœurs. Les jeunes gens troquèrent l'habit à grandes basques et la veste à grands pans contre la polonaise et le gilet turc; ils passèrent de l'église au cabaret, du sermon à l'opéra, et *s'honorèrent* du nom de *roués*, auquel on ne peut supposer d'autre origine que celle du châtiment qu'auraient mérité leurs débauches.

Le bon ton alors fut de passer la journée au cabaret, et de se présenter à *l'OEil-de-Bœuf* pris de vin et le nez barbouillé de tabac. La toilette devait se ressentir des désordres de la nuit; les bas de travers, mal tirés sur la jambe, les dentelles chiffonnées, la coiffure dérangée, étaient, pour un petit-maître *à talons rouges*, le dernier degré de l'élégance et des belles manières.

La révolution *du système* contribua, plus que toute autre chose, au débordement du mauvais goût, dont les arts et les modes furent infectées sous le règne de

Louis XV. Les fortunes scandaleuses des financiers amenèrent les plus choquantes disparates; ces nouveaux riches, sortis, pour la plupart, des derniers rangs de la société, crurent imiter les manières de la cour en adoptant ses vices et en exagérant son luxe. Sous des habits chamarrés de broderies, de galons d'or, entassés sans goût et sans choix, le traitant se crut un personnage; mais ce personnage n'était que *Turcaret*. Pour cacher, autant que possible, des traits dont la noblesse n'était pas le caractère distinctif, on inventa des perruques *à la financière*, où la tête était, en quelque sorte, ensevelie sous un triple rang de boucles, de *boudins* et de *marteaux*.

L'usage le plus absurde, le plus extravagant dont on se soit peut-être jamais avisé dans aucun temps et dans aucun pays, l'usage de la poudre, date de cette époque; le jeune duc de Fronsac (depuis maréchal de Richelieu) fut le premier qui l'adopta : les habits, en même temps, commencèrent à perdre une partie de leur ampleur; les bouts de manche firent place aux manchettes de dentelle; le jabot fut substitué au rabat; et les bas roulés sur le genou restèrent, dans le monde comme au théâtre, le partage exclusif de l'extrême vieillesse.

Les soupers étaient alors le repas à la mode; ceux du régent, au Palais-Royal, étaient en grande réputation d'esprit et de gaieté; mais il y régnait encore une sorte d'étiquette qui en excluait la liberté, j'aurais aussitôt fait de dire la licence, dont ce prince, d'ailleurs très aimable, croyait assaisonner ses plaisirs.

Pour se débarrasser d'un reste de contrainte, il substitua aux grands soupers du Palais-Royal les petits soupers du Luxembourg, dont sa fille, la duchesse de Berri, faisait un peu trop gaiement les honneurs. Cette retraite au Luxembourg, dont on ne tarda pas à connaître tous les avantages, donna, je crois, la première idée des *Petites-Maisons*, de ces asiles prétendus mystérieux, où l'on croyait avoir fixé le plaisir, pour en avoir banni les bienséances; où l'on croyait avoir tout fait pour la prudence, parcequ'on en avait éloigné les valets, et dans lesquels on allait se cacher, comme la Galatée de Virgile, en prenant ses précautions pour être vu. Quoi qu'il en soit de l'origine et de l'emploi des *Petites-Maisons*, elles donnèrent lieu à un *demi-négligé* du soir, dont la coiffure analogue était, pour les hommes, un chapeau à la *Jaquet*, et pour les femmes (par dérision sans doute) une toque à la *Minerve*.

Le peintre Boucher eut trop d'influence sur les modes de son temps, pour qu'il soit permis de l'oublier dans l'histoire de leurs révolutions.

Ses tableaux, dont la vogue extraordinaire peut donner une idée de l'état de dégradation où la peinture était tombée en France, furent, pendant une quinzaine d'années (de 1724 à 1740), la source unique où les *petites-maîtresses* allèrent puiser leurs modes. Ce peintre minaudier, qu'on avait si ridiculement surnommé le *peintre des Graces*, était consulté par toutes les jolies femmes de cette époque, et chacune d'elles se modela sur quelques figures de ses tableaux.

On imita les étoffes rosées, zinzolines et blanchâtres, dont Boucher habillait et drapait, de caprice, ses poupées, qu'il appelait des bergères. Ce fut le moment des pompons, des falbalas, des pretintailles de toute espèce dont les femmes surchargèrent leur parure.

Pour se faire une idée du mauvais goût de ce temps-là il faut parcourir le *Recueil général de coiffures et la Collection des Modes françaises*, qu'on trouvait autrefois chez Desnos, et que les curieux recherchent aujourd'hui avec empressement.

La manie des colifichets s'étendit à tout l'empire du luxe : les femmes se mirent à raffoler *des magots de la Chine, des vases du Japon, des toilettes en laque, des tapisseries en camaïeu, des bichons et des parterres à compartiments*. Boucher, que le roi avait nommé son premier peintre, pour le récompenser sans doute d'avoir fait son portrait en Hercule, coiffé à l'oiseau-royal, peut se vanter d'avoir donné le ton à son siècle, d'avoir corrompu les arts dans toutes leurs parties. Il y a malheureusement plus d'une manière de se rendre célèbre.

L'usage de la poudre amena, dans la coiffure des hommes et des femmes, des changements innombrables. Vers la fin du règne de Louis XV, les hommes en habit de cour, portaient leurs cheveux bouclés et noués par-derrière avec un simple ruban, qui les laissait flottants sur les épaules. Quelques élégants imaginèrent de les enfermer, le matin, dans un sac de taffetas noir, auquel on donna le nom de *bourse*, et qui finit par faire partie de *l'habit habillé*. La bourse varia de forme et de couleur; quelques fous se montrèrent aux Tuileries en bourse bleu-de-ciel et couleur de rose : les bourgeois se réduisirent au *crapaud*, petite bourse ronde qui attachait les cheveux à leur naissance.

Pendant que les hommes imaginaient les *coiffures en fer à cheval, en aile de pigeon, à mille boucles, à la cavalière,* les femmes renchérissaient sur un ridicule dont elles voulaient se conserver le privilége. Le fameux *Léonard* s'immortalisa,

En portant jusqu'au ciel l'audace des coiffures.

C'est alors (en 1775) que les femmes, obligées de faire ôter les coussins des voitures, afin d'y pouvoir tenir, avaient grand soin d'y entrer la tête la première, de peur qu'il n'arrivât malheur à leur coiffure : c'est alors qu'on vit paraître ces caricatures si plaisantes, dans l'une desquelles on voyait *un agréable faisant abattre le haut d'une porte-co-*

chère pour introduire dans son hôtel la dame à laquelle il donnait le bras:

Dans une autre, *la garde et les pompiers travaillaient à éteindre un incendie qui s'était établi dans une de ces gigantesques coiffures.*

Ici le coiffeur, monté sur une échelle double, avait l'air de palissader une charmille.

Là c'était un jeune chasseur qui tirait, au plus haut d'une coiffure à la mode, des oiseaux qui s'y étaient nichés comme dans une haute-futaie.

Léonard était le coiffeur en titre de la cour: il était reçu qu'une femme ne pouvait être *présentée* sans avoir été coiffée par lui, et sans lui faire passer mystérieusement les *dix louis* dont il faisait payer la faveur de son *coup de peigne.*

Un géomètre calcula que le visage d'une femme se trouvait alors à une égale distance des pieds et du sommet de l'édifice en cheveux qui couronnait sa tête. Cet échafaudage s'écroula tout-à-coup, et les petits bonnets, dont la seule nomenclature remplirait un volume, se succédèrent avec la rapidité du caprice qui les faisait naître, et dont ils avaient la durée. Chaque événement de la veille enfantait la mode du lendemain. Le roman de *Paul et Virginie* mit en vogue la coiffure *à la Créole;* le succès de *la Folle par Amour* donna naissance au chapeaux *à la Nina.*

La révolution commença, et les modes eurent

leurs *saturnales;* on rencontra dans le même salon le bourgeois en habit brodé, le marquis en frac, le petit-maître *en chenille,* l'anglomane en bottes, les femmes *en lévite, en pierrot, en caraco,* en robe à queue. La terreur *en bonnet rouge,* vint simplifier le costume, et *la carmagnole* fut admise comme habit de luxe parmi la nation des *sans-culottes.*

Les premiers moments de repos ramenèrent le besoin du plaisir : on s'y livra avec fureur ; et les bals de l'hôtel de Richelieu, les concerts de Feydeau, les fêtes de Garchi, du pavillon d'Hanovre, virent reparaître nos élégantes en costume grec, les jeunes gens adopter la coiffure des empereurs romains.

Enfin, après avoir fait passer sous nos yeux, en quelques années, les costumes de toutes les nations anciennes et modernes, les femmes semblent avoir pris de chacun ce qu'il a de plus agréable, pour en composer le leur. J'en excepte cependant la coiffure et le chapeau *à la chinoise,* dont la hauteur démesurée ôte à la tête sa proportion et sa grace, et fait le supplice de tout homme qui a le malheur d'être placé au spectacle, derrière une de ces demi-élégantes qui ont adopté depuis peu cette maussade caricature.

Les modes actuelles, reprises d'un peu trop haut dans leur origine, comme je l'ai déja dit, laissent peu de chose à desirer, depuis qu'elles ont été mises en rapport de convenance avec nos goûts habituels, nos mœurs, et notre climat. Peut-être y pourrait-on desirer un peu plus d'idéal.

Nos imaginations modernes recherchent avant tout le beau moral ; elles exigent de la délicatesse et du mystère dans les choses où elles trouvent le plus de charme. Une femme ne perd-elle pas quelques uns de ses avantages à ne pouvoir faire un pas dans la rue sans trahir toutes les beautés de sa taille ? Une longue civilisation nous a rendus difficiles en plaisir : chaque forme qu'une femme découvre, chaque voile qu'elle retranche est une faveur qu'elle supprime. Je parle ici dans les intérêts de l'amour, qu'on ne peut séparer de ceux de la pudeur.

Le plus grave inconvénient des modes actuelles est dans les dépenses qu'elles exigent. Le luxe doit être un devoir d'état, et non pas une obligation d'usage. Il n'est point convenable que le *schall de Cachemire* soit de rigueur pour toutes les femmes, ni *le voile de dentelle* pour toutes les femmes mariées : je n'aime point à voir au spectacle la femme d'un marchand parée d'aussi beaux diamants que la grande dame de la loge voisine, à qui elle a vendu le matin sa robe.

Les femmes, on ne peut le nier, sont aujourd'hui plus attachées à leur intérieur qu'elles ne l'étaient jadis : comment se fait-il que leurs dépenses se soient accrues dans une si effrayante proportion ? Telle femme nourrit elle-même tous ses enfants, qui les ruine par son luxe; et les mémoires de Le Roi mettent, pour le moins, autant de trouble dans les ménages que pourraient le faire des lettres d'amour. Si les femmes ne se paraient, comme jadis, que pour plaire aux hommes, je me chargerais bien de leur faire entendre, moi qui ai le secret de ceux-ci, que tant de frais sont inutiles, que les hommes ne tiennent compte que de la parure qui sied; qu'ils savent ce qui plaît, et non ce qu'il faut admirer; qu'un peu plus de grace, d'esprit ou d'amabilité, qui ne coûte rien, les charme bien davantage que les bijoux et les broderies qui ruinent.

Mais de quoi tous mes discours serviraient-ils? C'est pour les femmes que les femmes se parent aujourd'hui : la toilette n'est plus que l'objet d'une ambition froide, qui s'exerce sur elles-mêmes, et comme ces dames sont, en général, assez difficiles à convaincre sur les agréments réciproques, elles ont pris le parti d'établir leur supériorité sur des avantages aussi positifs que le prix d'un schall ou d'un diamant.

L'habit des hommes, en France, est ce qu'il a constamment été depuis le règne d'Henri III inclusivement (quelque changement qu'il ait subi), mesquin, incommode, et disgracieux : il a de plus, à mes yeux, l'inconvénient de confondre tous les rangs et toutes les professions. C'est peut-être un préjugé de mon âge; mais je ne vois aucune utilité à ce que chacun puisse prétendre à un genre de considération auquel il n'a point de droit: il me semble aussi que l'égalité dans la manière de se vêtir doit faire naître l'envie de sortir de son état, tandis que les nuances du costume entretenaient cet esprit de corps nécessaire dans toutes les professions.

Le magistrat, en cheveux longs, avait plus de gravité; le médecin, en robe noire, en grande perruque, n'eût pas osé plaisanter au chevet d'un mourant; l'épée que portait l'homme de cour lui faisait une loi de la politesse; et l'habit vénérable dont l'ecclésiastique était couvert l'obligeait à la plus grande circonspection dans sa conduite et dans ses discours. Si l'on m'objecte une époque où il en était autrement, c'est que la société tendait alors à une complète dissolution, et j'y trouve la preuve et non la critique de l'opinion que je reproduis après Duclos et Saint-Foix.

Il serait digne de l'époque où nous vivons de voir créer un costume national qui rétablît quelques unes de ces nuances, et qui, plus favorable à l'extérieur des hommes, achevât, pour les femmes, de réunir aux formes les plus favorables à la beauté celles qui leur conservent le respect et les prestiges de l'imagination.

N° LXXXIV. [20 janvier 1813.]

UNE NOCE A LA COURTILLE.

Humani nihil a me alienum puto
TER., *Heautont*, acte I, scène 1.
Je m'intéresse à tout ce qui tient à l'humanité.

Je me garderai bien de répéter, après Chamfort, que *le grand monde est un mauvais lieu avoué;* je ne vois là qu'une de ces boutades pleines d'amertume et d'injustice dont l'exagération corrige en quelque sorte la dureté; mais si j'étais chargé de repousser sérieusement une pareille accusation, je ne pourrais guère me dispenser de faire valoir en faveur des mœurs du grand monde cet ennui solennel qui, de tout temps, en a fait les honneurs, et qui n'y laisse pénétrer que des plaisirs de convention, dont l'insipidité ne déroge point à ses droits. Depuis quelque temps, l'Ennui a placé à la porte des salons dorés deux factionnaires auxquels il paraît avoir donné la consigne de ne laisser entrer ni la Gaieté, ni la Liberté, ni le Naturel : ces deux sentinelles sont le *Bon Ton* et le *Bon Goût*, ou plutôt deux intrus qui ont usurpé ces noms estimables.

Galien a mis, au nombre des moyens qu'il indique pour prévenir les maladies du corps, l'obligation d'interrompre une fois par mois son régime, en se permettant un petit excès de table. Pour guérir ou pour prévenir la plus insupportable des maladies de l'ame, la recette que je voudrais prescrire aux grands, c'est-à-dire aux ennuyés de la terre, serait de sortir de temps en temps, incognito, de leurs brillants hôtels, et de se glisser furtivement dans une guinguette, ne fût-ce que pour s'y convaincre que la gaieté n'est pas un être de raison. Après tout, mon ordonnance est encore moins sévère que celle d'Horace; voici ce qu'il leur propose dans la même vue :

> *Plerumque gratæ divitibus vices;*
> *Mundæque parvo sub lare pauperum*
> *Cœnæ, sine aulæis et ostro,*
> *Sollicitam explicuere frontem* [1].

Je crains, moi-même, qu'on ne me trouve de bien mauvais ton, si je me permets de dire qu'il y a peu de chose à Paris plus amusante qu'un dimanche de

---

[1] Les riches ont besoin de changer quelquefois : un repas modeste sous le toit du pauvre, des mets simples, sans argenterie, sans esclaves, et sans pourpre, ont souvent déridé l'ennui de leurs fronts.

la Courtille, et si je fais l'aveu du plaisir que je vais quelquefois y chercher. Puisque le mot est lâché, il ne me reste plus qu'à justifier un goût que j'aurais peut-être conservé moins long-temps si je m'y étais livré avec moins de réserve.

Je suis étonné qu'en France aucun écrivain de quelque mérite ne se soit occupé de tracer un tableau fidèle des mœurs de la dernière classe du peuple de Paris. Peut-être ne trouverait-on nulle part ailleurs une physionomie plus prononcée, plus originale. Vadé en a saisi la charge dans quelques uns de ses tableaux poissards; Pigault-Lebrun, dans plusieurs de ses romans, a esquissé des portraits de ce genre qui ne manquent point de vérité, mais qui ne figurent dans ses compositions que d'une manière épisodique; Furetière, dans son roman bourgeois, a donné trop de place à la satire, et trop peu à la peinture des mœurs de la place Maubert; cependant on est surpris d'y retrouver, après cent cinquante ans, des détails dont on reconnaît encore aujourd'hui l'extrême fidélité. Je me suis trouvé récemment à même de vérifier cette observation.

Le hasard me conduisit, il y a quelques jours, chez un petit marchand de vin de la rue Thibautodé, l'une de mes plus anciennes connaissances à Paris. Ce brave homme se souvient qu'il m'a l'obligation de sa petite fortune, mais il oublie qu'il m'a probablement sauvé la vie [1] en m'accordant un asile à une époque où l'hospitalité passait en France pour le plus grand des crimes.

En approchant de sa maison, je fus surpris de voir arrêtés devant sa porte cinq ou six fiacres dont les cochers, décorés de rubans et de bouquets, paraissaient attendre les convives de quelque noce. Tous les habitants de la rue étaient aux fenêtres, et les commères du quartier, groupées aux portes des boutiques, s'entretenaient, assez haut pour être entendues des passants, des nouveaux mariés, des parents, de la dot, et du repas commandé à *l'Ile-d'Amour*. J'appris, de cette manière, que le père Bourgogne (c'est le nom de celui chez qui j'allais) mariait sa fille à son premier garçon; que Geneviève, âgée de dix-huit ans, était la plus jolie fille du quartier Saint-Opportune, et la meilleure danseuse de *l'Hermitage;* qu'Honoré, son futur, était fils cadet de M. Coquenard, ferblantier de la rue Quincampoix, lequel avait cédé son fonds à son fils aîné; j'aurais appris beaucoup d'autres détails

---

[1] Il est facile de s'apercevoir que je mêle souvent aux observations de l'Ermite les souvenirs de ma vie personnelle. Le fait est qu'en l'an 1797, un excellent homme nommé Boquille, avoué au tribunal de première instance, me cacha dans son logis même, dans la cour de la Sainte-Chapelle, pendant que le tribunal révolutionnaire me condamnait à mort dans le procès du lieutenant-général Omoran.

si j'eusse écouté plus long-temps une fruitière qui mourait d'envie de causer avec moi, mais qui m'avait, du premier mot, ôté toute confiance, en laissant percer l'humeur qu'elle éprouvait de n'avoir pas été invitée à la noce : je la laissai médire avec sa voisine la charcutière ; celle-ci, du moins, me parut avoir d'assez bonnes raisons pour en vouloir à M. Honoré.

J'entrai chez le père Bourgogne ; dès qu'il me reconnut, il vint au-devant de moi avec empressement, et me força, de la manière du monde la plus franche et la plus cordiale, à prendre ma part d'un déjeûner copieux, à la suite duquel on allait partir pour se rendre à l'église. Je n'eus pas de peine à deviner que la chuchoterie qui s'établit entre M. et madame Bourgogne avait pour objet de savoir si l'on oserait me prier à la noce : j'aurais été très fâché que leur politesse m'en exclût ; je les mis sur la voie, et me voilà invité dans les formes. Le maître du logis me présenta à sa femme, bonne grosse ménagère de quarante ans environ ; celle-ci me conduisit à sa fille ; Geneviève se leva, me fit une révérence dont la gaucherie n'était pas dénuée d'une sorte de grâce, et, par ordre de sa mère, me présenta à baiser les deux joues les plus fermes et les plus fraîches dont ma bouche ait conservé le souvenir. Madame Bourgogne accompagna cette présentation d'un éloge de sa fille, où elle fit entrer quelques conseils sur ses nouveaux devoirs. Le fond des idées et des sentiments me parut si bon, si vrai, que je fus un moment tenté de croire qu'on n'aurait pu les exprimer en meilleurs termes.

Le père Bourgogne donna le signal, et la noce se mit en marche. Les parents se placèrent ou plutôt s'entassèrent dans les premières voitures; on trouva le moyen de faire entrer huit personnes dans chacune, et l'on me fit l'honneur de m'admettre dans celle où se trouvait la mariée avec son père et sa mère.

Au départ, trois ou quatre musiciens de la section nous régalèrent d'une symphonie que chacun jouait sur un ton différent, sans que personne s'en aperçût dans la rue Thibautodé : nous traversâmes cette rue au pas, entre deux haies de voisins et de voisines, dont les uns nous accompagnaient de leurs bénédictions, tandis que les autres gardaient un silence moqueur où perçaient l'envie et la malveillance. Madame Bourgogne me suggérait en passant ces remarques, et des effets remontait aux causes, si bien qu'avant que nous fussions arrivés à Saint-Germain-l'Auxerrois j'étais au fait de la chronique scandaleuse du quartier, depuis la rue de la Monnaie jusqu'à l'Arche-Marion.

Nous descendîmes à la petite porte de l'église, où le clergé ne vint pas nous recevoir : le curé avait abandonné à son vicaire ce mariage plébéien, pour la célébration duquel une des petites chapelles latérales avait paru suffisante; je crois même que le bedeau, le suisse et le sonneur s'étaient fait doubler ce jour-là. Cependant, à mesure que la messe avançait nous gagnions en considération : la mère Bourgogne et le père Coquenard s'étaient piqués d'honneur, et l'*offrande* fut telle, que le bruit s'en répandit en un moment jusque sous le porche de l'église: aussi notre sortie fut-elle beaucoup plus brillante que n'avait été notre entrée; le suisse et le bedeau se trouvèrent à leur poste, et furent moins étonnés de la magnificence du pour-boire, en apprenant que le héros de la fête était un marchand de vin.

Nous traversâmes tout Paris pour gagner les boulevards. Les bouquets de nos cochers, la gaieté bruyante des convives, attiraient sur nous les regards des passants : tous les yeux s'arrêtaient sur la mariée, que l'on reconnaissait à sa rougeur, plus encore qu'à son élégant *battant-l'œil* en malines, surmonté d'un bouquet de myrte et de fleurs d'orange. Honoré, au sortir de l'église, avait pris les devants avec son beau-père, pour aller surveiller les apprêts du repas et faire mettre une pièce de vin au frais.

Nous arrivâmes à la Courtille : le lundi est pour cet endroit un second dimanche; le temps était superbe, et l'affluence des amateurs très considérable. Il est impossible de se faire une idée, sans l'avoir vu, de la variété, de l'originalité de ces tableaux de guinguettes. Plus de cent traiteurs, rôtisseurs ou cabaretiers, ont peine à contenter des milliers d'ouvriers, d'artisans, de petits bourgeois, qui, dégagés de tous soins, de toute inquiétude, de toute prévoyance, viennent régulièrement se griser à la Courtille, en dépit de Plaute qui leur crie :

> .... *Festâ die si quid prodigeris,*
> *Profestâ egere liceat, nisi peperceris* [1].

Pendant que les salons et les jardins de Desnoyers, que *l'Arc-en-Ciel, le Moulin-Joli, la Grande-Pinte* et *les Marroniers* retentissaient des chants des buveurs, nous étions attendus à *l'Ile-d'Amour*, où le salon de cent cinquante couverts nous était réservé. Deux cabaretiers de Bercy et des Carrières, amis du père Bourgogne, s'étaient chargés des vins; le père Coquenard fournissait son contingent en comestibles de la Provence et du Languedoc; la tante Madelon, la plus fameuse marchande de marée de la Halle, était occupée, depuis le matin, de la confection d'une matelotte dont elle voulait qu'il fût parlé long-temps; la petite cousine Babet, fruitière à la Pointe-Saint-Eustache, avait pourvu au dessert, et les plus beaux fruits de la saison, servis

[1] Si vous prodiguez votre argent dans un jour de fête, le jour ouvrable vous serez dans l'indigence, à moins que vous n'ayez des épargnes.

dans des paniers où ils avaient été apportés à Paris, n'auraient rien gagné à mes yeux à être arrangés en pyramide dans des corbeilles de porcelaine.

La jeune mariée, plus modeste que timide, n'avait pas cette pudeur guindée, ce maintien de circonstance, qu'en pareille occasion on rencontre souvent dans un plus grand monde : elle était heureuse et ne craignait pas de le paraître.

Je ne me chargerai pas de rendre compte de la conversation entre cent vingt-cinq convives de cette classe, qui, dès le premier moment, semblaient être tous convenus de parler, de crier et de rire aux éclats ensemble. Ce fut bien mieux, ou bien pis, quand le vin eut échauffé toutes ces têtes : il faut se reporter à certaines séances de nos assemblées politiques pour avoir l'idée d'un pareil vacarme.

Après la cérémonie du larcin et du *partage de la jarretière de la mariée*, commencèrent les chansons. Lorsque Rousseau a dit que *de toutes les Académies celle qui faisait le plus de bruit était l'Académie Royale de Musique*, il est probable qu'il n'avait point entendu les *chorus*, les rondes à boire, les morceaux d'ensemble de la Courtille. La détonation simultanée de vingt-cinq pièces d'artillerie de gros calibre eût été le seul accompagnement capable de couvrir les voix.

Quand on eut épuisé tous les refrains des poètes de guinguette, tous les airs de chansonniers de carrefour le plus en vogue, on en revint à des plaisirs moins tumultueux : le nouveau marié s'était chargé de la musique; pendant le café, les vielles et les orgues de Barbarie exécutèrent les ouvertures de *Démophon* et du *Jeune Henri*, qui n'eurent qu'un médiocre succès; mais, en revanche, les romances nouvelles du *Baiser* et de *l'Aurore* réunirent tous les suffrages.

Le spectacle succéda à cette première partie du concert; *le Grimacier* et *le Lapin savant* parurent alternativement sur la scène, au milieu des applaudissements et des ris convulsifs de l'assemblée; mais l'acteur quadrupède eut sur son rival l'avantage d'un de ces à-propos de société dont le succès est infaillible : son maître lui ayant ordonné de *battre de la caisse pour la demoiselle la plus amoureuse de la société*, le mangeur de choux passa discrètement devant toutes les jeunes filles, et dès qu'il se vit en présence de la mariée, il commença un roulement qu'il soutint plus d'une minute, à la grande confusion de la jeune personne, et à la grande joie des spectateurs.

Vint ensuite la musique de la Loterie : je ne devinais pas ce qu'elle pouvait avoir de commun avec une noce; mais un des musiciens, à qui je demandai compte de cette galanterie passée en usage, me dit assez spirituellement que tous les jeux de hasard étaient dans leurs attributions. Après quelques fanfares, deux violons, une clarinette et la grosse caisse, s'emparèrent d'un des bouts de la salle, et, montés sur une estrade permanente, firent succéder le bal au festin. Les quadrilles se formèrent : il en fut de la danse comme de la conversation, tout le monde voulut danser à-la-fois; et cette joyeuse confusion, qui se prolongea fort avant dans la nuit, ménagea aux jeunes mariés l'occasion de s'échapper vers minuit, sans qu'on inquiétât leur retraite; je sortis à la même heure, mais par une raison directement contraire. Je descendis à petit bruit le faubourg du Temple, au milieu d'une foule de buveurs moins solides que moi sur leurs jambes, et qui, pour n'avoir pas été de la noce, n'en étaient pas moins joyeux.

N° LXXXV. [8 février 1813.]

UNE PREMIÈRE REPRÉSENTATION D'AUJOURD'HUI.

> Plus que jamais dans cette grande ville,
> En beaux-esprits, en sots, toujours fertile,
> Mes chers amis, il faut bien nous garder
> Des charlatans qui viennent l'inonder.
> Les vrais talents se taisent ou s'enfuient,
> Decouragés des dégoûts qu'ils essuient.
> VOLTAIRE, *les Chevaux et les Anes.*

Le tableau d'*une première représentation d'autrefois* (que je me rappelle avoir mis sous les yeux de mes lecteurs) ne pouvait guère se passer du pendant que je viens exposer aujourd'hui. Le premier, quoi qu'on en ait dit, est un morceau original que le hasard a fait tomber entre mes mains, et dans lequel on trouve des détails très exacts sur cette solennité théâtrale au temps des Corneille et des Racine. On peut s'en rapporter à moi sur la fidélité de celui-ci; je connais le lieu de la scène, et j'ai vu tous mes personnages en action.

C'est une excellente étude de mœurs qu'une première représentation à une époque où les spectacles sont moins un plaisir pour tous qu'une habitude chez les uns et une espèce de fureur chez les autres. Quel champ d'observations qu'un lieu où se rassemblent tous les ridicules, toutes les prétentions et tous les amours-propres ! On a maintenant le besoin du spectacle : j'ai vu le temps où l'on en avait le goût; où les vrais amateurs, qui dirigeaient sur ce point l'opinion publique, établissaient une différence dans les genres, et ne souffraient pas que l'on pesât dans la même balance une tragédie, une comédie de caractère, un opéra-comique, et une parade de la foire. Dans ce temps-là, comme du temps de Boileau, *un clerc de procureur pouvait, pour ses quinze sous, siffler Attila;* mais ce clerc de procureur n'allait à la comédie que le dimanche; tous les autres jours, le parterre était habituellement composé de gens instruits, pour qui le théâtre était une espèce d'athénée où ils venaient, à l'école de Corneille et de Molière, étudier les mœurs des peuples et les passions des hommes. Dans ce temps-là, une pièce qui n'était pas dévouée d'avance à l'esprit de parti ou aux intrigues d'un chevalier de la Morlière, était jugée de la manière la plus impartiale; chaque genre jouissait du degré de considération qu'il méritait; chaque théâtre avait sa cour spéciale, son tribunal *ad hoc.*

C'est au café de la *Régence* que le théâtre de l'Opéra tenait ses assises; c'est là que se plaidait chaque jour la cause de Rameau contre Lulli; qu'on prononçait en dernier ressort sur le mérite des airs de Mondonville et de Dauvergne, sur les poëmes de Danchet et de Cahuzac : le *coin* du roi et celui de la reine s'y livraient des assauts continuels, dans l'intervalle des parties d'échecs, et, quatre heures sonnant, chacun courait au théâtre du Palais-Royal faire l'application de sa théorie. Jamais un habitué de l'Opéra ne se montrait à un autre spectacle le mardi et le vendredi; il se serait fait scrupule de manquer la cinquantième représentation des *Indes galantes*, pour voir, aux Français, la première de *Mérope*, et l'on n'aurait pas oublié d'envoyer le lendemain demander des nouvelles de tel ou tel amateur qui ne se serait pas montré la veille au balcon de l'Opéra.

L'élite des gens de lettres et des habitués du Théâtre-Français se réunissait au café Procope, sous la présidence de Piron. C'est là que se décidait le sort des pièces nouvelles, et que le jugement du public était revisé quelquefois avec beaucoup d'irrévérence. C'était à cette école, dont les professeurs avaient tous fait leurs preuves, que se formait le parterre de la Comédie-Française. Le bonnetier de la rue aux Fers et le mercier de la rue Saint-Denis ne prononçaient pas magistralement sur Racine et Voltaire; ils se contentaient de venir le dimanche pleurer à *Zaïre* et rire aux *Plaideurs*, sans s'embarrasser de ce que maître Fréron pouvait penser et dire de ces deux chefs-d'œuvre. L'enthousiasme alors se réglait assez généralement sur l'importance de l'ouvrage, et l'on ne se passionnait pas tout-à-fait autant pour *le Coq du Village* et pour *la Servante justifiée*, que pour *le Méchant* et *la Métromanie*.

Autres temps, autres goûts, maintenant une comédie en cinq actes, de l'auteur le plus renommé, un mélodrame à l'Ambigu, une parade aux Variétés, attirent la même affluence et les mêmes spectateurs. On se décide indifféremment pour *Palmerin* et pour *Héraclius*, et les journaux du lendemain rendent compte avec la même gravité, avec le même empressement, du succès de *Ninus II* et de celui d'*Archambaud*.

Quoi qu'il en soit, un auteur séduit par la brillante perspective d'entrer en partage de gloire et de renommée avec les coryphées du mélodrame, a résolu de se produire sur la scène française. Il est parvenu à éviter tous les écueils, à franchir tous les obstacles qu'il a trouvés sur sa route, depuis le jour de la première lecture de son ouvrage au comité des acteurs jusqu'au moment de la mise en scène; il est arrivé vivant à sa dernière répétition ; c'est demain qu'on le joue. Là commence la tâche que je me suis proposée.

La pièce n'était point encore en répétition, qu'elle

était déjà la proie des journalistes : les uns ont officieusement prévenu le public que l'auteur n'est encore connu que par des chutes : les autres, que son sujet a déjà été traité plusieurs fois sans succès ; celui-ci s'est empressé d'accueillir la réclamation d'un anonyme qui crie au plagiat; cet autre, en montrant la griffe, a dit à quel prix il consentirait à faire *patte de velours*. Les acteurs qui ne jouent pas dans l'ouvrage, quelquefois même ceux qui y jouent des rôles qu'ils ont jugés mauvais, font circuler dans le public des bruits de funeste présage. Les rivaux qui croient avoir à se plaindre d'un passe-droit, les envieux (car il en est même parmi les auteurs) relèvent malignement dans les salons et dans les cafés les défauts de l'ouvrage, qu'ils ont saisis aux répétitions où ils se sont glissés furtivement; ils signalent comme hasardées les scènes les plus belles, comme dangereuses les situations les plus neuves et les plus fortes. D'un autre côté, les amis, les prôneurs et les malveillants les plus adroits portent d'avance l'ouvrage aux nues, lui assignent sa place entre *Athalie* et *Mérope*, entre *le Tartuffe* et *la Métromanie*, et ameutent ainsi contre son auteur tous les amours-propres contemporains.

Enfin le jour de la première représentation arrive! Quelque matinal que soit l'auteur, il trouve à son lever des gens qui l'attendent : les quêteurs de billets assiègent déjà sa porte. C'est une espèce de faveur à laquelle tout le monde se croit aujourd'hui des droits, et qu'on demande du ton dont on offre un service. Il est de fait, cependant, que les solliciteurs ont, pour la plupart, plus de justice que de bienveillance, et qu'ils sont ordinairement des témoins très calmes de la lutte qui s'établit au parterre : quelques uns, il est vrai, par un petit mouvement de vanité qui n'en fait pas moins honneur à leur franchise, sifflent l'ouvrage qui leur déplaît pour n'avoir pas l'air de *billets donnés.*

A cette foule d'importuns indifférents succèdent les chefs d'une troupe auxiliaire que Dorat a pris le premier à sa solde, et que l'ingrat La Harpe, qui lui avait dû plus d'une fois la victoire, a voulu immoler sur le théâtre même de ses plus glorieux triomphes. Les députés de la compagnie des *claqueurs* viennent faire leurs offres de service. Répugnez-vous à vous servir de pareils moyens, ils cherchent à dissiper vos scrupules en vous citant de grands exemples; témoignez-vous quelque défiance, ils produisent leurs certificats, ils vous montrent la liste des mauvaises pièces qu'ils ont fait réussir; et si vous persistez à rejeter avec mépris les propositions de ces entrepreneurs de succès, ils ébranlent votre confiance et votre amour-propre en vous nommant les bons ouvrages qu'ils ont fait tomber.

Délivré d'une manière ou de l'autre de cette visite, il faut répondre à vingt billets de femmes, qui s'en prennent à vous de ce qu'elles n'ont pas de loges, de ce que vous n'avez pas reculé votre première représentation jusqu'au jour de *leur quart;* de ce que vous avez oublié de retirer à temps leurs *coupons.* Pour s'assurer que cette maudite matinée tire à sa fin, notre auteur sort de chez lui, et va dîner de bonne heure avec quelques amis intimes qui cherchent en vain à dissiper les inquiétudes qu'ils partagent.

Six heures sonnent : quelle foule inonde les avenues du théâtre ! les barrières placées dès le matin sous le vestibule ont doublé le nombre des amateurs : tel badeau qui résistait depuis huit jours à l'influence de l'affiche, ne résiste plus à l'influence de la barrière : comment ne pas supposer excellent ce que tant de gens s'empressent à voir ? Les bureaux sont ouverts; mais comment se fait-il qu'on n'y distribue que la vingtième partie des billets que la salle peut contenir ? d'où vient que le buraliste est assiégé dans sa petite loge, et qu'on lui dispense force injures par sa lucarne, en échange des billets qu'il ne délivre pas, et qui se vendent à la porte trois ou quatre fois leur valeur ? Cet abus, dont je ne cherche pas la source, a de graves inconvénients : j'y vois pourtant cet avantage, que tel auteur, après sa chute, peut se vanter que les billets de parterre ont été payés douze ou quinze francs le jour de la première représentation de sa pièce. Scudéri se vantait bien de la mort des deux portiers étouffés à la porte de la Comédie en l'honneur de son *Amour tyrannique*.

Avant d'entrer dans la salle, où la foule s'engouffre avec un bruit épouvantable, je jette un coup d'œil sur la file des voitures qui s'avancent lentement, dans un ordre que rien ne peut interrompre, et dont la reconnaissance publique ne tient peut-être pas assez de compte à l'autorité vigilante qui le maintient avec tant de soins et de peines.

Dans l'intérieur, tout est en mouvement, tout paraît en désordre; on croit entrer dans une ruche envahie par un nouvel essaim : on se heurte, on se presse au parterre, à l'orchestre, dans les galeries; la plus grande solitude règne encore dans les loges. Les groupes se forment au parterre, les orateurs s'établissent au centre, et pérorent sur le genre, sur le titre, sur la distribution de l'ouvrage, suivant l'intérêt qui les amène.

Ces dissertations préliminaires sont interrompues de temps à autre par des remarques sur les personnages de quelque importance que l'on aperçoit aux galeries ou aux balcons. « Remarquez ce grand homme qui promène ses regards autour de la salle, de manière à attirer l'attention sur lui; c'est l'auteur de....; il s'aperçoit qu'il est à côté d'un académicien..... Voyez comme il lui fait place!..... comme il a soin de son chapeau !..... Ces petits services-là peuvent se retrouver un jour. — Madame Geoffrin est aux premières, en grande toilette! signe éclatant de la protection que *l'ancien* des feuilletons accorde à la pièce nouvelle. Si l'auteur n'eût pas fait son devoir, l'aristarque se serait retranché dans sa baignoire, et madame afficherait un dédaigneux négligé. »

La rampe s'éclaire; l'orchestre des musiciens se remplit. « Nous n'aurons point de symphonie ce soir; c'est toujours cela de gagné! » La toile se lève. *Chut!... Paix là!...* Pourquoi dîne-t-on à six heures? Pourquoi est-il du bon ton d'arriver tard au spectacle, de parler tout haut dans les corridors; en un mot, de faire de l'effet en entrant dans sa loge? Le premier acte est achevé, on n'a point entendu l'exposition; cela pourrait bien jeter quelque obscurité sur le reste de l'ouvrage, à moins que l'auteur n'ait eu l'attention de ménager une seconde exposition pour l'acte suivant; il y en a des exemples.

Les loges se sont remplies pendant le second acte. Les femmes l'emploient à se faire voir, à se reconnaître, à promener leurs lorgnettes sur tous les points de la salle; elles sortent de leur loge à mi-corps, se font des signes de la tête et de la main; et l'intrigue est déjà nouée, que ces dames ne savent pas encore le nom des personnages.

Au troisième acte, l'attention commence à se fixer sur la pièce; la cabale s'agite, les partis sont en présence : où l'un admire une situation forte, un effet théâtral, un vers hardi, l'autre crie au mauvais goût! au mélodrame! au néologisme! Les loges applaudissent à une scène filée avec art; le parterre n'y voit qu'un entretien prolongé sans motif. La malveillance guette, pour ainsi dire, les mots au passage, et détruit tout l'effet d'une scène sur laquelle l'auteur avait droit de compter, pour faire justice de l'impropriété d'un terme ou de la hardiesse d'une locution.

A travers toutes ces agitations, tous ces flux et reflux d'opinions diverses, où il ne manque que l'opinion publique, la pièce arrive à sa fin, et le nom de l'auteur est proclamé au milieu des applaudissements, dont le fracas ne peut cependant couvrir le son aigu de quelques sifflets. Le rideau se baisse.

L'auteur, qui n'a pu tenir en place pendant la représentation de sa pièce, qu'on a vu aller et venir des coulisses au foyer, du foyer dans les couloirs, heureux de voir sa barque au port, non sans quelques avaries, court dans les loges des principaux acteurs, auxquels il rend généreusement, mais sans tirer à conséquence pour l'avenir, la meilleure part des applaudissements qu'il a reçus. Il se mêle ensuite dans la foule, où il épie des entretiens particuliers auxquels l'amour-propre ne trouve pas toujours son compte. On le reconnaît sous le péristyle: les uns l'abordent et le félicitent; il sourit modestement. « Vous ferez mieux une autre fois, » lui crie de loin un grand personnage dont on annonce la voiture ; et le pauvre auteur fronce le sourcil avec colère.

Son mécontentement est encore plus visible lorsqu'il s'aperçoit que plusieurs gens de lettres de sa connaissance se contentent, en passant près de lui, de lui serrer la main.

Mais tout-à-coup son visage s'éclaircit ; le sentiment que j'y vois briller n'est pas exempt d'orgueil, mais il s'y mêle de plus douces émotions. Deux femmes l'ont abordé avec un empressement qu'elles avaient bien de la peine à contraindre : tandis que la plus âgée, par ses discours, faisait l'éloge le plus brillant de l'ouvrage, la plus jeune, par son silence et ses regards, faisait encore mieux celui de l'auteur.

N° LXXXVI. [20 FÉVRIER 1813.]

LE BALCON DE L'OPÉRA.

> . . . . . *Vera incessu patuit Dea.*
> Virg., *Æn.*
>
> Sa démarche, sa grace, annoncent une déesse.

J'ai connu, dans ma première jeunesse, un vieux procureur au parlement, assez riche pour abandonner, à deux heures, son étude aux soins d'un maître-clerc, et qui trouvait plus agréable de mener, à soixante-quatre ans, la vie de garçon, que de se confier en célibataire aux soins intéressés d'une gouvernante.

Il dînait habituellement à une table d'hôte de la rue de Grenelle, où j'allais quelquefois. Ce procureur, que je vois encore, et qui n'aurait pas été plus laid qu'un autre sans l'énorme dimension de son nez, ne manquait pas, immédiatement après son dîner, d'aller prendre sa tasse de café chez Procope, dont il était l'oracle dramatique. De là il se rendait à la Comédie-Française, où l'on était sûr de le trouver tous les jours au parterre, près de la barrière de l'orchestre, à laquelle il suspendait une petite sellette de bois, qui lui servait, sinon à s'asseoir, du moins à se reposer dans les entr'actes.

Ce vieil amateur, d'un goût plus sûr, d'un esprit plus cultivé qu'il n'appartenait à cette époque aux gens de sa robe, avait la mémoire meublée d'une prodigieuse quantité d'anecdotes théâtrales, qu'il racontait à merveille, et dont l'abbé de La Porte, avec lequel il était lié intimement, a tiré bon parti dans le recueil d'anecdotes qu'il a publié.

Ce bon M. Duvivier (c'est ainsi qu'il s'appelait) avait vu passer sous ses yeux trois générations de reines tragiques. Il se souvenait de mademoiselle *Desmares;* il avait assisté à la retraite de mademoiselle *Lecouvreur;* et il partageait ses affections entre mesdemoiselles *Clairon* et *Duménil.*

Nous étions sûrs de le voir arriver de très mauvaise humeur, quand par hasard un ouvrage de Corneille ou de Racine avait manqué ce jour-là d'attirer la foule : il se déchaînait alors contre le mauvais goût du siècle, contre la sottise de ses contemporains; et soutenait, avec une espèce de fureur, que tout homme dont la raison n'était pas aliénée devait trouver le même plaisir à la centième représentation de *Cinna* qu'à la première.

A l'autre bout de la table, comme pour servir de pendant au procureur, se trouvait le chevalier de Marency, retiré du service, dont l'enthousiasme pour l'Opéra n'était ni moins ardent ni moins exclusif que celui de M. Duvivier pour la Comédie-Française. Cette différence dans leurs goûts donnait à l'antipathie qu'ils avaient l'un pour l'autre le caractère d'une véritable haine : on se plaisait à les mettre aux prises, et à les entendre soutenir la prééminence de leur spectacle favori avec tout l'acharnement de deux sectaires de différentes religions, auxquels ils ressemblaient encore par la manie du prosélytisme. La victoire se disputait longtemps, et demeurait à celui qui se faisait suivre d'un plus grand nombre de convives au café *Procope*, ou au café *Militaire* de la rue Saint-Honoré, presqu'en face du Palais-Royal, où était alors l'Opéra.

De tous ses partisans, celui que le chevalier de Marency affectionnait le plus, était un jeune marquis de Bressac, sorti depuis peu de l'hôtel des pages pour entrer dans les mousquetaires. Ce jeune homme, grand amateur de musique, eut le malheur de prendre des leçons de chant d'un *bouffe* nommé Manelli, qui venait d'arriver avec la première troupe ultramontaine que l'on eût encore vue à Paris.

Ce choix d'un maître italien déplut singulièrement au chevalier; et M. de Bressac acheva d'aliéner pour jamais son cœur, en déclarant un jour « que la musique italienne valait beaucoup mieux que la musique française, et qu'il n'allait à l'Opéra que pour la danse. » Un pareil blasphème devint le signal d'une guerre terrible, qui dure depuis un demi-siècle, et dont il est plus aisé de prévoir l'issue que d'assigner le terme.

Le chevalier pérorait dans les foyers et dans les salons en faveur de ses amis *Mondonville, Fouquet,* et *Rameau;* le marquis exaltait de son mieux, dans les salons et sous les arbres du Palais-Royal, les *Scarlati*, les *Léo*, les *Durante*. L'animosité entre les deux champions devint telle, qu'ils abandonnèrent le balcon de l'Opéra, où ils ne pouvaient plus se trouver ensemble, et qu'ils allèrent, avec leurs amis, s'établir aux deux extrémités de l'orchestre; le marquis de Bressac sous la loge de la reine, et le chevalier de Marency sous la loge du roi; de là *le coin du roi* et *le coin de la reine,* où chacune des deux armées avait son quartier-général et rassemblait son état-major.

Les pamphlets furent les premières armes dont on se servit : Marency engagea le jeune Patu à composer *les Adieux du Goût* contre les bouffons italiens. Cette critique, pleine de raison, de sel et d'esprit, devint la cause d'un duel entre lui et le marquis de Bressac, et valut au jeune auteur un coup d'épée dont il mourut quelques années après.

L'année suivante, Grimm publia son *Petit Prophète* contre les *ramistes;* et la *Lettre* de Rousseau *sur la musique française*, fut le brandon qui mit le feu aux deux *coins* de l'Opéra. Au plus fort de l'orage les gens sensés, les véritables amateurs, qui demandaient de la bonne musique sans s'informer du nom du compositeur, s'étaient réfugiés au balcon comme dans un port, d'où ils observaient le temps et comptaient les naufrages : c'est de cette époque que datent l'éclat et l'influence du balcon de l'Opéra, qui jouit à ce théâtre du privilége que le parterre s'est réservé dans les autres, de prononcer en dernier ressort sur le mérite des ouvrages et des acteurs.

Le chevalier mourut ; le peu de succès que l'*Armide* de Lulli obtint à la dernière reprise hâta sa fin. Le général du *coin de la reine*, ne trouvant plus de rivaux dignes de lui dans le parti opposé, comme un autre Montécuculli après la mort de Turenne, abandonna le commandement de son armée, et revint prendre sa place au balcon, dont le président de Miremont et le bailli Descares étaient alors les habitués les plus notables et les plus assidus.

Le premier y venait déplorer la perte de mademoiselle Prévost, dont il avait été pendant vingt ans quelque chose de plus que l'admirateur, et à la mémoire de laquelle mademoiselle Guimard eut, dit-on, la gloire de le rendre infidèle. La prude Sallé, jadis l'objet des tendres soins du bailli, était encore celui de ses éloges ; mais, attendu qu'il s'était ruiné pour elle, il se croyait dispensé de répéter les louanges que Voltaire donnait à sa vertu.

Mesdemoiselles Lany et Allard faisaient déjà les délices de l'Opéra, et celles de MM. de Bressac et de Luxembourg, lorsque, très jeune encore, je quittai Paris, où je ne revins, pour la première fois, que cinq ou six ans après. J'y restai peu de temps; et d'autres voyages finirent par me rendre tout-à-fait étranger aux générations nouvelles d'acteurs, de danseurs, de spectateurs, qui se succédèrent à l'Opéra pendant mes longues absences : enfin, le temps avait effacé de ma mémoire jusqu'au nom des personnes dont le souvenir se liait à ceux de ma première jeunesse; une circonstance inattendue vient de le rappeler à mon esprit.

J'étais, il y a quelques jours, à l'Opéra; on y donnait *Armide*, et j'avais pris ma place favorite au balcon, du côté droit. Près de moi, sur la même banquette, se trouvait un homme de mon âge, dont l'habit bleu, boutonné dans toute sa longueur, le petit col serré et le catogan pris dans la racine des cheveux, annonçaient un ancien militaire : sa canne en béquille entre les jambes, il paraissait écouter la conversation de ses voisins; et, dans l'impatience visible qu'elle lui causait, il ouvrait et refermait à tout moment une tabatière d'écaille qu'il tenait à la main, en se retournant chaque fois de mon côté pour m'adresser la parole. Je n'ai pas oublié un mot de notre entretien : pour plus d'exactitude, je vais en reproduire la première partie sous la forme du dialogue.

L'INCONNU.

Convenez, monsieur, que de votre temps et du mien (car nous datons, je crois, de la même époque), on ne débitait pas si haut de pareilles impertinences, et qu'on ne se présentait pas au balcon de l'Opéra en bottes et la cravache à la main.

L'ERMITE.

On s'habillait mieux, mais on raisonnait quelquefois tout aussi mal.

L'INCONNU.

Il y a trente-six ans que je n'ai mis le pied à l'Opéra ; j'y vins pour la dernière fois en 1777, le jour de la première représentation de cette même *Armide* du chevalier Gluck, que je trouvai, par parenthèse, fort inférieure à celle de Lulli.

L'ERMITE.

Si vous avez perdu vos préjugés, vous en jugerez différemment aujourd'hui.

L'INCONNU.

Comme mademoiselle Fel chantait l'admirable duo du cinquième acte !

L'ERMITE.

Vous avez derrière vous M. de Lauragais, qui ne vous passerait pas d'oublier l'impression que produisait mademoiselle Arnould, dans ce même duo où vous allez entendre une actrice qui les surpasse l'une et l'autre.

L'INCONNU.

Peu m'importe, après tout; car je vous dirai ce que je disais à la même place, il y a près d'un demi-siècle : *Il n'y a de musique que la musique italienne, et je ne viens ici que pour la danse.*

L'ERMITE.

Vous me rappelez en ce moment l'origine de cette grande querelle des bouffons.

L'INCONNU.

Pour peu que vous y ayez pris intérêt, vous aurez entendu parler du marquis de Bressac.

(Comme je n'ai pas l'intention de filer une reconnaissance de comédie, je fais grace à mes lecteurs des *Quoi! ce serait vous? Comment se fait-il? Par quel hasard?* et vingt autres exclamations qui ne signifient autre chose, sinon qu'on s'est perdu de vue long-temps, et qu'on est surpris et bien aise de se retrouver.)

LE MARQUIS.

Nous parlions tout-à-l'heure de mademoiselle Fel. Vous souvient-il que Desmahis fit, à souper chez moi, des vers où il appelait cette *Armide* une sorcière?

L'ERMITE.

Je me souviens même que Grimm voulut se battre en duel avec lui, dans l'espoir d'attendrir le cœur de sa belle inhumaine, qui lui répondit par ce vers de Regnard :

Qu'un amant mort pour nous nous mettrait en crédit !

LE MARQUIS.

Vous étiez à déjeuner avec moi chez ce gros Fargenville, le jour où Barthe nous fit lecture de ce fameux *Règlement* qui fit tant de bruit dans les coulisses?

L'ERMITE.

C'est, sans contredit, la meilleure plaisanterie qu'on ait faite sur l'Opéra...

Ici la toile se lève, la pièce commence; et chaque morceau, chaque acteur, devient entre nous l'objet d'une discussion pendant les entr'actes. A la fin du second acte, le marquis n'était déja pas éloigné d'avouer qu'aucun *opera seria* ne pouvait être sérieusement comparé à ce chef-d'œuvre.

Obligé de convenir que l'opéra français avait prodigieusement gagné sous le rapport de la musique et de l'exécution, il voulut me soutenir, par compensation, que la danse avait singulièrement dégénéré; qu'elle se bornait, maintenant, à l'art de multiplier et d'exécuter des pirouettes; que tous les genres étaient confondus; et que, dans le *demi-caractère* même (seul genre que l'on eût conservé), il n'avait encore rien vu qui pût soutenir la comparaison avec mademoiselle Guimard. J'allais lui repondre en citant, avec tout Paris, l'élégante précision, la décence, le fini précieux de la danse de madame Gardel, la grace exquise de mademoiselle Bigottini, lorsque mademoiselle Gosselin parut: je n'ai jamais vu de conversion plus rapide, ni d'assertion plus tôt démentie.

Le Nestor du balcon ouvrait la bouche pour me dire que cette jeune danseuse avait les bras un peu longs, lorsqu'elle les développa avec un charme inexprimable qui ne lui permit pas d'achever sa pensée. Son admiration croissait à chaque pas, à chaque mouvement de la moderne Terpsichore, et se manifestait par des exclamations qui se perdaient, heureusement pour lui, dans le tumulte des applaudissements dont la salle retentissait. Le marquis n'est pas un simple amateur de l'art de la danse, c'est un connaisseur habile; et, à ce titre, son opinion sur le talent de mademoiselle Gosselin peut avoir quelque poids.

« Il est impossible, s'il faut l'en croire, de réunir à un plus haut degré toutes les qualités qui font une danseuse parfaite: une extrême légèreté, un aplomb imperturbable qui la rend toujous maîtresse de terminer, quand il lui plaît et comme il lui plaît, le mouvement le plus rapide; une grace, qui se compose de l'heureux mélange de la force et de l'adresse, mais sur-tout une souplesse, un abandon plein de charmes, qui donnent à sa danse un caractère inimitable de volupté! »

Je convins de tout ce que disait le marquis; mais je n'en criai pas moins à la décadence de l'esprit et du goût, en remarquant que la poésie de Quinault et la musique de Gluck, exécutées avec une rare perfection par Nourrit et madame Branchu, obtenaient moins d'applaudissements, causaient moins d'enthousiasme, qu'un pas dansé par mademoiselle Gosselin.

N° LXXXVII. [5 mars 1813.]

UNE SOIRÉE DU GRAND MONDE.

> Combien d'oiseaux de différent plumage,
> Divers de goût, d'instinct, et de ramage,
> En sautillant font entendre à-la-fois
> Le gazouillis de leurs confuses voix !
> VOLT., *Épît. en vers.*

> La ville est partagée en diverses sociétés, qui sont comme autant de petites républiques, qui ont leurs lois, leurs mœurs, leurs usages, et leur jargon.
> LA BRUYÈRE, *Caract.*

Ce qui était vrai du temps de La Bruyère l'est encore aujourd'hui, avec quelques modifications néanmoins. A l'époque où cet immortel écrivain publia ses *Caractères*, chacune des petites républiques dont il parle avait son domaine bien distinct, séparé par d'invariables limites ; et telle était entre elles la difficulté des communications, qu'elles ne se connaissaient guère que par oui-dire.

Vers la fin du dernier siècle, les secousses politiques ont renversé toutes ces barrières ; et l'ordre nouveau qui les a remplacées a ménagé, dans l'intervalle qui les sépare, une pente douce qui établit, de l'une à l'autre, une circulation facile.

Dans ma jeunesse, les femmes de finance passaient quelquefois, de rang en rang, jusqu'au premier: mais c'était sur un pont d'or. A l'abri du nom qu'elles avaient acheté, elles paraissaient à la cour; le lendemain, on les retrouvait dans leur famille, entourées de gros messieurs de la Ferme : elles étaient déplacées la veille, et se croyaient déplacées le lendemain.

La vanité, qui joue un si grand rôle dans la société et dans les sociétés, se fait sentir jusque dans la dénomination qu'elles ont prise. Dans chaque ville, la réunion de quelques hommes et de quelques femmes des classes privilégiées s'appelle *le monde* : à Paris, le monde se partage en *beau monde* et en *grand monde*. Le bon ton est la règle de l'un; l'étiquette est la reine de l'autre: à quelques nuances près, les usages sont les mêmes.

Les sociétés et les spectacles occupent ici la plus grande moitié de la vie d'un homme du monde: le premier de ces délassements se compose, pour lui, de *jours priés* et de *jours d'habitude*.

Dans ceux-ci, la liberté et la confiance font ordinairement les frais d'un repas où d'anciens amis se réunissent périodiquement à la même table. Ces dîners n'ont rien de commun avec ces repas à jours fixes, où le maître d'une maison, dont on ne connaît souvent que la maîtresse, reçoit, comme à une table d'hôte, des gens qui, ne sachant où passer la soirée, viennent la commencer, chez lui, à l'heure où l'on dîne.

Les *dîners et soirées par invitation* sont aujourd'hui ce que je les ai vus de tout temps, une espèce de loterie où les chances favorables ne sont pas les plus communes, et dont se plaignent le plus ordinairement ceux qui n'y mettent rien, et ceux qui jadis y ont fait fortune. Et moi aussi, j'ai vu et je regrette ces *charmants soupers* d'autrefois, d'autant plus délicieux, je dois en convenir, que j'avais alors l'esprit jeune, l'imagination vive et l'estomac excellent.

« Quelle société que celle de madame d'Épinay! me dit le bon-homme Merville : on ne reverra jamais rien de pareil! Vous souvenez-vous d'une certaine fête qu'elle nous donna en 57 ?

— Je me souviens que vous aviez alors vingt-cinq ou vingt-six ans, et que votre liaison avec la belle Émilie de R*** date de cette journée. — Eh! mon Dieu, poursuit le vieux président d'Abancourt, vous me rappelez ces soirées ravissantes de madame de Forcalquier, où Carmontelle composa ses premiers proverbes? — Que vous jouiez avec un talent remarquable et une figure charmante, qui vous valurent tant de succès. — Messieurs, interrompt un troisième, parlons des soupers de madame de la Popelinière. Où trouverez-vous, je ne dis pas à présent, mais même dans vos souvenirs, une réunion pareille de gens de cour, de gens de lettres, et d'artistes? — Et celles de Pelletier, que vous ne comptez pas? — Et celles de madame de la Reynière, où j'ai vu *Touzet* pour la première fois? Touzet, ce mystificateur par excellence, dont vous partagiez les succès, dans un genre de plaisanterie, dont il ne faut peut-être pas regretter la perte. »

Ce petit colloque avait lieu, samedi dernier, au faubourg Saint-Germain, chez madame la comtesse Élisa de Fontbonne, où quelques convives, à-peu-près de mon âge, étaient arrivés, comme moi, une bonne heure avant le dîner. La comtesse était encore à sa toilette, et le comte n'était pas revenu de Saint-Cloud : nous causions debout, auprès de la cheminée; et je m'étais constitué le défenseur du temps moderne, que le président d'Abancourt allait condamner par défaut, lorsque la maîtresse de la maison, dans tout l'éclat de la parure et de la beauté, se présenta pour plaider sa cause. Madame de Fontbonne prit sa place au coin de la cheminée, dans un fauteuil réservé pour elle seule. Je remarque en passant que cet usage d'une place et d'un siége particuliers pour la maîtresse de la maison est déja fort ancien; le bon ton, la politesse même, lui font une loi de ne l'offrir à aucune autre femme, quels que soient son rang et sa qualité; un très grand âge et le titre de maréchale autorisaient seuls autrefois une exception à cette régle générale.

Peu à peu les jeunes gens et les femmes arrivèrent; celles-ci, plus ou moins tard, suivant l'importance qu'elles voulaient se donner, ou l'effet qu'elles voulaient produire.

La première occupation de ces dames, après avoir embrassé ou salué la comtesse, suivant le degré ou la nature de leur liaison avec elle, me parut être, comme jadis, de s'examiner mutuellement, et de critiquer, chacune avec sa voisine, la parure de toutes les autres. J'avais déja remarqué une grande baronne de Sarnet, dont la robe couleur hortensia et la coiffure à la chinoise contrastaient, de la manière la plus choquante, avec son âge, sa taille et l'expression très prononcée de ses traits : la jolie madame de L***, dont j'ai souvent parlé dans ces feuilles, se trouvait à deux places de la grande baronne : elle s'avança sur son fauteuil, et lui fit compliment, du ton le plus affectueux, sur l'élégance et le bon goût de sa parure. Je passai derrière la chaise de madame de L***, et lui dis à l'oreille avec une véritable colère :

Quoi! vous avez le front de trouver cela beau?

« Bon-homme, me répondit-elle en riant, retournez dans votre cellule, relisez votre La Bruyère, et vous apprendrez le cas que l'on doit faire de l'éloge qu'une femme fait de la toilette d'une rivale. »

Ce mot de rivale demandait une explication que je réservai pour un autre moment.

La conversation qui précède un grand dîner se borne, pour l'ordinaire, à des lieux communs de politesse, à des phrases banales sur le temps, la saison et les spectacles. Il était près de sept heures lorsque le comte revint de Saint-Cloud; il s'excusa avec beaucoup de grace auprès des dames.

Un quart d'heure après, on annonça que *madame la comtesse était servie.* Tout le monde se leva; le président, qui renonce toujours le dernier aux vieilles coutumes, offrit sa main à sa cousine, madame de L***, pour passer du salon à la salle à manger: « Volontiers, lui dit-elle tout bas en l'acceptant, mais sans tirer à conséquence, entendez-vous bien, mon cher président? car ces galanteries-là ne sont plus d'usage qu'à la Place-Royale. — Tant pis pour le faubourg Saint-Germain! » répondit le président.

Après que la maîtresse de la maison eut disposé des places d'honneur auprès d'elle et de son mari, en désignant les personnes par leur nom, le reste des convives se plaça comme il convient à chacun: le président se mit auprès de moi.

J'avais surpris les regards d'une timide et discrète intelligence entre certain Auditeur et une très jolie petite prude, que j'observais pour mon instruction particulière: au moment où l'on se mettait à table, elle leva ses grands yeux bleus sur le jeune homme qui se tenait discrètement à l'écart, et les tourna doucement sur la chaise vide qui se trouvait près d'elle, et que, sans moi, le président aurait eu la maladresse d'envahir: l'Auditeur entendit à merveille, et se hâta de venir prendre une place que personne, sans doute, n'eût occupée avec autant de plaisir et de profit. « Si, par hasard, vous êtes encore de ce monde dans une quarantaine d'années, dis-je à mon président, consultez cette petite dame, qui sera probablement dévote, et cet Auditeur, qui sera peut-être un grand magistrat; vous verrez s'ils ne vous parlent pas des dîners de madame de Fontbonne, comme vous me parliez tout-à-l'heure des soupers de madame de Forcalquier. »

Il ne peut y avoir de conversation générale dans un dîner d'apparat; c'est presque toujours un ridicule à s'y donner que d'y élever la voix, et de prétendre fixer l'attention de quarante convives, dont la plupart se connaissent à peine : il faut s'en tenir à causer avec les personnes à côté de qui le hasard ou votre adresse vous a placé.

Après avoir écouté, pendant les deux premiers services, le frondeur d'Abancourt que j'avais à ma droite, et qui ne voulait pas même convenir de nos progrès dans les arts industriels en examinant les belles formes de l'argenterie, des candélabres, l'élégance des surtouts, la beauté des cristaux, en un mot la riche variété de tant d'objets dont se compose aujourd'hui le luxe de la table, j'adressai, pour la première fois, la parole à mon voisin de gauche, au moment où l'on servit le dessert; et je ne tardai pas à regretter de m'être avisé si tard d'un aussi plaisant entretien.

Jamais la confiance de la sottise ne s'était montrée à mes yeux sous des dehors plus comiques, sous des traits plus en rapport avec l'ame matérielle dont ils portaient l'empreinte. Le *Sénéchal* de la comédie des *Originaux* n'est qu'une pâle copie de ce burlesque personnage; un trait de sa conversation suffira pour le faire connaître : il me parla du chagrin que lui avait causé le mariage d'un de ses neveux : « Vous saurez, ajouta-t-il, que la fille que cet imbécile s'est avisé d'épouser n'a rien, ce qui s'appelle rien, ni au physique, ni au moral; au physique elle est laide, et au moral elle n'a pas le sou. »

On prit le café à table : en rentrant dans les salons, où les cassolettes allumées exhalaient tous les parfums de l'Orient, nous y trouvâmes plusieurs personnes qui se rendaient à l'invitation du soir. Bientôt la foule devint telle, qu'il fallut songer à rompre le cercle des femmes, en les distribuant autour des tables de jeu. Quand les parties furent arrangées, la comtesse passa dans une galerie où M. de

Fontbonne se promenait en parlant d'affaires avec quelques grands personnnages ; elle lui dit un mot à l'oreille, et sortit, accompagnée de deux ou trois dames, sans que personne, excepté moi peut-être, s'aperçût de son absence.

Elle reparut au bout d'une heure : « Comment avez-vous trouvé la Grassini ? lui dis-je de manière à n'être entendu que d'elle seule. — Qui vous a dit que je revenais des Bouffons, maudit Argus ? — La mode, madame, qui n'aurait pas manqué de jeter les hauts cris, si vous ne vous étiez pas montrée aujourd'hui dans votre loge. — Eh bien ! vous avez deviné juste ; je viens d'entendre deux scènes des *Horaces* ; la musique en est *charmante* ; voilà ma critique : la Grassini est admirable ; c'est la seule cantatrice italienne (du moins de toutes celles que j'aie entendues) qui ait autre chose qu'un gosier. Je suis sortie après le bel air, *Frenar vorrei le lacrime*, qu'elle a chanté avec une ravissante perfection. »

A la suite du jeu, qui finit avant onze heures, M. Carbonnelle se mit au piano : on fit de la musique, et j'ai vu le moment où l'on allait convenir que certains morceaux de *Didon*, d'*Armide* et des *Danaïdes*, pouvaient soutenir la comparaison avec les *Pirro*, les *Destruzione di Gerusalemme*, et autres chefs-d'œuvre de même espèce et de même pays.

Vers minuit on joua des *Proverbes :* en un instant un petit théâtre fut préparé à l'une des extrémités de la galerie. On commença par l'*Enragé*, vieux proverbe de Carmontelle, et l'on finit par le *Songe d'un Honnête Homme :* cette petite piéce, qui fait partie d'un Recueil publié l'année dernière par madame Victorine M***, sous le titre de *Soirées de Société*, a le mérite de ce genre de production, la vérité, le naturel et la grace.

On servit ensuite à souper; très-peu de personnes se mirent à table : on offrit aux autres des glaces, du punch; et vers deux heures, lorsque je sortis (aussi satisfait qu'on peut l'être à mon âge d'une soirée si bruyante), il restait encore quelques joueurs, et même quelques joueuses intrépides, qui voyaient avec peine finir le dernier rob d'un whist, dont ils font l'affaire, le plaisir et l'espoir de leur vie entière.

N° LXXXVIII. [28 mars 1813.]

LE SOMNAMBULISME
ET L'ABBÉ FARIA.

> .... *Per amicitiam Divosque rogatus,*
> *Ducere me auditum, perges quòcumque, memento.*
> *Nam, quamvis referas memori mihi pectore cuncta,*
> *Non tamen interpres tantùmdem juveris. Adde*
> *Vultum, habitumque hominis.......*
>   Hor., sat. iv, liv. II.
>
> Je vous en conjure, au nom des dieux et de l'amitié, menez-moi avec vous chez cet habile homme : car bien que votre mémoire soit très fidele et votre récit très exact, il faut voir le docteur pour le bien entendre, examiner son geste, l'air de sa figure.

Je me fais souvent cette question, à laquelle je ne trouve pas de réponse satisfaisante : Pourquoi cette espèce d'hommes que les Grecs appelaient *agyrtæ*, les Romains *circumforanei*, et que nous désignons, d'une manière un peu trop vague par le nom de *charlatans,* a-t-elle de tout temps choisi la France pour y établir le théâtre principal de ses jongleries ?

Ces gens-là ne croient pas les Français plus sots que les autres peuples; les supposeraient-ils moins adonnés aux vieilles routines, plus affranchis des préjugés de l'usage? Ils répondront eux-mêmes qu'ils sont toujours les derniers, sinon à accueillir, du moins à adopter les découvertes utiles : que Christophe Colomb a vainement sollicité la faveur de découvrir, à leur profit, un nouveau monde; que les tourbillons de Descartes ont lutté chez eux, pendant un demi-siècle, contre l'attraction newtonienne; que l'inoculation sauvait, depuis trente ans, la vie à des milliers d'hommes en Europe, lorsque cette pratique salutaire commençait à peine à s'introduire en France; qu'en ce moment encore, une grande moitié des habitants de Paris s'obstine à boire l'eau fangeuse de la Seine, de préférence à l'eau claire et filtrée qu'on leur offre pour le même prix; en un mot, que toute innovation, portant un caractère bien marqué de grandeur et d'utilité publique, a toujours été dans ce pays l'objet des plus longues et des plus ridicules contradictions.

En revanche, il est vrai, toutes les futilités bizarres, toutes les suppositions extravagantes, toutes les prétentions absurdes, pourvu qu'elles aient une origine étrangère, sont sûres de trouver chez nous faveur, protection, et souvent enthousiasme.

Depuis Luc Gauric jusqu'à l'abbé Faria inclusivement, je ne connais point de *docteur* étranger, soit qu'il ait cherché ses dupes sur nos quais ou dans nos salons, soit qu'il ait eu des compères dans les échoppes ou dans les palais, qui n'ait fait en France une espèce de fortune. Voyez sur la place du Louvre ce fameux *dottor napolitano*, debout dans son cabriolet découvert, avec sa grande perruque poudrée à blanc, son habit écarlate à brandebourgs d'or, sa veste brodée, ses bagues à tous les doigts, et ses amples manchettes de Flandre : en quoi diffère-t-il de cet illustrissime *Cagliostro*, que nous avons vu à la fin du 18ᵉ siècle se vanter, jusque dans l'*OEil-de-Bœuf* à Versailles, de faire parler les morts, et s'enrichir au moyen d'un spectacle fantasmagorique, dont l'entreprise perfectionnée ruina quelques années après le physicien Robertson ?

Le premier et le plus hardi des charlatans qui parurent en France est, sans contredit,

>Cet Écossais célèbre,
>Ce calculateur sans égal,
>Qui, par les règles de l'algèbre,
>Menait la France à l'hôpital.

Après avoir vainement colporté son *système* dans tous les états de l'Europe, il parvint à l'établir en France : on en connaît les résultats.

Après l'aventurier *Law*, survint un autre aventurier, nommé *Willars*, lequel fit, en quelques années, une fortune de plusieurs millions, en mettant l'eau de la Seine en bouteilles, et en la vendant comme une panacée universelle qui devait prolonger la vie jusqu'à cent cinquante ans. Les marchands de vin de Paris ont hérité de son secret, qu'ils débitent sous un autre nom.

Bletton, instruit du miracle opéré par l'eau de rivière, voulut tâcher de tirer parti des eaux de source. Il s'annonça comme étant doué d'une faculté physique toute particulière pour découvrir, ou plutôt pour sentir la présence des eaux souterraines, à quelque profondeur qu'elles se trouvassent : au moyen d'une baguette de coudrier et d'un *compère* habile, il fit revivre pendant quelque temps cette prétendue science de *rabdomancie*, qu'un charlatan ultramontain avait mise en crédit, en France, dans le siècle précédent.

Mesmer s'annonça avec plus d'éclat, avec plus de moyens que ses prédécesseurs; et son triomphe fut moins éphémère. Il avait, à l'en croire, découvert dans la nature un nouvel agent, qu'il appelait le *magnétisme animal*, dont les propriétés, en établissant entre les hommes et les choses de nouveaux rapports, de nouvelles affinités, produisaient des effets miraculeux. Comme le magnétisme agissait principalement sur les nerfs et sur l'imagination, nos dames furent les premières séduites : le *baquet* de Mesmer devint le rendez-vous des beautés de la cour et de la ville; le magnétisme fit éclore les *vapeurs*, les *spasmes*, les *affections nerveuses* de mille espéces; et ces maladies de circonstance, dont les médecins s'emparèrent, firent au docteur allemand des prosélytes, au sein même de la faculté. Ceux qui niaient le plus obstinément les effets du magnétisme s'apercevaient cependant qu'il n'était pas sans influence sur les mœurs, qu'il mettait en rapport beaucoup de gens qui n'en devaient avoir aucun ensemble, et que la vertu du baquet influait singulièrement sur la vertu des femmes. Lorsque le gouvernement jugea qu'il était temps de mettre un terme à cette comédie, il la fit jouer sur le théâtre; et les *Docteurs modernes* discréditèrent entièrement le docteur du jour.

Cette jonglerie de *mesmérisme*, dont je me souviens que Dopal, éléve de Deslon, qui l'était lui-même de Mesmer, disait ingénument : *Ceux qui savent notre secret en doutent plus que ceux qui l'ignorent*, a donné naissance au somnambulisme, dont M. l'abbé Faria tient en ce moment école, au grand scandale du bon sens et de la philosophie qu'il professe.

J'ai assisté à la séance, c'est-à-dire à la mystification publique qui a eu lieu, mercredi dernier, dans une maison de la rue Clichy; je dirai ce que j'ai vu : c'est assez s'en moquer que d'en rendre compte.

L'apôtre du somnambulisme avoit choisi la salle des exercices d'une maison d'éducation, pour théâtre de ses tours de gibecière, où il resta fort au-dessous d'Olivier, comme on va voir. Avant que le professeur parût, je me suis occupé de l'assemblée; elle était brillante, nombreuse, et composée, aux deux tiers, de femmes dans la fleur de l'âge. Il était aisé de voir que la plupart d'entre elles apportaient en ce lieu des préventions très favorables à la nouvelle doctrine. Je me trouvais placé auprès de madame Maur...; et j'ai pu étudier, sur cette figure aimable, les différents caractères qu'impriment à la physionomie la crédulité, la confiance, et la persuasion.

M. l'abbé, accompagné de cinq ou six jeunes filles, a paru dans l'enceinte qu'il s'était réservée à l'une des extrémités de la salle : son teint, *bruni sous les feux du soleil de Goa*, ne nuisait pas à la régularité de ses traits; et j'ai cru m'apercevoir que la plus belle moitié de son auditoire n'avait, à cet égard, pas plus de préjugés que la tendre *Desdemona*[1].

L'orateur a débuté par un discours d'un style si grotesque, qu'il fallait être Français, et se rappeler que celui qui parlait était étranger, pour ne pas l'interrompre à chaque phrase par des éclats de rire. Le fond des idées n'était, malheureusement, pas moins risible que la forme : il est douteux que l'extravagance humaine puisse aller au-delà. Après un

---

[1] Personnage de la tragédie d'*Othello*, de Shakespeare.

éloge burlesquement emphatique du magnétisme et de ses propriétés générales, M. le professeur a posé en principe que cet agent mystérieux était la base de toute instruction, le fondement de toutes les sciences, la clef de toutes les connaissances humaines.

Avant d'avoir entendu ce philosophe de la côte du Malabar, qui se serait imaginé qu'au magnétisme appartient *non seulement le pouvoir de nous révéler les secrets de la médecine, la cause, le siége, et le remède de toutes les maladies, mais celui de nous faire connaître la configuration, la matière, le mouvement des astres et la nature de leurs habitants?* Nous voilà bien tranquilles sur les progrès futurs de la médecine et de l'astronomie.

La morale ne doit point nous inquiéter davantage, le magnétisme en est le véritable ressort : *toutes les vertus en découlent, ainsi que toutes les vérités; et la politique elle-même est soumise à son action.* Après cette définition si claire du magnétisme, M. Faria nous a parlé du *somnambulisme*, qui en est le résultat le plus immédiat.

Ce que j'ai pu comprendre, à travers un verbiage inintelligible, c'est que l'état de somnambulisme est, pour l'homme, pour la femme sur-tout, l'état par excellence; qu'il développe dans le sujet somnambule des facultés et des connaissances, auxquelles il est totalement étranger quand il veille, telles que le

6.

don des langues, la connaissance de l'avenir; et, ce qu'il y a de plus extraordinaire, qu'il ouvre chez certaines personnes des organes nouveaux : c'est ainsi qu'une de ses élèves a le don tout particulier de lire, en dormant, par cette partie du corps humain que le premier homme et la première femme ont dû, seuls, ne pas apporter au monde. Malheureusement cette épreuve n'était pas de nature à être faite en public, et c'était à l'œuvre qu'on attendait M. le professeur.

Les expériences commencèrent : les cinq jeunes filles vinrent se placer sur une même ligne : et le discours du maître les avait si bien préparées à dormir, qu'en un moment le doigt magnétique les plongea dans un profond sommeil. L'une d'elles, en dormant, dit qu'elle avait soif : « Que voulez-vous boire? lui demanda l'endormeur. — De l'eau sucrée. » Aussitôt il lui présenta un grand verre d'eau claire, qu'il se contenta de magnétiser au lieu de le sucrer; la petite fille prit le verre d'eau, et se plaignit qu'on y avait mis trop de sucre. M. l'abbé aurait pu insister sur le parti qu'on pouvait tirer du magnétisme dans un temps où le sucre est si cher; mais, sans répondre aux objections qu'on lui fit, il passa à une autre expérience.

« Cette jeune personne ne sait point le latin, comme on peut croire : eh bien! dans l'état de somnambulisme où elle se trouve, vous allez voir qu'elle peut l'entendre. A la preuve: *Ars longua, vita brevis.* Répondez, mademoiselle ; que signifient ces mots en français ? — *La vie est longue et courte.* » De longs éclats de rire partaient de tous côtés ; et la séance aurait eu de la peine à se continuer, si les mouvements et les cris d'une troisième somnambule n'eussent fixé de nouveau l'attention de l'assemblée.

« Au voleur ! à l'assassin ! arrêtez ! » criait-elle. Le magnétiseur l'interroge. « Que se passe-t-il ? — Un assassinat dans la rue de Clichy. — Quels sont les auteurs ? — Deux hommes que je n'ai pu distinguer. — Sont-ils arrêtés ? — Un seul vient de l'être. » Cette jonglerie aurait pu faire quelque sensation, si plusieurs personnes présentes n'eussent été instruites d'un événement qui s'était passé trois heures auparavant, et dont la somnambule et son professeur pouvaient, comme d'autres, avoir eu connaissance.

L'expérience des membres paralysés et *déparalysés* à la voix du magnétiseur, a fini par pousser à bout la patience et l'honnêteté de l'auditoire : on a d'abord murmuré, puis on a hué, puis on a sifflé le professeur indien, qui a fort habilement expliqué le peu de succès de sa séance, en déclarant que la présence d'un seul individu incrédule suffisait pour neutraliser la vertu magnétique, et pour déjouer le talent du magnétiseur.

J'ai voulu, dans ce discours, répondre au reproche qui m'a été fait de n'avoir pas encore signalé, dans un ouvrage consacré à la peinture des mœurs actuelles, une doctrine absurde autant que ridicule, que l'on s'efforce de remettre en vogue, et dont les progrès ne sont heureusement pas à craindre avec de pareils professeurs.

N° LXXXIX. [15 avril 1813.]

LES CAQUETS.

*Vivendum recte est cùm propter plurima, tunc his
Præcipue causis, ut linguas mancipiorum
Contemnas: nam lingua mali perpessima servi.*
JUVEN., sat. IX.

Vivons d'une manière irréprochable, ne fût-ce que pour être en droit de mépriser les propos des domestiques; car ces gens-là n'ont rien de pire que la langue.

Madame Choquet, ma femme de ménage (dont j'ai fait mention en décrivant ma cellule), n'a pas encore cinquante-quatre ans; elle est bien conservée pour son âge, et à l'exception de sa vue, qui commence à baisser, elle jouit de toutes ses facultés physiques et morales. Celle dont elle fait le plus de cas et le plus d'usage, c'est la parole : d'heureuses dispositions, secondées par un long exercice, l'ont conduite à trouver le moyen de parler beaucoup, vite et long-temps, sans se fatiguer, et, qui plus est, sans fatiguer les autres.

Fille d'un ancien cocher du duc de Villeroy, elle est née dans l'hôtel en 1760; à quinze ans elle fut admise au nombre des femmes de la duchesse, qui la maria quelques années après à M. Choquet, fils de son suisse, lequel servait alors au régiment des Gardes-Françaises, dans la compagnie Saint-Blaucard, dont il était le plus beau caporal. M. Choquet, à la révolution, passa dans la ligne avec le grade d'adjudant-sous-officier, et sans une blessure qu'il reçut à la bataille de Jemmapes, et qui l'obligea de prendre sa retraite, il n'en serait pas réduit à donner des leçons de pointe et d'espadon à quinze sous par cachet. Madame Choquet n'a pas été plus heureuse, et après avoir perdu sa maîtresse, ne pouvant se résoudre à déroger dans ses fonctions de femme de chambre, elle a pris une place de portière qu'elle a occupée pendant cinq ans; mais comme l'ambition, dans tous les états, vient avec l'âge, du produit de ses économies, qui ne se montaient pas à moins de douze cents livres, elle a cru devoir élever un établissement de couturière. Le ciel a béni son entreprise, et madame Choquet se trouve aujourd'hui maîtresse et propriétaire du plus bel atelier de couture qu'il y ait de la rue Saint-Lazare à la Petite-Pologne.

Telle est en peu de mots l'histoire de ma femme de ménage; il faudrait que j'eusse la mémoire bien malheureuse pour ne l'avoir pas retenue depuis dix ans qu'elle me la raconte. Au demeurant, cette petite notice est une introduction nécessaire aux caquets dont me régale chaque matin ce modèle accompli des commères parisiennes ; j'en veux mettre un échantillon sous les yeux de mes lecteurs : ils n'y trouveront ni beaucoup de suite, ni beaucoup de raison, ni beaucoup d'indulgence pour le prochain ; mais l'habitude de lire les journaux a dû les familiariser avec ce verbiage à la mode.

Madame Choquet entre chez moi tous les matins à neuf heures, et commence ses fonctions par me servir à déjeuner ; c'est pendant ce repas, et tout en mettant de l'ordre dans ma chambre, qu'elle débite, avec la plus incroyable volubilité de langue, ses monologues, qui mettraient en défaut les plus habiles tachigraphes.

En l'écoutant, lundi dernier, j'ai pris des notes pour aider ma mémoire. C'est madame Choquet qui parle :

« Monsieur ne trouvera peut-être pas sa crème aussi bonne qu'à l'ordinaire? Dame, ce n'est pas ma faute : Claire n'est pas venue aujourd'hui et pour bonne raison ; elle est accouchée ; la pauvre femme, voilà son septième ; c'est le cadeau que son mari lui a fait, y a neuf mois, quand il est parti comme remplaçant ; mais à quelque chose malheur est bon ; car madame Dumont, la femme du notaire, lui donne son enfant à nourrir. Vous me demanderez pourquoi une femme aussi riche ne fait pas nourrir son enfant chez elle : c'était bien son intention ;

mais n'est-on pas venu mettre martel en tête au mari, parce que le colonel Dorfeuil, cousin de madame, qui a eu le bras cassé en Allemagne l'année dernière, est venu se faire guérir chez eux ; si bien que M. Dumont a voulu que la petite, qu'il n'aime pas, fût mise en nourrice. Peut-être bien qu'il n'a pas tout le tort ; mais aussi, me direz-vous, le monde est si méchant !

« C'est ce que je répétais l'autre jour à la portière qui me contait tout cela. — Ma chère madame Barbotin, si vous m'en croyez, gardez votre porte, et ne vous mêlez pas de ce qui se fait chez les locataires ; mais cette brave femme, c'est plus fort qu'elle, il faut qu'elle jase : Dieu sait si l'occasion lui manque dans la maison où elle est ; c'est si grand ! Quinze ménages, neuf cents francs de sous pour livres, sans compter les étrennes... ; il y a bien peu de portes comme celle-là dans Paris. Fasse le ciel que madame Barbotin profite mieux de mes conseils que madame Badureau, la portière de M. Beaubois !

« Cette femme était, à vrai dire, la gazette du quartier : il ne se faisait rien dans sa maison qu'elle n'en rendît compte aux voisins. Sans elle, aurait-on jamais su que M. Beaubois n'avait eu sa place que par l'entremise de sa femme ? On croyait celle-ci d'une bonne famille, et voilà qu'on nous apprend qu'elle avait été danseuse en Allemagne, où elle avait ruiné je ne sais combien de barons : il faut en ruiner beaucoup pour faire fortune : elle a fait la sienne, et M. de Beaubois, qui avait besoin d'un cautionnement pour obtenir la place qu'il sollicitait, l'a épousée sans aucun examen que celui de sa cassette. Belle nouvelle ! ne dirait-on pas que cela ne s'est jamais vu ? La portière a su l'aventure par un frère de madame, un beau garçon, qui est tombé chez elle un matin, et qu'on a renvoyé bien vite, comme vous pouvez croire, en lui procurant un emploi de douanier à l'autre bout du monde, et en payant ses frais de voyage. Les uns disent que c'est bien vraiment le frère de madame : les autres assurent qu'il ne l'est pas plus que vous et moi : cela ne me regarde pas ; et puis, comme dit le proverbe, chacun pour soi, et Dieu pour tout.

« Tant y a que cette bavarde de portière a été renvoyée pour avoir fait de mauvais rapports ; qu'elle n'a pu se replacer depuis, et qu'elle est maintenant à la charge de sa fille Mariette, qui est bonne d'enfants chez un sénateur. La petite est jolie ! je l'ai eue deux ans chez moi en apprentissage : elle a dû épouser, l'année dernière, un facteur de charbon sur le port Saint-Nicolas ; excellent commerce, où personne ne connaît rien ! Ce garçon se faisait au moins cent louis par an : le mariage a manqué ; à qui la faute ? à la mère Badureau : elle a permis à sa fille d'aller le dimanche à la *Chaumière,* seule avec son prétendu. Une jeunesse de dix-huit ans, ça n'a pas d'expérience ; ça ne sait pas la différence qu'il y a entre la veille et le jour des noces : ce n'est pas que je veuille dire... A Dieu ne plaise !... Mais ce qu'il y a de sûr, c'est que de mon temps les filles se mariaient, et qu'elles n'allaient pas à *Paphos*, à *Tivoli*, à la *Chaumière*. Les bals champêtres ont tout perdu...

« Il est bien vrai que les bals de ville ne valent guère mieux ; témoin vingt belles demoiselles que je pourrais vous citer, qui n'en manquent pas un, et qui ne s'en marient pas plus pour cela : sans nommer personne, voyez ce qui est arrivé à la fille de votre voisin : elle sera riche un jour, elle est encore jolie ; il y a dix ans qu'on la cite pour la première danseuse de Paris ; elle a dansé avec tous les jeunes gens de la capitale : combien s'en est-il présenté pour l'épouser ? Pas un seul ; et pourquoi ? parcequ'on se défie des demoiselles qui dansent trop bien ; parcequ'il en coûte plus cher pour mener sa femme au bal cinq ou six fois dans l'année, que pour nourrir deux enfants ; parceque l'amour de la danse ne s'accorde pas avec les soins du ménage, sans compter beaucoup d'autres raisons que monsieur devine. »

Madame Choquet fit une pause en cet endroit : et comme elle s'aperçut que j'allais en profiter pour placer un mot : « Pardon si je vous interromps, continua-t-elle, mais il faut que monsieur me permette de le quitter aujourd'hui un peu plus tôt qu'à l'ordinaire; je n'ai pas un moment à perdre; je suis de noce, pour que vous le sachiez... Oui vraiment, de noce! Il n'est pas que monsieur n'ait remarqué une jeune fille qui m'accompagne quelquefois: c'est la petite Henriette, la fille d'un maître boucher, à quelques portes de chez nous, un des plus riches de Paris. Il aurait pu, comme tant d'autres qui n'ont pas sa fortune, mettre sa fille dans une belle pension, lui donner des maîtres, en un mot en faire une demoiselle; mais le père Courtois a du bon sens; il a fait apprendre à sa fille à lire et à écrire, et l'a placée chez moi pour la couture : depuis deux ans qu'elle en est sortie, elle est à la tête de la maison de son père, et tient les livres comme un premier commis. Avec ses vingt ans, sa jolie mine et ses écus, Henriette n'a pas manqué de soupirants, comme vous pouvez croire: elle a refusé, c'est-à-dire que son père a refusé pour elle un clerc de notaire, un commis des douanes, un entrepreneur d'éclairage, et un épicier de la rue de la Verrerie, qui comptait sur la dot pour relever son commerce. M. Courtois a jeté son dévolu sur le fils d'un bon marchand de bœufs de Poissy. La noce faite, le bon-homme laisse la boutique à ses enfants, et va se retirer dans sa ferme du pays d'Auge, où, pour faire un métier contraire, il s'occupera du soin d'engraisser les bœufs.

« C'est aujourd'hui les fiançailles ; je n'ai garde d'y manquer. C'est moi qui ai fait le trousseau ; il faut voir cela : tout par douzaine, du bon, du beau ; le papa n'a rien épargné. Le jeune homme est un grand garçon de bonne mine ; il a fait deux campagnes, ce qui ne l'a pas empêché de mettre à sa place un homme qu'il a payé deux mille écus.

« Je vous quitte pour aller habiller la mariée ; je m'y entends un peu : on n'a pas été femme de chambre pour rien. On parlera du repas de noce ; je vous en réponds : cent couverts au *Feu éternel*, sur le boulevart du Jardin des Plantes. Je connais bien des gens dans le quartier que ce mariage ne fera pas rire. Il suffit qu'on fasse bien ses affaires pour avoir des ennemis et des envieux. On a déja fait courir des couplets ; je les ai dans ma poche : on y dit que le bon-homme Courtois doit se connaître en *réjouissance*, qu'il y a long-temps qu'il en fournit à ses pratiques, et mille autres pauvretés semblables ; ce qui n'empêche pas que ce ne soit un brave homme, très serviable, et qui n'a d'autre tort que de mal placer ses bienfaits. J'en sais quelque chose, moi, dont il vient d'augmenter le loyer, en même temps qu'il empêche de vendre les meubles d'un vieux musicien qui demeure au-dessus de moi, dans sa maison, et qui lui doit cinq ou six termes. D'où vient cette préférence ? Parceque j'ai quelque chose, et que l'autre n'a rien. Mais pourquoi n'a-t-il rien? Parcequ'au lieu de faire ses écoliers, il passe la journée au café, à jouer aux dominos, depuis la mort de sa femme; car on a bien raison de dire qu'une femme est le trésor d'une maison... » La langue de madame Choquet est semblable à la roue d'un char qui s'enflamme par la rapidité de son mouvement; plus elle parlait, plus elle s'échauffait, moins il était possible de prévoir où s'arrêterait ce torrent de paroles; mais heureusement pour moi, pour elle, et pour la fiancée qui l'attendait, mon domestique vint l'interrompre brusquement au milieu de sa phrase.

Madame Choquet, après m'avoir adressé la question finale: *N'y a-t-il plus rien pour le service de monsieur?* se retira en me faisant une révérence très gracieuse, et me laissa bien convaincu que, si, comme l'a dit un sage, la langue d'une femme est son épée, elle pouvait, ainsi que son mari, donner des leçons d'escrime.

N° XC. [25 AVRIL 1813.]

CORRESPONDANCE.

Groningue, le 20 avril 1813.

Monsieur l'Ermite, vous saurez d'abord que vous êtes en grande vénération dans notre ville, parmi les femmes sur-tout, et que, si vous étiez à marier, vous trouveriez ici, sans le secours de M. Villiaume, plus d'une belle qui ne serait effrayée ni de votre âge ni de votre cellule.

Après ce petit compliment, que j'ai voulu placer en tête de ma lettre, à la manière orientale, je me hâte de vous faire part d'un chagrin que j'éprouve dans ma famille, et qui tient au peu de soin que l'on donnait, et que l'on donne aujourd'hui à l'éducation des femmes, dans les provinces éloignées de la capitale. Croiriez-vous, M. l'Ermite, que je suis à la veille d'être ruiné, parceque ma tante n'a pas la plus légère idée de la géographie?

Il y a quelques mois que j'ai été appelé à des fonctions publiques à Groningue, dans le département de l'Ems-Occidental. Au moment où j'ai reçu ma nomination, je demeurais chez ma tante, vieille fille très respectable, mais très irascible, et très entêtée, dont j'attends une succession considérable; ce qui, joint aux égards que je dois à son âge et à ses excellentes qualités, me fait une loi de ne la contrarier jamais. Elle était absente pour quelques semaines, lorsque je reçus mon ordre de départ à jour fixe, en sorte que je fus obligé de lui faire mes adieux par écrit.

Très affligée de la nouvelle de notre séparation, ma tante, qui voulait du moins savoir à quelle distance j'allais me trouver d'elle, prend une vieille mappemonde de Robert de Vaugondy, pour y trouver le lieu de ma nouvelle destination. J'avais parlé de *Groningue*, de *mer du Nord;* elle trouve le *Groenland* sur la *mer Glaciale*, et la voilà persuadée que je suis en fonctions au détroit de Davis.

Ma tante, en fait d'histoire, n'a jamais lu que celle des *Naufrages;* la fin tragique de quelques matelots qui ont péri sur cette plage déserte et glacée se présente sans cesse à son imagination; et elle ne doute pas que le même sort ne m'attende aux mêmes lieux.

J'essaie en vain de la désabuser, dans mes lettres, par des raisonnements à la portée des moindres esprits; je me tue à lui dire, à lui prouver que, grace au ciel, on ne m'a pas envoyé au Groenland, dans un désert de glace, mais à Groningue, grande et belle ville de l'empire français, dont les habitants sont très civilisés, où les femmes sont charmantes, où la société est d'autant plus aimable qu'elle n'est pas tout-à-fait exempte de cette pointe de médisance, de ces petites tracasseries qui rendent la vie plus animée et la conversation plus piquante.

Elle n'en démord pas, c'est un parti pris; et comme elle ne voit personne dans sa terre, où elle vit retirée, ma tante reste convaincue qu'elle ne me reverra jamais, et manifeste, à ce qu'on m'écrit, l'intention de disposer de sa fortune, par un nouveau testament, en faveur d'un cousin gascon, qui n'est pas homme à redresser une erreur géographique en pareille circonstance.

Depuis que vous avez fait l'éloge des vieilles femmes, ma tante lit votre Bulletin, monsieur l'Ermite; et je ne vois que vous qui puissiez lui faire entendre que le Zuyderzée n'est pas la baie d'Hudson, que la Frise n'est pas aussi voisine qu'elle croit du Labrador, et qu'il ne faut pas confondre les Hollandais avec les Esquimaux. Si vous pouvez lui faire saisir ces grandes vérités, dont dépend ma fortune, comptez, monsieur, sur ma reconnaissance égale à l'estime avec laquelle, etc.

Paris, le 20 avril 1813.

Depuis quelque temps, monsieur l'Ermite, il se fait entre la ville et la campagne un échange d'abus, où je pense qu'il y a tout à perdre pour la société : vous en avez déja signalé plusieurs; celui que je viens vous dénoncer est de peu d'importance : mais il fait nombre et se lie à d'autres tout aussi faibles, dont l'assemblage fait la force : c'est de fils réunis que se composent les câbles.

Je conçois très bien qu'à la campagne, dans les châteaux, et même dans les maisons bourgeoises, où la société, plus ou moins nombreuse, se trouve le plus souvent disséminée sur une grande étendue de terrain, où les domestiques ont des occupations diverses qui les tiennent habituellement éloignés les uns des autres; je conçois, dis-je, qu'à la campagne, maîtres et gens aient besoin d'un bruyant signal pour se réunir aux heures des repas; que l'usage d'une cloche y soit à peu près indispensable. Mais ce même usage, transporté à Paris, de quelle utilité peut-il être, sinon d'instruire tous les habitants du quartier que M. le comte de ***, ou M. le banquier N***, va prendre son repas, comme je ne sais plus quel petit roi d'Afrique qui fait prévenir, à son de trompe, tous les monarques de la terre qu'il va se mettre à table? Cette nouvelle fantaisie, lorsqu'elle n'est pas indispensable (comme dans quelques grandes maisons), est au moins ridicule · on peut même y trouver un coin d'inhumanité.

Je loge sur un boulevard, dans un hôtel très profond, à l'extrémité et au haut duquel j'occupe une petite chambre. Un vieux célibataire, qui voudrait, avec quatre ou cinq mille livres de rente, se donner des airs de grand seigneur, habite le rez-de-chaussée d'une des ailes du bâtiment. Le son d'une cloche suspendue tout auprès de ma fenêtre annonce à trois heures son dîner, et à quatre celui de ses gens : mais il est seul de maître, et sa cuisinière compose tout son domestique ; en sorte qu'il fait sonner pour s'avertir lui-même : voilà le ridicule.

Cela me rappelle un mot plaisant d'un de mes amis, M. M......t, homme d'esprit et joyeux convive : il avait été invité huit jours d'avance dans une maison où on lui fit faire un repas très mince, annoncé au son d'une grosse cloche. « Pourquoi diable, s'écria M...... avec une colère tout-à-fait risible, se croit-on obligé de sonner un pareil dîner avec une cloche ? C'est bien assez d'un *grelot*. »

Le *grand premier* est occupé par un homme très opulent, à en juger par le nombre de laquais que je vois défiler lorsque la cloche les appelle dans la salle à manger. Je ne sais pas au juste combien cet homme et ses domestiques font de repas ; mais je sais que le tintamarre de la cloche se renouvelle six fois par jour, et qu'il doit retentir bien douloureusement aux oreilles d'une pauvre dame logée dans les combles, que j'ai connue jadis au sein de l'opulence, et qui trempe aujourd'hui de larmes le pain que son travail et celui de sa fille peuvent à peine leur procurer.

« Cette cloche, me disait hier avec un triste sourire ma malheureuse voisine, me rappelle celle de l'hospice du Mont-Cénis, où nous nous sommes rencontrés ensemble, il y a quinze ou vingt ans. — Elles n'ont pourtant pas le même objet, lui répondis-je; celle-ci n'avertit pas les indigents qu'ils peuvent se présenter pour recevoir, dans leur écuelle de bois, l'aliment que la charité leur prépare. »

Fâchez-vous un peu, je vous en prie, monsieur l'Ermite, contre ce nouvel usage, dont le moindre inconvénient, s'il arrivait qu'il devînt général, serait de nous étourdir d'un carillon plus insoutenable encore que celui dont les cloches paroissiales nous assourdissaient autrefois.

Je vous salue, etc.

Gaspard l'Humoriste.

Paris, le 22 avril 1813.

Je ne vous dirai pas mon nom, monsieur l'Ermite; il est d'ailleurs si peu connu, qu'il n'ajouterait rien à l'intérêt que je desire vous inspirer.

Je suis musicien; et, comme je ne suis pas obligé d'être modeste pour consoler l'envie, je ne vous cacherai pas que j'ai beaucoup de talent. Je ne connais à Paris, et conséquemment en Europe, qu'une ou deux personnes de ma force sur le piano ; je possède une excellente méthode de chant, et j'ai approfondi la science de la composition, de manière à pouvoir la professer dans les écoles les plus célèbres.

Riche autrefois, j'ai visité, pour mon amusement et pour mon instruction musicale, toutes les chapelles et tous les conservatoires d'Italie ; et je suis nourri des partitions de manière à pouvoir composer vingt opéras-comiques presqu'aussi bons que ceux de M. tel ou tel, et sans y mettre une seule idée à moi. J'ai trouvé le secret de me ruiner ; c'est le secret qu'on trouve le plus aisément, pourvu qu'on le cherche. Dans ma situation actuelle, je voudrais me faire une ressource de mes talents : mais qu'il est difficile de se faire connaître ! J'ai mis en musique toutes les romances de Moncrif et de Florian ; aucun marchand de musique n'a voulu les acheter, et je n'ai pas le moyen de les faire graver à mes frais.

J'ai demandé un *poème* à tout ce qu'il y a d'auteurs dramatico-lyriques dans la capitale ; je n'ai pas même pu obtenir l'honneur de mettre en musique une pantomime équestre du théâtre de Franconi. J'ai voulu *courir le cachet ;* je suis encore à trouver un écolier. Cependant, monsieur l'Ermite, j'ai la conscience de ce que je vaux ; je suis sûr qu'il ne me manque... vous le dirai-je ?... qu'un habit pour me faire un nom.

Oui, monsieur, c'est une vérité dont j'acquiers chaque jour la triste preuve. En France, il ne tombera jamais dans la tête de personne qu'un homme puisse avoir quelque mérite avec un pantalon percé, un reste de redingote, des débris de bottes, et un simulacre de chapeau.

En fait de réputation, ce qu'il y a pour moi de plus difficile à obtenir, c'est un habit complet. Si vous connaissiez quelque honnête tailleur qui voulût m'en faire l'avance, MM. Choron et Fayolle auraient, avant six mois, un célèbre musicien de plus à mettre dans leur dictionnaire. Vous l'avez dit quelque part, monsieur l'Ermite : Si l'ange *Ituriel* visitait tous les galetas de Paris, peut-être y trouverait-il des Voltaire, des Newton, des Montesquieu, des Mozart, auxquels il ne manque qu'un habit pour être mis à leur place.

Georges Hermann,

Faubourg Saint-Martin, n° 187, maison du cordonnier, au sixième au-dessus de l'entresol.

Paris, le 24 avril 1813.

Monsieur l'Ermite, vous peignez si bien les mœurs de notre temps, que vous ne pouvez manquer de vous intéresser aux recherches que j'ai faites pour en suivre les traces et les variations chronologiques.

Les uns ont cru découvrir les éléments de ce tableau dans les modifications du caractère national aux différentes époques de la monarchie; d'autres, dans l'histoire des troubles civils, des révolutions politiques; ceux-ci ont étudié l'histoire des mœurs dans celle des arts; ceux-là, dans les progrès des sciences et des lettres, et jusque dans les fastes du théâtre; il en est qui l'ont vue tout entière dans les variations des modes : moi, je l'ai trouvée dans l'histoire des chiens, à partir de ceux du roi Dagobert jusqu'à la petite chienne que vient de perdre madame de S***, et pour laquelle cette dame offre cinquante napoléons de récompense.

J'ai déja rassemblé tous mes matériaux : le plan de mon ouvrage est fait; et, lorsqu'il paraîtra, j'ose croire que l'hypothèse sur laquelle il est fondé ne paraîtra pas plus ridicule que beaucoup d'autres. On y verra figurer successivement (pour ne parler que des deux dernires siècles) ces *chiens-burgos*, qui, sous Louis XIV, faisaient les délices de la cour et de la ville; ces *chiens-loups*, que le régent aimait avec passion, et dont la faveur publique ne se soutint pas après la chute du *système*; ces petits *chiens-lions*, si chers à madame de Pompadour, et dont quelques douairières de Saint-Germain ont conservé l'espèce; ces *gredins*, que madame Du Barry avait mis à la mode, et qui disparurent avec elle. Vinrent ensuite ces énormes *danois*, qui couraient devant les voitures tout exprès pour culbuter les piétons, comme J. J. Rousseau en fit l'expérience.

A ceux-ci succédèrent les *danois-mouchetés* du comte de L***, qu'une convention tacite semblait si bien avoir réservés à la noblesse, qu'un bourgeois se serait peut-être donné un ridicule, en paraissant en public avec un chien de cette espèce. Les premiers symptômes de la révolution ont paru en France avec les *terriers anglais*, lesquels ont fait place aux *dogues* de 93, auxquels ont succédé les *carlins* de l'an 7, les *griffons* de 1804, et, finalement, les *chiens-couchants* de l'époque actuelle.

Voilà, comme vous voyez, une succession bien établie; j'ai lieu de croire que vous serez étonné du parti que j'en tire pour assigner à chaque siècle de notre histoire la nature et l'état de ses mœurs. Je suis fâché, monsieur l'Ermite, que les bornes de votre feuille ne me permettent pas de vous développer avec plus de détails une idée féconde en résultats et en observations utiles; mais, du moins, j'en ai dit assez pour préparer à mon livre l'accueil que ne peut manquer de recevoir un ouvrage original, dans un temps où l'on n'est point blasé sur ce genre de mérite.

Je vous salue de tout mon cœur.

César-Castor-Taïaut.

N° XC. [15 MAI 1813.]

UN DINER D'ARTISTES.

> Qu'il est grand, qu'il est doux de se dire à soi-même :
> Je n'ai point d'ennemis, j'ai des rivaux que j'aime,
> Je prends part à leur gloire, à leurs maux, à leurs biens ;
> Les arts nous ont unis, leurs beaux jours sont les miens.
> C'est ainsi que la terre avec plaisir rassemble
> Ces chênes, ces sapins, qui s'élevent ensemble :
> Un suc toujours égal est préparé pour eux ;
> Leur pied touche aux enfers, leur cime est dans les cieux ;
> Un tronc inébranlable et leur pompeuse tête
> Résiste, en se courbant, aux coups de la tempête ;
> Ils vivent l'un par l'autre, ils triomphent du temps :
> Tandis que sous leur ombre, on voit de vils serpents
> Se livrer en sifflant des guerres intestines,
> Et de leur sang impur arroser leurs racines,
>
> VOLTAIRE, *Disc. en vers.*

La jalousie, dans les arts, est le vice de la médiocrité : on l'a dit ; je le crois ; et l'expérience le prouve, à quelques exceptions près qui semblent encore confirmer la règle. Les quatre plus grands poëtes du siècle de Louis XIV, Molière, Boileau, Racine et La Fontaine, ont vécu long-temps ensemble dans l'intimité la plus étroite, et se rassemblaient, une fois par semaine, avec Lulli, Mignard et Dufresny.

Chapelle, un des coryphées modernes de la secte épicurienne, les frères Broussin, connus par leur amour pour la bonne chère, le conseiller Brilhac, et plusieurs autres personnages de distinction, avaient, à la même époque, fondé un dîner hebdomadaire *à la Pomme-de-Pin*, dont on peut se faire une idée, en songeant que *les Plaideurs* et *le Chapelain décoiffé* furent, en grande partie, composés dans ces joyeux repas.

C'est de là que datent ces réunions d'artistes et d'amateurs, si communes dans le dernier siècle, et qui se sont continuées, depuis, sous différents noms. La première qui ait joui d'un grand éclat est la fameuse *Société du Temple*, où le grand-prieur rassemblait, à jour fixe, tout ce que Paris avait alors de gens aimables dans les lettres et dans les arts.

Quelques années après se forma, sur un ton aussi gai, mais avec beaucoup moins de luxe, la *Société du Caveau*, qui compte, au nombre de ses fondateurs, Piron, Duclos, Fusclier, Crébillon fils, Boucher, Rameau, Bernard et Collé. Jamais la gaieté, l'esprit et le goût, n'érigèrent à la critique un plus singulier tribunal ; ses arrêts se rendaient en chansons, et portaient, le plus souvent, sur les productions de ses propres membres. Le besoin de rire, l'absence de toutes prétentions, l'alliance assez difficile d'une extrême malice avec une sûreté de commerce inaltérables, accrurent, en peu de temps, la célébrité du *Caveau* : des gens de la plus haute distinction, M. le comte de Maurepas, lui-même, alors premier ministre, sollicitèrent la faveur d'y être admis.

Après la dispersion des confrères du *Caveau*, le fermier-général Pelletier fonda chez lui un dîner, dont il existe encore plusieurs anciens convives, qui peuvent se rappeler y avoir vu Sterne et Garrick, pendant leur séjour à Paris.

Dans ces derniers temps, les *sociétés du Vaudeville* et du *Caveau Moderne*, en donnant trop d'importance au matériel du repas, et trop de publicité à l'expression de leur joie, paraissent avoir moins songé à leurs plaisirs qu'à la réputation de leur cuisinier et à celle de quelques uns de leurs membres. La gêne qu'impose à chacun des convives l'obligation du tribut poétique auquel il est régulièrement assujetti; la rivalité et bientôt après la jalousie, qui manquent rarement de s'établir entre les hommes qui cultivent la même branche de littérature et luttent constamment sur le même terrain, doivent mettre trop souvent l'amour-propre aux prises, pour que la franchise et la gaieté n'aient pas quelquefois à s'en plaindre.

Peut-être est-il indispensable, pour qu'une société de cette espèce conserve tous ses avantages, qu'elle se compose d'hommes de talents, d'esprit et de conditions diverses, dont la supériorité, dans des genres différents, ne puisse être l'objet d'aucune comparaison directe, ni le prétexte d'aucune usurpation. Il existe à Paris un modèle de réunion de ce genre : la troupe aimable des artistes qui l'ont fondée se rassemble, tous les quinze jours, à un dîner sans faste, dans un petit local calculé tout juste pour une table de vingt-cinq personnes, parmi lesquelles on compte des poètes, des musiciens, des peintres, des comédiens, des sculpteurs, et même un médecin, qui n'est pas fâché de se trouver, de temps à autre, avec de bons vivants.

Soigneux d'éviter les regards d'un public, qui peuvent être *aiguillon de gloire*, mais qui ne sont jamais aiguillon de plaisir, ces aimables confrères ont d'autant plus d'esprit, qu'ils cherchent moins à en montrer, et s'abandonnent d'autant plus franchement à leur gaieté naturelle, que personne ne tient registre de leurs folies. Les impromptus du poète sont mis au même instant en musique par le compositeur, exécutés par le chanteur, et fournissent quelquefois au peintre l'idée d'une caricature ; mais ces productions, enfants d'un joyeux délire, s'évaporent avec lui, et n'ont d'autre objet que de remplir agréablement l'heure qui les a vues naître.

Je me suis rencontré, il y a quelque temps, à la campagne, avec un gentilhomme napolitain que j'avais autrefois connu chez le marquis de Caraccioli, son parent. Il a conservé pour les artistes français de ce temps-là un grand fonds d'estime, et m'a rappelé, avec un plaisir extrême, le beau printemps de 1765, que nous passâmes à Épinay chez madame de Lionne, où Vernet, Lagrenée, Coustou, Soufflot, Lekain, Caillau, Sédaine et Grétry, se réunissaient toutes les semaines. « J'ai parcouru tous les royaumes de l'Europe, ajoutait-il, et je n'ai rien vu, pour l'esprit et l'amabilité joints au talent, qu'on puisse comparer à cette réunion d'artistes célèbres. Le modèle en est perdu, même pour la France, et il est bien douteux qu'il s'y reproduise jamais. » Pour toute réponse, je fais inviter mon Napolitain à dîner à la *Goguette*, un jour où l'assemblée était au grand complet.

Je le conduis chez un traiteur d'assez modeste apparence, mais auquel ses hôtes sont demeurés fidèles, en reconnaissance des services qu'il leur a rendus dans des temps moins heureux. La salle est décorée simplement, mais avec goût; la table sans faste, mais avec abondance. Pendant la première partie du repas, on s'occupa des nouvelles de la république des arts : une vente de tableaux, une pièce nouvelle, l'annonce d'un concert, la mort d'un artiste célèbre, devinrent tour-à-tour le sujet d'un entretien où l'étranger, à côté duquel j'étais assis à table, eut plus d'une fois occasion de remarquer avec quelle grace, quelle facilité, quelle érudition sans pédanterie, s'exprimaient plusieurs des convives.

Insensiblement la conversation cessa d'être générale, et je pus répondre aux questions que m'adressait l'étranger sur les différents personnages avec lesquels il se trouvait, et qu'il ne connaissait encore que de réputation.

« Quel est, me dit-il, ce grand jeune homme qui parle peu, mais avec une justesse remarquable, sur tous les points que l'on discute? A peine paraît-il âgé de trente-cinq ans, en dépit de cet énorme cadogan, de cette *grecque* poudrée, d'une date bien antérieure. — C'est un de nos peintres les plus estimés : jeune encore, il jouit déjà d'une réputation brillante et méritée. Plus coloriste que dessinateur, il suit les traces de Rubens, qu'il semble avoir choisi pour modèle. Il a, comme vous l'avez remarqué vous-même à la dernière exposition, quelque chose de cette fougue d'imagination, de cette hardiesse de pinceau, qui distinguent le chef de l'école flamande, dont il a même emprunté quelques défauts : au demeurant, homme simple, laborieux et modeste, et ne connaissant du monde que ce qu'il en voit par les fenêtres de son atelier.

« A la droite de ce peintre, vous reconnaissez sans doute le premier de nos tragédiens. Écoutez-le raisonner sur son art, et vous ne serez point étonné de la supériorité qu'il s'y est acquise. L'étude d'un nouveau rôle l'absorbe tout entier pendant trois mois: car ce ne sont point seulement les vers du poète qu'il veut rendre, c'est le personnage lui-même qu'il veut représenter; et l'illusion étonnante qu'il produit dans plusieurs de ces rôles ne tient pas moins à la sévérité de mœurs et de costume qu'il a introduite sur la scène, qu'aux inspirations de son ame et aux ressources de son admirable talent. Libre des soins, des travaux et de la pensée du théâtre, il ne vous offrira plus qu'un homme aimable, quelquefois même qu'un grand enfant que la moindre chose distrait ou inquiète.

« — Dépêchez-vous, je vous prie, de me dire si je me trompe sur l'idée que je me forme de cet homme en habit marron, qui fait de si mauvaise grace les honneurs d'un des bouts de la table. = Vous parlez du plus habile homme qu'il y ait en France; et vous en conviendrez, quand vous aurez appris que cet étranger, dont la Prusse nous a fait présent il y a vingt-cinq ou trente ans, s'est établi, de sa propre autorité, contrôleur des beaux-arts qu'il n'a jamais cultivés, auxquels il n'entend rien, et qu'il a su pourtant rendre ses tributaires. Vous le trouverez ici, parcequ'on le trouve partout où il y a un bon repas, un bon marché ou une bonne dupe à faire.

« En face de *Manlius*, est un de nos modernes

Orphées. Cet habile compositeur est parvenu, dans quelques uns de ses ouvrages, à réconcilier Gluck et Piccini, en adoptant un système de musique où les beautés différentes de ces deux grands compositeurs trouvent naturellement leur place. Ce musicien est du très petit nombre de ceux qui combinent aussi agréablement les mots de la langue que les notes de la gamme, et qui se feraient écouter avec le même plaisir dans une tribune et dans un orchestre : son caractère est digne de son esprit et de son talent......

« Je me suis tu pour vous laisser écouter l'anecdote que vient de raconter, avec tant d'esprit et d'originalité, celui de nos peintres dont vous aimez par-dessus tout les tableaux. — Comment ! c'est là ce Vandyck français à qui je ne connais rien de comparable pour la vérité, l'élégance, la variété des poses, la beauté des chairs, la grace de la composition et le grand goût des accessoires ? — C'est lui-même, et je vois que je n'ai rien à vous apprendre sur ses ouvrages. J'ajouterai qu'il leur doit une fortune dont il fait le plus noble usage : sa maison est le rendez-vous de tous les talents, et il y donne l'exemple de cette honorable confraternité qu'il est moins rare de voir régner parmi les artistes que parmi les gens de lettres.

« Cet autre, dont les saillies et les calembourgs excitent de si longs éclats de rire à l'autre extrémité de la salle, porte un nom fameux dans la peinture. Son père, que vous avez connu jadis, et dont il n'a dégénéré en aucune manière, partageait avec M. de Bièvre le sceptre du calembourg ; ce qui ne l'a pas empêché de produire des chefs-d'œuvre. Son fils a fait tourner au profit de son talent sa passion pour les chevaux, qu'il peint dans un degré de perfection où personne avant lui n'avait encore atteint. Un tableau de bataille, qu'il vient d'achever, lui assure un rang distingué parmi les meilleurs peintres dans ce genre. Cet artiste a trouvé le secret de soutenir un nom célèbre, et l'a transmis à son fils, qui s'annonce avec plus d'éclat encore dans la carrière où son père et son grand-père se sont illustrés.

« — Dites-moi, ce gros bossu en habit vert, qui rit tout seul et toujours, est-il bien gai ? sa physionomie si ronde et si ouverte est-elle bien franche ? — Vous avez deviné juste : cet homme, en dépit de son masque naturel, est triste, envieux et faux. C'est un maître maçon qui s'est donné pour architecte, et qu'on a pris pour tel, dans un temps où l'on se croyait trop heureux de coucher dans la rue. Il a bâti quelques maisons de fruitières dans les faubourgs, restauré quelques baraques dans la Cité, et s'est laissé persuader qu'il était un Mansard. Qu'aurait-il gagné de plus à l'être effectivement ? Il a fait fortune, et jouirait, dans sa retraite, du repos, de l'aisance, de la santé, de tous les biens qui sont si rarement le partage du vrai mérite, si la basse jalousie dont il est tourmenté ne lui faisait un supplice continuel des succès et du bonheur des autres.

« Voulez-vous de la gaieté franche et communicative, un talent supérieur dans un genre aimable, une ame élevée sans orgueil, de l'esprit sans prétention ? Regardez ce petit homme à ma droite, qui va vous dire *une chose pas plus grande que rien*, dont chaque mot est un trait plaisant, dont chaque geste est une espièglerie. L'amitié l'unit depuis long-temps au grand peintre que vous avez surnommé le Vandyck français; ce sentiment, auquel l'amour des arts semble prêter un nouveau charme, s'est manifesté par des actions et dans des circonstances également honorables pour l'un et pour l'autre.

« — Il y a long-temps que je n'ai fait un aussi agréable repas (me dit mon Napolitain en riant aux éclats de l'histoire d'un Gascon émigré, qu'un des convives venait de raconter de la manière du monde la plus spirituelle et la plus originale); et ce qui me paraît distinguer bien honorablement cette société d'hommes à talents, c'est une bienveillance réciproque qui semble exclure tout sentiment d'amour-propre. — Ne vous y fiez pas, lui répondis-je; en fait d'amour-propre, nous avons ici ce qu'il y a de mieux. Vous voyez bien ce grand garçon qui se balance dans sa chaise d'un air si nonchalant? il a trouvé le moyen (et cela n'était pas facile) d'avoir plus de vanité que de mérite ; sa politesse n'est qu'une manière de vous avertir de prendre garde a lui. Il se complaît de si bonne foi dans ses perfections, qu'il est plus surpris que fâché des éloges dont un autre peut, en sa présence, devenir l'objet. Il a, dit-on, des critiques à ses gages dont il dirige la plume, et avec l'aide desquels il porte à ses rivaux des coups d'autant plus dangereux, qu'il sait mieux que personne l'endroit où il faut frapper ; mais je ne serais pas du tout éloigné de croire, que l'amour-propre et l'amour de l'art fussent tellement identifiés en lui, qu'il ne regardât comme l'acquit d'un devoir, le bien qu'il fait dire de lui et le mal qu'il fait dire des autres. C'est un de ces hommes qui font le désespoir des flatteurs les plus aguerris, parcequ'on ne peut jamais, quelque louange qu'on leur donne, les devancer dans la bonne opinion qu'ils ont d'eux-mêmes.

« S'il était besoin de contraste pour faire ressortir un caractère aussi marquant, on pourrait supposer que le hasard seul n'a pas placé près de lui ce jeune homme d'un maintien si modeste et d'un talent si distingué. Son début dans la carrière a été marqué par un triomphe d'autant plus flatteur, que ses confrères eux-mêmes l'ont proclamé. — Je me rappelle cette circonstance également honorable pour le jeune artiste et pour ses rivaux ; mais un si puissant motif d'émulation n'accuse-t-il pas l'indifférence affligeante à laquelle il s'est abandonné, et qui prive la France des chefs-d'œuvre que d'aussi brillants essais l'avaient mise en droit d'attendre? — Peut-être croit-il avoir assez fait pour sa réputation; peut-être (la modestie elle-même a son amour-propre) craint-il que de nouveaux efforts ne le portent en-deçà de son premier élan; peut-être enfin (cette supposition est la plus vraisemblable, car la sensibilité, source des grands talents, l'est aussi des grands chagrins), peut-être quelque peine secrète absorbe-t-elle toutes les forces de son ame. Il y a des moments où tout ce que l'on peut faire, c'est de vivre.

« — Je remarque là-bas un homme qui me semble devoir s'acquitter très gaiement de cette obligation. Quelle face épanouie! quel air de santé, de bonheur! — C'est un garçon d'esprit qui s'est proposé, de très bonne heure, ce problème qu'il a fort habilement résolu: *Concilier avec le goût des lettres le soin de sa fortune.* Il cultive une branche de commerce dont les arts dirigent et perfectionnent les produits, et rend le luxe de l'Europe tributaire du goût et de l'industrie française.

« Son voisin, par un effort plus généreux, a sacrifié, en maintes circonstances, son intérêt à sa réputation. Digne émule des Étienne, des Plantin, et de son père, il honore un nom déjà célèbre dans l'art typographique, qu'il a perfectionné par les plus utiles et les plus ingénieuses découvertes. Les monuments qu'il a élevés aux classiques latins et français lui assurent, comme imprimeur, une réputation à laquelle, en qualité de savant et d'écrivain, il a déjà droit de prétendre, et que relève encore un renom de probité qui le distinguerait, même dans un temps où cette vertu serait plus commune.

«—Quel est cet homme, presque en face de vous, dont la physionomie a je ne sais quoi de fin, de sardonique, qui donne une expression toute particuliere à des traits d'ailleurs assez insignifiants? — C'est un littérateur très instruit, très malin, et très aimable (qualités qui semblent s'exclure, et dont la réunion est un des secrets de son caractère). Doué d'une tournure d'esprit originale, il a le besoin de la célébrité sans en avoir le goût : il renonce au repos qu'il aime, et dédaigne la gloire qu'il poursuit. Sans faire cas de rien, il aspire et parvient à tout, pour avoir le droit d'apprécier le mérite et les efforts de ceux qu'un pareil succès enorgueillit. L'intervalle qui sépare l'ignorance du savoir, la sottise du bel esprit, ne paraît long, s'il faut l'en croire, qu'aux yeux de la vanité qui le mesure ; et (la réputation d'homme de bien à part) toutes les autres, selon lui, peuvent s'acheter à crédit, et sont presque toujours payées plus qu'elles ne valent. — Ce personnage est du nombre de ceux que nous appelons, comme les Anglais, des *caractères*. Le commerce d'un pareil homme ne peut manquer d'être fort amusant; et, quand on n'est pas sa dupe, je conçois qu'il soit gai d'être son complice.

«—Remarquez bien, je vous prie, cet autre original d'une toute autre espèce, qui pérore, depuis un quart d'heure, d'un ton nasal et sententieux. — Qui? cet homme sec qui rajuste à tout moment, sur une assez vieille tête, une perruque à l'enfant? —Lui-même; c'est un compositeur larmoyant, dont le nom équivaut à un drame. Toutes ses partitions respirent le sentiment et la probité; et, bien que ses confrères lui refusent les premières connaissances des règles de son art, il a trouvé le moyen d'obtenir des succès extravagants : jamais il ne traite que des sujets conformes à la plus saine morale; et, tout récemment, il a refusé de mettre en musique un poëme d'opéra dont l'héroïne s'était mariée sans le consentement paternel. Il a composé un recueil de nocturnes à l'usage des maisons d'éducation, où l'on a remarqué un duo entre le *Vice* et la *Vertu*, qu'il propose de faire chanter, tous les ans, à la rentrée des classes, en place du *Veni Creator*. Comme il y a des gens qui se permettent de rire de ce moraliste en *contre-point*, il est bon de leur apprendre que ses ouvrages lui rapportent plus que les chefs-d'œuvre des Gluck et des Sacchini n'ont jamais rapporté à leurs immortels auteurs.

« — A côté de lui se trouve placé notre plus grand peintre de fleurs. Ses roses sont fraîches comme la nature, et rien n'égale l'éclat de leur coloris, si ce n'est la vérité et l'agrément de leur attitude. Il ne manque à ces prodiges de son pinceau, que les prestiges du parfum auxquels il ne peut prétendre, pour accomplir une autre illusion. »

Notre entretien fut un moment interrompu par le plus jeune des convives, qui se leva, et dit à voix haute (en montrant une feuille de papier que depuis une heure j'avais vu passer dans plusieurs mains à l'autre extrémité de la salle): « Messieurs, je vous propose la caricature que voici, par souscription volontaire; le produit en est destiné à la veuve d'un artiste estimable que vous avez tous connu, et qui n'a laissé pour héritage à ses enfants que le souvenir de ses talents et de ses vertus. — Adopté! s'écrie-t-on de toutes parts. — Je fais mon affaire de la gravure, dit, en vidant son verre, un gros homme que je reconnus à son accent alsacien. — A six francs l'exemplaire, et je souscris pour quatre, » ajouta le voisin du graveur, en signant la feuille, qui se trouva en un moment couverte de vingt-cinq ou trente signatures.

On nous fit passer le dessin avant la liste: rien de plus ingénieux que cette folle composition, où quelques originaux, ridiculement célèbres, sont représentés avec des têtes d'animaux qui, sans rien ôter à la ressemblance des portraits, caractérisent on ne peut plus spirituellement chacun des personnages.

Mon compagnon, qui ne se lassait pas d'admirer cette jolie esquisse, s'inscrivit généreusement pour vingt exemplaires. « Je dois prévenir messieurs les souscripteurs (ajouta un petit homme tout rond, en s'essuyant la bouche) qu'ils recevront *gratis*, avec la gravure, une explication en vaudevilles, que j'aurai l'honneur de leur chanter au dessert, si Dieu me prête vie jusque-là, car on m'a prédit que je mourrais avant la fin d'un dîner. »

La promesse du petit homme fut accueillie avec des acclamations de plaisir. « Voilà, me dit mon voisin, une figure que l'on devrait faire peindre dans toutes les salles à manger, pour donner de l'appétit. — Vous ajouterez, quand vous l'aurez entendu : et pour inspirer la joie. C'est le chansonnier des festins ; il chante d'instinct, et porte des chansons comme le *bon-homme* portait des fables. Avec beaucoup d'esprit, un naturel parfait, et une imperturbable gaieté, peut-être de son art eût-il remporté le prix, si Béranger n'était *venu*, et si, moins ami des Halles, il en empruntait plus rarement le dégoûtant jargon.

« — Je ne suis pas ici le seul Italien, à en juger par certain accent qui vient de frapper mon oreille, et qui me rappelle *la cara patria*. — Celui que vous me désignez tient le premier rang parmi les hommes de sa profession : digne émule des Servandoni dans cette partie de la peinture qui a rapport à l'art théâtral, il a souvent poussé la magie des décorations au point où l'illusion semble se confondre avec la réalité. Né avec du génie, avec cette vivacité, avec cette richesse d'imagination qui ne voit en toute chose que ce qui reste à faire, il est probable qu'il eût reculé les limites d'un art dont la routine arrête les progrès, si les circonstances l'eussent mis à même d'exécuter ses vastes conceptions, et de développer toutes les ressources de son rare talent.

« — Je remarque, auprès de mon compatriote, un petit vieillard dont quelques cheveux gris couvrent à regret la nuque, mais dont les yeux étincellent encore : si cet homme n'est pas un statuaire, je suis un mauvais observateur. — C'est effectivement l'un des Phidias modernes dont notre école se vante à juste titre. C'est à son noble ciseau qu'était réservée la gloire de reproduire les traits du patriarche de Ferney, dont il ne parle qu'avec cette tendre vénération, avec cet enthousiasme, qu'un sculpteur comme lui doit conserver pour un semblable modèle.

« Sans quitter ce coin de table, regardez un peu ce grand homme à chevelure blonde, dont l'angle facial forme un angle aigu d'environ soixante degrés, et dont le nez aplati s'étend sur la lèvre supérieure. — Autant que je puis juger de cette petite figure ensevelie entre deux énormes épaules, il y a quelque chose d'exotique dans les traits dont elle se compose.

« — Cet habitant des bords de la Baltique est un de ces amateurs passionnés des arts que le dernier siècle a vus naître, et qui, je le crains bien, ne laisseront pas de postérité. Ses premières visites à Paris, où l'a conduit le goût qui le subjugue, ont été pour les peintres fameux, dont il s'est fait ouvrir tous les portefeuilles, achetant à grand prix tous les dessins qui parurent dignes de figurer dans sa collection. Un goût très vif, qui ne s'éteint pas au bout d'un certain temps, devient, pour l'ordinaire, une manie ; celle de notre amateur est arrivée au point d'épuiser sa fortune, qui a passé tout entière, de son coffre-fort et de son portefeuille, dans cinquante énormes cartons où toutes ses richesses nouvelles sont renfermées. Il prend aujourd'hui sur ses plaisirs, même sur ses besoins, pour augmenter cette immense collection. Quelque part qu'on le rencontre, on est sûr de le trouver, un carton sous le bras, allant ou revenant de faire l'emplette de quelque *crocade* du Carache ou de Paule Véronèse, sans songer qu'il emploie à cette acquisition l'argent qu'il destinait à payer son terme ou le mémoire de son tailleur. »

Le dessert et le vin de Champagne étaient servis; les domestiques s'étaient retirés; notre Momus entonna sa chanson, à laquelle les ris immodérés de tous les convives servirent de refrain. Il était neuf heures lorsque nous sortîmes de table, enchantés de nos hôtes, et plus convaincus que jamais que les gens qui savent le mieux jouir de la vie sont ceux qui cultivent à-la-fois les arts et l'amitié.

N° XCII. [20 MAI 1813.]

ALIX ET BÉRENGER,

OU

LA FONTAINE D'AMOUR [1].

Fons erat illimis, nitidis argenteus undis;
Quem neque pastores, neque pastæ monte capellæ
Contigerant
OVIDE, Métam., liv. III.

Un vallon recélait une source argentée,
Inconnue aux troupeaux, des bergers respectée.
Trad. de SAINT-ANGE.

. . . . *Amores*
De tenero meditatur ungui.
HOR., ode VI, liv. III.

L'amour, dès leur plus jeune âge, occupa leur pensée

J'ai parlé, dans le récit de mon voyage à Pontoise, d'une *Fontaine d'amour* qui fut appelée, pendant long-temps, *la Fontaine des Fresnes*; j'ai dit que l'aventure malheureuse de deux amants donna

[1] Anecdote du quatorzième siècle.

lieu à ce changement de nom, et je me suis en quelque sorte engagé à faire partager à mes lecteurs le plaisir que m'a fait la découverte du manuscrit d'où cette anecdote est tirée.

Si j'avais à traiter de cette vieille *nouvelle* avec un libraire, et qu'il me fallût absolument faire un volume, je ne manquerais pas (sous prétexte d'en prouver l'authenticité, mais en effet pour en multiplier les pages) d'entrer dans les détails les plus minutieux des circonstances qui m'ont rendu possesseur de ce manuscrit; et je terminerais, suivant l'usage, par la proposition de le déposer chez un notaire; mais puisqu'il est bien reconnu que ces discussions, qui ne prouvent rien et ne persuadent personne, ont le tort d'être passablement ennuyeuses, je ne me plains pas de l'obligation où je me trouve de supprimer toute espèce de préface, et de dire en peu de mots que, parmi beaucoup de paperasses du dépouillement desquelles je m'étais chargé, j'ai trouvé quelques feuillets de parchemin renfermés dans un étui de fer-blanc; qu'à la lecture des premières lignes, j'ai vu que ces feuillets contenaient un fragment de l'histoire d'une religieuse de l'abbaye de Maubuisson, écrite dans un français tellement gaulois, que je ne suis parvenu qu'avec beaucoup de peine à déchiffrer ce manuscrit, dont voici l'extrait fidèle :

« En 1374, sous le règne de Charles V, si justement surnommé *le Sage*; à cette époque où fleurissaient à-la-fois les lettres et la chevalerie, naquit dans un château, sur les bords de la Seine, à peu de distance de Saint-Germain, *Bérenger de Presles*, fils d'un brave gentilhomme attaché à la cour du roi.

« Ce fut au milieu des réjouissances de la trêve que fut célébrée la cérémonie du baptême de cet enfant, à qui le roi, en souvenir des services de son père, assigna pour parrain, Jean, sire de Neuville, un des capitaines et des chevaliers les plus renommés de cette brillante époque. Bérenger était encore au berceau lorsque son père mourut.

« Dès qu'il eut atteint sa douzième année, la châtelaine sa mère, après lui avoir fait donner sous ses yeux les premiers principes de l'éducation militaire, l'envoya chez son illustre parrain pour commencer sa carrière en qualité de *poursuivant :* espèce d'apprentissage durant lequel l'élève portait la lance et le bassinet des chevaliers, apprenait à monter à cheval, et s'instruisait dans les *trois métiers des armes*.

« Le matin du jour de son départ, le jouvencel entra dans la chambre de sa mère pour recevoir sa bénédiction. Elle lui fit réciter le poëme de *Hue de Tabarie*, sur *l'ordenne de chevalerie*, lui passa au cou une petite chaîne à laquelle pendait un caillou qu'un de ses aïeux avait rapporté des bords du Jourdain, et sur lequel étaient gravés ces mots : *Dieu, la*

France, et l'honneur. La châtelaine, après avoir embrassé son fils en le baignant de ses larmes, le confia aux soins d'un vieux serviteur, et monta sur la tourelle du château pour le suivre des yeux aussi loin qu'il lui fut possible.

« Bérenger n'arriva que le lendemain au château de Neuville, dont l'appareil guerrier fut la première chose qui fixa son attention : ces murs crénelés, ces tours à mâchecoulis, ces larges fossés, ces doubles ponts-levis, ce donjon élevé, ce beffroi de la chapelle qui sonnait l'*Angelus* au moment où le jeune poursuivant arriva, tous ces objets, étrangers à la paisible enceinte de Presles, lui inspirèrent un étonnement mêlé de crainte, dont il conservait encore quelque chose lorsqu'il parut devant le seigneur de Neuville. Celui-ci l'embrassa, promit de lui servir de père, et le conduisit chez la comtesse, qui le reçut de la manière la plus affectueuse; la petite Alix, sa fille, d'un an plus jeune que Bérenger, dont la grace et la beauté semblaient devancer l'âge, était assise sur le même fauteuil, auprès de sa mère qui lui montrait à *ouvrer* de la tapisserie.

« Dès le lendemain le pupille du comte fut installé dans ses nouvelles fonctions, et soumis à toutes les pratiques de la vie militaire à laquelle il était destiné. Les moindres fautes étaient punies avec une sévérité qui faisait souvent couler les larmes de la bonne petite Alix; mais Bérenger se consolait en pensant que c'était à pareil prix que le sire de Neuville avait acquis le grand renom dont il jouissait.

« Les exercices militaires n'occupaient cependant pas tous les moments de Bérenger, il consacrait chaque jour quelques heures à l'étude de la poésie, qu'il aimait avec passion, et dont le prieur de Rieux, grand-oncle de la comtesse, lui donnait des leçons.

« Ce prieur avait deux maladies incurables : la goutte et la fureur de composer des *sirventes* contre les personnages de la cour le plus en évidence. Comme tous les libellistes de ce temps-là (qui auraient bien dû enterrer avec eux leur secret), le méchant abbé avait grand soin, en lançant ses traits, de se mettre à couvert sous le voile de l'anonyme. Pour plus de sûreté, il imagina de faire copier ses vers par son jeune élève, qui n'y entendait pas malice, et qui se trouvait trop heureux d'apprendre, au prix d'une complaisance dont il ne soupçonnait pas le danger, les règles du *virelai*, du *tenson*, et de la *ballade*. Bérenger n'aimait que ce genre de poésie, et déja s'y exerçait avec grace et facilité, sans même s'apercevoir que le nom d'Alix se glissait dans tous ses vers pour en compléter, quelquefois même pour en rompre la mesure.

« Le château de Neuville était bâti à mi-côte, et dominait la rivière de l'Oise. A l'extrémité du parc, du haut d'une petite colline dont quelques rochers couronnaient la crête, une source d'eau limpide s'échappait en cascade et serpentait dans un bosquet de frênes : c'est de cet endroit, d'où l'œil dominait sur la campagne, que le comte partait ordinairement pour la chasse, et c'est là que, dans la belle saison, la châtelaine et sa fille allaient attendre son retour. Bérenger était toujours le premier qu'Alix apercevait ; et le sire de Neuville ne découvrait pas encore le donjon du château, que Bérenger l'assurait déja qu'Alix était au rendez-vous.

« L'habitude de se chercher, de s'attendre au même lieu, leur avait inspiré un attachement très vif pour *la fontaine des Fresnes*, avant qu'ils se doutassent de celui qu'ils avaient l'un pour l'autre. Le damoisel était depuis deux ans dans ce château, où chacun semblait se disputer à qui l'aimerait davantage, quand le comte se décida à le nommer écuyer.

« Bérenger n'avait que quinze ans, et déja personne ne maniait avec plus d'adresse un *destrier*, ne portait avec plus de grace le *heaume* sur le pommeau de la selle, ne s'entendait mieux à attacher une armure, à lacer la cuirasse, à *river une ventraille*.

« Dans plusieurs rencontres périlleuses, où il avait accompagné son noble maître, il avait déployé une intelligence et une valeur fort au-dessus de son âge. Il n'était déja bruit à la cour de Charles que du gentil écuyer du sire de Neuville. Estimé de son illustre protecteur, chéri de ses égaux, secrètement adoré par la charmante Alix, objet de ses timides vœux, il semblait entrer dans la vie sous les plus heureux auspices : une si belle aurore n'annonçait qu'un jour d'orage.

« Depuis quelque temps, les satires les plus odieuses inondaient la cour et la ville, et leur auteur, au sein des ténèbres qu'il épaississait autour de lui, échappait au ressentiment de ceux qu'il outrageait avec autant de violence que de lâcheté. Le jeune Bérenger, jusqu'alors étranger au monde, à ses passions, à ses intrigues, était toujours, à son insu, l'instrument des vengeances du prieur.

« Un événement historique d'une haute importance fournit à l'abbé de Rieux une nouvelle occasion d'exercer sa plume satirique : il ne la laissa point échapper. Le duc de Berri venait de faire manquer, par imprévoyance, une expédition militaire habilement concertée ; l'abbé fit, à ce sujet, une pièce de vers dans laquelle le retard que le duc avait apporté à l'exécution des ordres du roi était interprété de la manière la plus injurieuse à l'honneur du prince.

« Bérenger venait de copier ces vers et les avait sur lui, lorsque le comte le chargea d'une mission dont l'objet était de remettre au roi lui-même la dépêche importante dont il était porteur. Il partit au même instant pour Paris. *Son Altesse*[1] était à Vincennes, et devait revenir le soir même à l'hôtel Saint-Pol, qu'elle habitait alors. Bérenger l'y attendit; il remplit le lendemain sa mission, reçut l'ordre de se rendre à Fontainebleau où se trouvait alors la reine, y resta quatre jours, et ne revint à Neuville qu'après une absence d'une semaine.

« Bérenger avait été bien reçu à la cour; il rapportait une réponse satisfaisante aux dépêches dont il avait été chargé. Il allait revoir Alix après une séparation de huit jours : on peut juger de quels sentiments son cœur était rempli, de quelle ardeur il pressait son rapide coursier! Déjà il découvre, des bords de l'Oise, les tours du château; il distingue la cime des arbres de *la Fontaine des Fresnes*, qu'éclairent les derniers rayons du soleil; il reconnaît la chapelle au reflet brillant de ses vitraux coloriés. Debout sur ses étriers, les yeux fixés vers la fontaine, il croit voir, il voit en effet la jeune Alix, elle agite son mouchoir en l'air : le cheval de Bérenger ne court plus, il bondit, et franchissant les haies et les ravins, il porte en un moment l'impatient jouvencel au pied de la colline.

« Alix, suivie de la plus âgée de ses femmes, se précipite au-devant de lui, et, d'une voix étouffée

---

[1] Ce ne fut que sous le règne de Louis XI que les rois de France prirent le titre de *Majesté*.

par les sanglots: *Fuyez*, lui dit-elle, *fuyez, Bérenger; vous avez tout à craindre si vous reparaissez au château!* Il est impossible de peindre le désordre affreux que ces mots et les larmes d'Alix jetèrent dans l'ame du malheureux jeune homme. A peine a-t-il la force de demander la cause de l'épouvantable malheur qu'on lui annonce : Alix l'ignore; mais elle a été témoin du courroux de son père; elle en craint les plus funestes effets. Bérenger reprend ses esprits, sa conscience ne lui reproche rien, et l'honneur lui fait un devoir de se justifier aux yeux de son bienfaiteur. Alix le presse en vain de s'éloigner, du moins pour quelques jours; il résiste.

« Pendant ce pénible débat, le jour achevait de s'éteindre, le cri de l'oiseau nocturne commençait à se mêler au chant lointain du laboureur. La dame Berthe, qui avait accompagné Alix, lui fit remarquer que le son du cor s'était fait entendre trois fois, et que les portes du château allaient se fermer. Alix reprit la route du parc dont Berthe avait la clef, et Bérenger, remontant à cheval, traversa le pont-levis au moment où il commençait à s'ébranler.

« Aucun *varlet* ne se présenta au perron pour prendre son cheval, qu'il abandonna dans la cour; il parvint, sans que personne eût voulu l'annoncer, jusqu'à la salle des Armoiries, où il trouva le comte qui s'entretenait avec le prieur de Rieux, et qui le reçut avec un regard terrible.

« Sans lui permettre de dire un mot, il lui montra la satire écrite de sa main, et tombée par mégarde de la poche de son manteau dans la chambre qu'il avait occupée à l'hôtel Saint-Pol. Le duc de Berri l'avait envoyée lui-même au seigneur de Neuville, en lui abandonnant, par déférence, la punition du coupable. A la vue de cet écrit, dont on lui révélait en même temps le crime et l'importance, le malheureux jeune homme pâlit, rougit; et, tournant ses yeux mouillés de larmes vers le prieur qui cherchait à les éviter, il se contenta de protester de son innocence. Que pouvait une simple dénégation, opposée à des preuves écrites? Le comte, après lui avoir adressé les reproches les plus amers, lui ordonna de quitter sur-le-champ le château pour n'y plus reparaître. Atterré par ce dernier coup, Bérenger, en tombant aux genoux de l'abbé de Rieux, ne prononça que ces seuls mots : *Ah! Monsieur le Prieur!* Celui-ci eut la lâcheté de garder le silence, que sa victime eut le noble courage de ne pas rompre. Ce fut en vain que la comtesse, effrayée de la douleur de sa fille, intercéda en faveur du jeune écuyer. Le comte fut inexorable; et les portes du château se rouvrirent au milieu de la nuit, pour en faire sortir la plus noble, la plus aimable, et la plus innocente créature.

« La cloche du château sonnait minuit, et la lune dans tout son éclat répandait une douce clarté sur la campagne. Bérenger, le désespoir, la mort dans l'ame, s'était arrêté à quelques pas des fossés, et, contemplant, appuyé contre son cheval, ces murs dont il était banni, des larmes brûlantes s'échappaient de ses yeux. Il les tenait fixés sur la fenêtre de la chambre où la tendre Alix allait passer une nuit de douleur. La sentinelle, qui se promenait sur le parapet intérieur, l'aperçut et le força de s'éloigner. Incertain du parti qu'il avait à prendre, Bérenger erra quelque temps au hasard, et prit enfin la route du château de Presles, où il pouvait trouver, auprès de sa bonne mère, les consolations dont son cœur avait tant besoin, mais dont ses pressentiments repoussaient l'espérance.

« Bérenger, qui s'éloignait avec tant de regret des bords de l'Oise, n'arriva au manoir de Presles que le lendemain, au soleil couchant. L'émotion qu'il éprouva en revoyant des lieux où s'écoulèrent les douces années de son enfance, en songeant qu'il allait embrasser sa mère après une séparation de quatre ans, s'empara insensiblement de tout son cœur : il suivait, en s'approchant du château, un sentier de la forêt qu'il se rappelait avoir parcouru la première fois qu'il monta à cheval : ce sentier le conduisit jusque dans la première cour, où se trouvaient réunis un grand nombre de paysans : leur contenance morne et silencieuse ne lui causait encore que de l'étonnement; ce fut de l'inquiétude qu'il éprouva lorsqu'il aperçut le vieux Raymond en pleurs, qui distribuait des aumônes à la foule des pauvres dont il était environné.

« Bérenger l'appelle en sautant à bas de son cheval; Raymond reconnaît son jeune maître, pousse un cri, et vient se jeter à ses genoux. Celui-ci le relève en frémissant; il l'interroge..... O douleur!.... l'infortuné n'a plus de mère! elle a succombé depuis deux jours à une maladie cruelle contre laquelle sa jeunesse luttait depuis plusieurs années. La douleur extrême n'afflige pas le cœur, elle le brise. A cette affreuse nouvelle, Bérenger perdit l'usage de ses sens; et pendant huit jours que dura cet état d'anéantissement, dont il ne sortit que par les accès du plus effrayant délire, les noms d'Alix et de sa mère furent les seuls mots qu'on lui entendit prononcer.

« Les soins qu'on lui prodigua ne furent pas sans succès; sa vie, au moment de s'éteindre, se ranima. Dès qu'il eut repris quelque force, il se fit conduire au tombeau de sa mère : elle reposait auprès de son époux, dans le chœur de l'église; il y passa une journée entière, dans la méditation et dans les larmes.

« Ce devoir rempli, Bérenger remit au chapelain du château l'administration de tous ses biens, le chargea de doter en son nom quatre des jeunes filles les plus vertueuses du village, dont les premiers enfants prendraient le nom d'Alix ou de Bérenger, et se prépara, pour la seconde fois, à quitter le toit paternel. Le matin du jour de son départ, il se renferma dans l'oratoire, où il écrivit une lettre à Alix, qu'il chargea Raymond de lui porter, en donnant à celui-ci, pour instructions, de se rendre à Neuville, d'y attendre dans le bosquet des Fresnes l'occasion de remettre sa lettre, et de lui en porter la réponse à Dijon, où il allait passer quelque temps à la cour de Bourgogne.

« Dans une visite que le duc de Bourgogne avait faite au sire de Neuville, le jeune Bérenger avait fixé son attention et mérité sa bienveillance. Les idées de grandeur et d'ambition étaient bien loin de son esprit ; mais il voyait dans la gloire le seul moyen de se rapprocher d'Alix, et il espérait trouver à la cour de Philippe l'occasion de se distinguer et de se faire armer chevalier ; c'est dans cet espoir qu'il dirigeait ses pas vers Dijon.

« Un jour, c'était le huitième depuis son départ du château de Presles, il traversait une forêt à quelques lieues d'Auxerre ; la chaleur était excessive, son cheval et lui-même avaient besoin de quelques moments de repos ; il mit pied à terre : la bride de son destrier passée dans son bras, il s'assit au pied d'un arbre, et, s'abandonnant à des réflexions auxquelles le souvenir d'Alix mêlait de douces espérances, peu à peu ses yeux se fermèrent, et, sans changer d'objet, ses pensées devinrent des rêves.

« Il dormait profondément lorsqu'un bruit d'armes, un cliquetis d'épées, le réveillèrent en sursaut. Le premier mouvement du jeune écuyer fut de s'élancer sur son cheval et de courir vers l'endroit d'où partait le bruit qui avait interrompu son sommeil. Trois hommes en attaquaient un quatrième, près de succomber sous leurs coups. Bérenger vole à son secours. Sa subite apparition, la vigueur de son attaque, jettent l'effroi parmi les assaillants qui se dispersent et finissent par chercher un refuge dans l'épaisseur de la forêt. Le chevalier à qui le damoisel avait rendu ce service, était le brave maréchal de Loigny, surpris aux environs de son château par quelques uns de ces brigands armés dont la France était alors couverte.

« Bérenger crut devoir taire son nom; mais le maréchal n'en exigea pas moins qu'il s'arrêtât quelques jours auprès de lui. Ce noble guerrier, retiré de la cour depuis la mort de Charles V, jouissait, dans sa glorieuse retraite, du bonheur de la vie privée, auquel son amour pour les lettres ajoutait un nouveau charme. Son château était en quelque sorte le rendez-vous des troubadours, et chaque jour y donnait lieu à quelque fête nouvelle.

« Ces plaisirs, auxquels Bérenger, en tout autre temps, se serait livré avec tant d'ardeur, ne pouvaient distraire sa pensée du souvenir de sa disgrace, de la perte de sa mère, et de l'image adorée d'Alix. Cette profonde mélancolie dans un âge aussi tendre fit desirer au maréchal d'en connaître la cause : ses instances auprès du jeune étranger devinrent si pressantes, si affectueuses, que celui-ci fut obligé d'y céder. Quelque réticence qu'il employât dans son récit pour ne pas compromettre le prieur de Rieux, le maréchal n'en resta pas moins convaincu de son innocence, et s'offrit de le conduire lui-même à la cour pour le justifier au yeux du prince. Bérenger s'y refusa, en déclarant à son illustre protecteur que l'honneur lui faisait une loi du silence, et, le matin du quatrième jour de son arrivée à Loigny, plein d'impatience de rejoindre à Dijon son fidèle serviteur, il prit congé du maréchal, qui lui donna en le quittant les témoignages de la plus vive affection.

« Il arrive à Dijon : Raymond l'y attendait depuis deux jours : il lui remit une feuille des tablettes d'Alix, sur laquelle l'aimable enfant avait tracé quelques mots à la hâte :

« *L'ire de mon père est toujours grande contre* « *vous* (lui disait-elle); *mais ne faillera de s'éprendre* « *à la gloire que devez gaigner. Adieu, vous ameres* « *fine qu'à la mort.* »

« Que le cœur d'un amant renferme de mystères! Ces deux lignes, qui ne changeaient rien à la destinée de Bérenger, lui causèrent une joie inexprimable, et lui rendirent tout-à-coup le courage et l'espoir. Il suspendit à la chaîne que lui avait donnée sa mère et qu'il portait au cou, l'amoureux talisman, au bas duquel il écrivit ces vers :

>   Très douce amie au corps si gent,
>   Perle du monde qu'aime tant ;
>   Rose de may ne flor de lys
>   N'est tant belle qu'est mon Alix.

« Il combla Raymond de présents, et le renvoya au château de Presles, en le chargeant de trouver l'occasion de remettre un billet où il se contenta d'écrire :

« *Plus ne verrez, plus n'entendrez de moi que n'en* « *sois digne.* »

« Le lendemain, il se présenta au palais du duc de Bourgogne : l'entrée en était interdite aux simples écuyers ; il lui fut impossible de parvenir jusqu'au prince. Au bout de huit jours, plus humilié que fatigué des démarches qu'il avait faites inutilement, comme il se disposait à quitter Dijon, il apprend qu'on lève des troupes pour marcher contre le duc de Gueldres ; et sur-le-champ il prend parti, comme simple volontaire, dans l'armée que le roi commandait en personne. Cette guerre fut moins longue que meurtrière ; Bérenger s'y couvrit de gloire, et plusieurs faits d'armes éclatants eussent attiré sur lui d'honorables distinctions, si la présence du duc de Berri au camp de roi ne l'eût obligé de cacher son nom.

« Le duc de Gueldres termina la guerre en faisant hommage au roi de France ; et Bérenger, que tourmentait le besoin d'une prompte renommée, résolut de paraître aux jeux floraux, dont le prochain concours s'annonçait avec un grand éclat.

« Ces jeux, récemment institués sur de nouvelles bases, fixaient alors les yeux de la nation entière, et le nom des vainqueurs était proclamé dans toute la France. Bérenger excellait dans un genre de poème qu'on appelait *chant royal;* il célébra de cette manière les heureuses prémices du nouveau règne ; et sa pièce de vers, envoyée au concours, fut jugée supérieure à celles de *Castel* et de *Jean de La Fontaine,* les plus célèbres poètes du temps : *l'amarante d'or* lui fut décernée d'une commune voix.

« Ce fut au château de Loigny qu'il apprit ses succès, auxquels le bon maréchal voulut mettre le comble en l'armant lui-même chevalier. Alix et cette dignité ! Bérenger ne croyait pas à d'autre bonheur sur la terre. La chapelle du château fut disposée pour l'auguste cérémonie : plusieurs compagnons d'armes du maréchal y furent invités, et vinrent armés de toutes pièces. Après l'office divin, le chapelain ayant béni les armes du néophyte, le maréchal lui remit successivement les éperons, le hau bert, la cuirasse, les brasselets, et les gantelets ; ainsi *adoubé*, il lui ceignit l'épée en lui disant :

« *Bérenger, je vous donne cette épée et la remets « entre vos mains, et prie Dieu qu'il vous doint un tel « et bon cœur, que vous soyez aussi bon chevalier « comme fut oncques votre père, de valeureuse mé- « moire.* » « Puis, après lui avoir donné l'accolade et l'avoir frappé trois fois de son épée sur le cou, il ajouta : « *Au nom de Dieu, de saint Michel, et de « saint Georges, je te fais chevalier : sois preux, hardi, et loyal.* » « Le reste de la journée ne fut qu'un long festin.

« Le nouveau chevalier était trop fier de sa dignité nouvelle pour ne pas se presser de faire honneur à son illustre parrain : les fêtes qui se préparaient à Saint-Denis en l'honneur de Louis II, roi de Sicile, et cousin du roi Charles, lui en offrirent la brillante occasion : des tournois étaient annoncés ; l'élite de la noblesse française et étrangère y était admise. Bérenger s'y rendit, et ne se fit pas moins remarquer par sa jeunesse et sa grace, que par l'extrême simplicité de son armure : son écu, sans armoiries, portait un simple chiffre, composé des lettres *A* et *B*, qu'entourait une branche de frêne.

« Les tournois devaient s'ouvrir après le service que le roi faisait célébrer en l'honneur du grand-connétable. Bérenger s'était placé dans l'église de manière à pouvoir entendre l'oraison funèbre de

Bertrand du Guesclin, que devait prononcer l'évêque d'Auxerre (honneur jusqu'alors inconnu en France). Qu'on juge de sa surprise, de son bonheur, en apercevant Alix, la charmante Alix, au pied du trône de la reine, et les yeux fixés sur son écu! Placé en face d'elle, il leva sa visière qu'il tenait à demi baissée : Alix le reconnut; tout ce que le cœur humain renferme d'émotions tendres se peignit à-la-fois sur sa figure angélique.

« Le lendemain, Bérenger, qui s'était fait inscrire au nombre des combattants, se présente le premier à la barrière du tournois, le plus brillant qu'on eût vu depuis un siècle: toute la cour était présente; et, par un hasard qu'un amant peut seul apprécier, Alix avait été choisie par la reine pour couronner le vainqueur : quel autre que Bérenger pouvait obtenir un pareil prix! Quatre fois il entre dans la lice, quatre fois il en reste le maître, quatre fois on proclame son triomphe. Le roi voulut connaître ce jeune preux, et ne fut pas moins étonné que satisfait d'apprendre que c'était ce même troubadour, auteur du *chant royal*. Bérenger vint recevoir des mains de la tremblante Alix l'écharpe qui lui était destinée; en la lui passant au cou, elle murmura tout bas ces mots: « *Dans trois jours, à huit heures* « *du soir, à la fontaine des Fresnes.* »

« Le duc de Berri, témoin du triomphe de Bérenger, ne put, sans dépit, entendre proclamer un nom qui lui rappelait un outrage : sa position auprès du roi, dont il avait encouru la disgrace, le peu de faveur dont il jouissait dans l'opinion publique, ne lui permettaient pas de poursuivre ouvertement sa vengeance ; mais il n'en cachait pas les projets en présence d'Amaury, sire de la Beaume, un des seigneurs les plus puissants de la cour, à qui le roi avait, en quelque sorte, promis la main d'Alix.

« Combien ces trois jours d'attente parurent longs à Bérenger ! Enfin, le troisième s'achève ; il est sept heures, le jour tombe, l'amant d'Alix s'avance, palpitant d'amour, de crainte et d'espérance, sur ces bords de l'Oise, où chaque pas réveille en son ame un souvenir. Il s'arrête un moment sous les murs de l'abbaye de Maubuisson, à quelque distance du château de Neuville, pour y attendre le moment précis du rendez-vous : huit heures sonnant à l'horloge de l'abbaye, il court, il se glisse à travers l'épais taillis dont le pied de la colline est couvert ; il arrive à la fontaine des Fresnes, il se désaltère dans son eau ; il baise chacun des arbres où il trouve sa lettre gravée par une main chérie ; il va, il vient, s'arrête ; il palpite au moindre frémissement du feuillage. Quelqu'un vient.... ; c'est elle... Bérenger est aux pieds d'Alix... Son émotion épuise ses forces, elle chancelle ; il la soutient, il la presse dans ses bras. Quel moment dans la vie, ou plutôt quelle vie dans un pareil moment !

« Après quelques instants d'un silence dont aucune langue ne saurait exprimer le charme, Alix, en peu de mots, rendit compte à son amant du malheur dont ils étaient menacés depuis un an. « Mon père, lui dit-elle, à qui le roi lui-même en a fait la demande, a promis ma main au sire de la Beaume; mais il ignore encore un secret qui vous honore, qui vous rendra toute son estime, toute son affection; un secret enfin que le prieur mourant vient de révéler à ma mère. Votre valeur, votre mérite, vous ont fait connaître du roi; j'avouerai, s'il le faut, devant lui, l'amour que j'ai pour vous, et il ne me condamnera pas au malheur de lui désobéir; car j'en fais le serment, Bérenger, ma vie ne sera jamais qu'à vous ou à Dieu. » Une pareille promesse, à la face du ciel, dans un séjour, témoin mystérieux de tant de soupirs et de larmes, entre deux jeunes amants unis dès l'enfance, et dont les premiers regards ont été de l'amour, une pareille promesse était sans doute à moitié remplie; et les vingt lignes, effacées avec un soin extrême en cet endroit du manuscrit, peuvent être aisément suppléées. — Je me hâte d'arriver au dénouement de cette fatale histoire.

« Quelques jours après l'entrevue du bosquet, Bérenger, à la prière d'Alix, et du consentement de son père à qui l'aveu du prieur venait d'être révélé, alla se jeter aux genoux du roi, qu'il intéressa si vivement par la peinture de ses malheurs et de son amour, que le monarque donna son consentement formel au mariage d'Alix et de Bérenger, et qu'il promut ce dernier à un poste honorable auprès de sa personne. Muni de ce précieux écrit, Bérenger craint de perdre un moment; il était onze heures du soir : son impatience ne lui permet pas d'attendre le jour; il revole vers Alix.

« Déja il découvre le fanal qui brûle au sommet de la tour du château. Comme il passait au pied de la colline des Fresnes, plusieurs assassins, armés de toutes pièces, s'élancent du milieu du taillis, fondent sur lui à l'improviste, le percent de coups, et prennent aussitôt la fuite. Aux cris de l'infortuné jeune homme, la sentinelle la plus voisine répond par un cri d'alarme qui se répand dans le château. On accourt; Alix, qu'un pressentiment funeste avertit de son malheur, vole vers la fontaine; elle y trouve Bérenger étendu, sans vie, et pressant sur sa bouche l'écharpe qu'il avait reçue d'elle. L'infortunée ne s'abandonna pas aux transports d'une vaine douleur. Dès le lendemain de cet horrible événement elle se retira dans l'abbaye de Maubuisson; elle y prit le voile, et mourut au bout de quelques mois.

« On respecta son dernier vœu : son corps fut enseveli auprès de celui de Bérenger, dans le bosquet de la *fontaine des Fresnes*, que l'on appela depuis *la fontaine d'Amour.* »

N° XCIII. [6 juin 1813.]

L'ÉCRIVAIN PUBLIC.

Respicere exemplar vitæ morumque jubebo
Doctum imitatorem, et veras hinc ducere voces.
Hor., *Ars poet.*

Le peintre des mœurs doit avoir constamment les yeux sur les modèles vivants que lui présente la société, afin d'y trouver l'expression vraie de la nature.

« Combien pouvez-vous gagner par jour? — Que sais-je, monsieur? les jours se suivent et ne se ressemblent pas. — Mais encore? — Bien ou mal, j'arrive au bout de l'année; j'ai vécu, j'ai payé mon loyer, et je ne dois rien. — L'âge vient, et la vieillesse a des besoins auxquels il faut pourvoir. — Je suis tranquille; j'ai la promesse d'*un lit* à l'Hospice des Ménages. — Et vous ne vous presserez pas, je le vois, d'en prendre possession. — Malheureusement ma vue commence à baisser, et les yeux sont le principal instrument de ma profession. — Depuis combien de temps l'exercez-vous? — Je suis écrivain public depuis cinquante-trois ans. —

Toujours dans la cour du Palais? — Non, monsieur: ma fortune a eu ses vicissitudes tout comme une autre.

« J'ai d'abord été *maître écrivain* patenté par l'université de Paris: c'est M. Boivin qui m'a délivré mon diplôme; vous l'avez peut-être connu? Le brave homme! J'avais exécuté pour lui une pièce d'écriture qu'il avait fait encadrer, et qu'on allait voir chez lui par curiosité: dix-sept caractères différents, et des traits à main levée d'une hardiesse!.... Il n'est pas aussi que vous n'ayez entendu parler de ce morceau de vélin, de la grandeur exacte d'un petit écu, sur lequel j'avais inscrit les dix commandements de Dieu, le Symbole des apôtres, l'Oraison dominicale, et une dédicace au Roi?

« — Vous teniez une école? — Rue Planche-Mibray, dans le plus beau quartier de Paris; j'avais pris le fonds de M. Barbedor; c'était un établissement magnifique: dix-neuf pensionnaires, trente externes, et six écoliers en ville à vingt-quatre sous le cachet: j'aurais aujourd'hui cent louis de rente, pour le moins, si la révolution et ma femme ne s'en étaient mêlées. — Vous avez eu à vous plaindre de votre femme? — Pauvre Catiche! devant Dieu soit son ame! Je ne lui en veux pas; mais elle m'a ruiné. Elle aimait la toilette comme une conseillère du Marais: tous les dimanches, des parties chez Bancelin, le spectacle chez Audinot, chez Nicolet...;

tant y a qu'à sa mort, en 1788, elle m'a laissé 1,500 livres de dettes : la révolution est venue : mes écoliers m'ont quitté. J'ai vendu mes meubles, en assignats, cent fois plus qu'ils ne m'avaient coûté en argent ; et le jour où j'ai voulu réaliser mes fonds, je me suis trouvé tout juste assez riche pour acheter une échoppe aux Charniers des Innocents.

« J'y faisais assez bien mes affaires, mais il fallait écrire au prix des autres, à trois sous la page ; et je rougissais de prostituer ainsi ma plume au service des fruitières et des marchandes de marée : je suis venu m'établir dans le voisinage du Palais. — Vous êtes bien connu dans la cour de la Sainte-Chapelle ; car, à la première demande que j'ai faite d'un écrivain, on m'a nommé M. Rossignol. — C'est moins à mon talent qu'à ma discrétion que je dois la vogue dont je jouis : notre état, voyez-vous, est comme celui des confesseurs et des médecins : nous avons le secret des infirmités humaines ; et c'est, avec la poésie, le plus liquide de mon revenu.

« — Ah ! vous êtes poëte aussi ? — Je puis me vanter d'avoir un assortiment complet de chansons de fêtes, de compliments de bonne année, d'acrostiches simples et doubles, d'épithalames et d'épitaphes, le tout arrangé avec des variations applicables aux circonstances. La partie des *devises* est encore une des bonnes ressources de ma profession : douze sous la douzaine; cela va vite, et c'est sitôt fait! J'ai fourni pendant cinq ans M. Gueslau, *à la Pomme-d'Or*, rue des Lombards; nous nous sommes brouillés parcequ'il exigeait des *quatrains*, et ne voulait payer que des *distiques*....

« Mais voilà mes plumes taillées, je suis aux ordres de monsieur : de quoi s'agit-il? — De me copier ce manuscrit. — Quelle écriture emploierons-nous? *bâtarde, coulée, ronde, anglaise?* terminerons-nous les bouts de ligne par des fleurons? encadrerons-nous les pages par des spirales ornées? nos majuscules d'alinéa seront-elles compliquées d'arabesques?... — Rien de tout cela, s'il vous plaît; je vous demande une copie toute simple et bien lisible. — C'est entendu; mais les feuillets de votre manuscrit sont détachés, et ne sont pas numérotés en tête; il peut en résulter des erreurs dont je ne serais pas responsable, je vous en préviens. — Vous avez raison; et si vous pouviez seulement me faire une petite place auprès de vous, je numéroterais mes pages, et j'ajouterais quelques notes. — Passez dans mon cabinet, vous y serez plus à votre aise. (Ce cabinet était un petit coin de l'échoppe séparé du reste par un morceau de tapisserie.) Aussi bien j'aperçois mademoiselle Marie, la cuisinière de M. Gaspard l'avoué; c'est aujourd'hui samedi : elle vient mettre à jour son livre de dépense. »

Me voilà donc installé dans le cabinet de M. Rossignol, écrivain public dans la cour de la Sainte-Chapelle, occupé d'abord à mettre en ordre le manuscrit d'une traduction des nouvelles espagnoles d'*Athanasis Cespédes*, dont je voulais avoir une copie, mais bientôt détourné de mon travail par les différentes scènes qui se passent auprès de moi, et dont je suis le témoin invisible.

Mademoiselle Marie, qui avait probablement appris à compter chez son procureur, fit régler son petit *carnet* comme un mémoire de frais, en se ménageant sur les différents articles un petit *boni* de 7 livres 10 sous par semaine, qui ne laisse pas d'ajouter à ses gages de cent écus un supplément fort honnête. C'est ce qu'on appelle *faire danser l'anse du panier;* mademoiselle Marie paraît s'y entendre à merveille.

La cuisinière du procureur était à peine sortie, que la fille d'un bonnetier des environs vint faire emplette de deux couplets pour la fête d'une *Marguerite :* le moderne Pellegrin les tira d'un carton marqué de la lettre *M*. Ces couplets, dans le principe, avaient été faits pour un amant qui les adressait à sa maîtresse; la petite fille les destinait à sa mère; mais en y substituant le mot de *bonté* à celui de *beauté*, la *sensibilité* à la *volupté*, en amenant à la fin *la joie et la reconnaissance*, au lieu de *l'amour et la jouissance*, la chanson fut mise en état de produire le plus grand effet à la fête de la *bonnetière*. La petite ne se fit pas prier pour payer, douze sous la pièce, ces couplets circulaires dont elle croyait avoir l'étrenne.

Après elle, je vis arriver un soldat qui avait un bras et une jambe de moins : « Mon vieux, dit-il à l'écrivain d'un air grivois, et lâchant à chaque mot un gros juron et une bouffée de tabac, griffonne-moi bien vite un bout de pétition au ministre de la guerre : tu penses bien que, fagoté comme me voilà, je ne lui demande pas de l'avancement : mon affaire est faite. J'arrive du pays; j'ai vendu mon patrimoine, et je me suis fait cent francs de rente : ça paiera le tabac et le rogome; mais, *item*, il faut vivre, et cent francs ne suffisent pas. J'ai servi l'empereur pendant quinze ans; il me nourrira, c'est trop juste. Tu entends bien, mon luron, que, quand on a été dix ans caporal dans le 81e, on ne va pas porter son uniforme à l'hôpital; or donc, il me faut une place aux Invalides. Tourne-moi cette demande-là par écrit; mais ne va pas faire de phrases, au moins ! Si je n'avais pas perdu mon bras droit, je ne serais pas venu te chercher dans ta baraque; je n'écrivais pas mal, et j'aurais fait mes affaires tout seul. Tu sauras que je m'appelle *Jérôme Verdenas*; je suis de Montauban; j'ai trente-neuf ans, huit blessures, dont deux bonnes comme tu vois. J'ai fait quinze campagnes, et j'en avais vingt autres dans le ventre : mais le *brutal* ¹ m'a arrêté tout court. Couche-moi cela sur le papier, et voilà trente sous pour ta peine. »

Au moment où le scribe remettait à ce brave homme sa pétition, qu'il signa de la main gauche, un homme assez bien mis, et qui était déjà venu regarder deux ou trois fois à travers les vitres de l'échoppe, entra d'un air à-la-fois insolent et embarrassé : « Voyons votre écriture ordinaire, dit-il à l'écrivain quand le soldat se fut éloigné..... C'est bon ! écrivez ! — Sur quel papier ? — C'est d'une lettre qu'il s'agit. — A qui s'adresse-t-elle ? — Ce ne sont pas vos affaires. — J'entends ; vous pouvez dicter. »

« J'apprends, mon cher, avec autant de surprise
« que d'indignation, que vous vous proposez, à la
« prochaine élection académique, de donner votre
« voix à.... (laissez le nom en blanc). Je suis trop votre
« ami pour ne pas vous apprendre qu'il parle de vos
« ouvrages avec le plus profond mépris, et que der-
« nièrement, à dîner chez un ministre, il a prétendu
« que si vous étiez condamné à payer vingt sous d'a-
« mende pour chacun des vers que vous avez pris,
« votre fortune ne suffirait pas à l'acquit de votre
« dette ; d'ailleurs, êtes-vous bien sûr que ce choix-
« là ne déplaise pas aux personnes que vous avez le

---

¹ Nom que les soldats donnent aux boulets.

« plus d'intérêt à ménager? On sait bien que ce can-
« didat est du goût de..... (une demi-ligne en blanc);
« mais, en conscience, est-ce une raison pour qu'il
« soit du vôtre? Je ne signe pas cette lettre; mais
« vous seriez bien maladroit si vous n'y recon-
« naissiez pas le langage de la franchise et de l'a-
« mitié. »

La lettre écrite, cet ami charitable la prit sans la fermer, jeta sur la table un écu de trois francs, et sortit. Je le suivis des yeux assez loin pour le voir entrer chez un autre écrivain, où je ne doutai pas qu'il n'allât, pour plus de sûreté, faire mettre l'adresse à sa missive.

Aussitôt qu'il fut sorti, M. Rossignol leva le pan de la tapisserie, pour se mettre en communication plus directe avec moi, et s'informer si j'avais achevé mon travail. Comme je me trouvais fort bien de ma position, et que je voulais en tirer tout le parti possible, je me servis du prétexte de quelques notes qui me restaient à faire, pour avoir occasion de rester plus long-temps avec lui. « Avez-vous, lui demandai-je, beaucoup de pratiques de la vilaine espèce de celle qui vous quitte en ce moment? — Le nombre s'en est accru depuis quelques années; et je remarque qu'il augmente aux approches des concours et des élections académiques. — M. Rossignol, vous êtes, sans le vouloir, l'instrument de bien des noirceurs! — Il est fâcheux que ce casuel de mon état me rapporte plus que le principal; sans cela, il y a long-temps que j'y aurais renoncé. — Vous devez avoir quelquefois de bien étranges confidences? — J'ai celles de la plus ridicule, et celles de la plus odieuse passion du cœur humain : de *l'amour-propre* et de *l'envie*. Si la misère ne m'eût pas abruti; si, depuis long-temps, toutes mes idées n'étaient pas des besoins, j'aurais trouvé, dans mes observations journalières, les matériaux d'un livre bien curieux..... »

Dans ce moment quelqu'un vint frapper à l'une des lucarnes de la baraque, en criant au père Rossignol qu'on l'attendait. Il me demanda la permission de s'absenter un petit quart d'heure, en m'invitant à prendre place à son bureau, où je serais plus à mon aise pour écrire.

Je sortis de ma niche, et vins m'installer dans son fauteuil de canne, dont la garniture consistait en un coussin évidé par le milieu, dont la basane noire avait acquis une teinte rougeâtre, à force de temps et de service. Je me plaçai devant son bureau; et, pour mettre à profit l'inspiration du moment et du lieu, j'y rédigeai le commencement de ce discours.

Je fus interrompu par l'arrivée d'une fort jolie petite ouvrière, qui me prit pour le chef du bureau, et me chargea d'écrire, en son nom, une lettre à son *bon ami*, brigadier dans le 3ᵉ régiment de chasseurs. Je la fis asseoir près de moi, et l'interrogeai sur ce qu'elle voulait mander à son ami le brigadier. « Je *vas* vous dicter, » me dit-elle, et j'écrivis :

« C'est bien mal à vous, M. *Va-de-l'Avant*, d'a-
« voir été si long-temps sans nous donner de vos
« nouvelles. J'avais d'abord eu peur que vous *n'ayez*
« été blessé dans la dernière affaire *où ce que* vous
« étiez en personne ; maintenant je crains bien que
« vous n'ayez pas une aussi bonne raison à me don-
« ner de votre silence. Mon père se réjouit quand
« vous prenez des villes ; mais moi, point du tout :
« je me dis que, dans ces villes, il y a des femmes,
« et que vous autres militaires vous ne vous gênez
« pas pour être infidèles. Votre mère vient nous
« voir toutes les semaines. Elle m'aime un peu,
« parceque je vous aime beaucoup. Elle a acheté
« un almanach où il y a une carte de géographie,
« qui s'appelle *Spectacle de la Guerre*. — *Théâtre* ?
« — Oui, *c'est ça*, le *Théâtre de la Guerre* ; elle
« me montre le pays où vous êtes, l'endroit que vous
« habitez. Il y a bien loin d'ici là, qu'elle me dit ;
« elle pleure, et nous pleurons ensemble. Vous
« me dites que si l'armistice se prolonge, vous
« pourriez bien avoir un congé, et que vous vien-
« driez à Paris pour m'épouser tout de suite. Depuis
« que je *sais ça*, je demande à tout le monde si l'ar-
« mistice se prolonge : ils disent que oui ; ce qui fait

« que je vous attends avec une impatience avec la-
« quelle j'ai l'honneur d'être, monsieur Va-de-
« l'Avant,

« Votre tout affectionnée

« Marianne Barbier. »

Cette lettre m'amusa beaucoup à écrire. Lorsque je la remis à la bonne petite Marianne, elle me demanda avec un peu d'inquiétude, en dénouant le coin de son mouchoir où elle avait quelques pièces de monnaie, combien il me fallait pour cela : je lui dis qu'elle me paierait après son mariage. Elle me promit bien de ne pas oublier sa dette, dont j'eus soin de l'acquitter d'avance avec le père Rossignol.

Marianne céda la place à une dame de la tournure la plus élégante, que son laquais attendit à la porte. « Bon-homme (me dit-elle en tirant un petit papier de son corset), transcrivez-moi ce petit bout de lettre. » J'avançai la main pour prendre l'écrit. « J'aurai plus tôt fait de vous le dicter, » ajouta-t-elle. Je pris une feuille de papier, et la dame commença :

« Monsieur l'Ermite.... » (Je me retournai brusquement; elle continua sans remarquer ma surprise, ou du moins sans en deviner la cause.) « Monsieur
« l'Ermite, vous ressemblez à ces hordes nomades
« qui dévastent le pays qu'elles quittent et où elles
« ne doivent plus revenir. Parceque vous n'avez plus

« rien à démêler avec l'amour et les plaisirs, vous
« trahissez malignement tous leurs secrets; et parce-
« que vous avez probablement abusé dans votre jeu-
« nesse des choses les plus innocentes, vous croyez
« voir encore le mal où vous l'avez laissé. Grace à
« vous et à vos impertinentes réflexions, une femme
« qui a un carrosse n'osera plus sortir dans un fia-
« cre; comme s'il n'y avait pas une foule de circon-
« stances toutes naturelles qui ne permettent pas
« qu'on se serve de sa propre voiture! Vous m'avez
« fait avoir l'année dernière des scènes épouvanta-
« bles avec mon mari, à propos des bals d'Opéra,
« que j'aime de passion et que vous avez calomniés
« à dire d'experts. J'avais une loge grillée à Fey-
» deau : j'ai été obligée, pour avoir la paix, d'en
« prendre une en grande représentation aux pre-
« mières; et vous êtes cause que mon mari, qui est
« bien l'homme le plus économe de Paris, dépense
« en ce moment vingt ou vingt-cinq mille francs dans
« son hôtel pour y faire construire une salle de bain.
« Pour Dieu! monsieur l'Ermite, gardez mieux le se-
« cret de nos grand'mères, ou, du moins, n'en abu-
« sez pas contre leurs petites-filles. A part ce grief,
« il y a du bon dans vos feuilles, et je vous lis avec
« plaisir, quand je ne vous lis pas avec colère. »

« Maintenant fermez cette lettre, et mettez-y l'a-
dresse : *A M. l'Ermite de la Chaussée-d'Antin*,.......
rue...... Vous n'écrivez pas ? — A quoi bon, ma-

dame? votre lettre est déjà parvenue. — Comment?
— Le hasard vous a donné pour secrétaire celui à qui vous écrivez. — Il se pourrait? Monsieur...... »
Le lecteur devine l'explication qui s'ensuivit, et pendant laquelle M. Rossignol revint un peu plus gai que de raison. Je lui laissai mon manuscrit à copier, je lui remis l'argent qu'il avait gagné pendant son absence, et je donnai le bras à ma belle correspondante jusqu'à sa voiture, qui l'attendait à l'entrée principale du Palais de Justice.

N° XCIV. [15 juin 1813.]

LA MATINÉE
D'UNE JOLIE FEMME.

Formosis levitas semper amica fuit.
PROPER., élég. XIII, liv. II.

La légèreté a toujours été l'apanage d'une jolie femme.

J'entends tous les jours crier contre la vieillesse, et je vois que chacun fait ce qu'il peut pour y arriver. C'est encore là, mes confrères les humains, une de vos contradictions. La même cause produit ces deux effets différents : vous aimez la vie, et vous redoutez la vieillesse qui vous en annonce la fin ; vous êtes en route, vous connaissez le but de votre voyage, et c'est pour cela que vous voulez prendre le plus long. Le mieux serait de s'arranger avec les saisons de la vie, comme on s'arrange avec les saisons de l'année ; de ne voir que les désagréments de celle que l'on quitte et les douceurs de celle où l'on entre, et de se dire qu'on a sur les jeunes gens, quand on est déjà vieux soi-même, tout l'avantage de la distance qui vous sépare, puisqu'il est certain que le vieillard l'a parcourue, et qu'il ne l'est pas que le jeune homme puisse la parcourir. C'est un talent que de savoir vieillir; il faut l'apprendre, sous peine d'être un jour insupportable ou ridicule : insupportable si, prenant exemple de Valmont, et médisant sans cesse des plaisirs que vous ne pouvez plus goûter, vous voulez imposer aux autres vos regrets, vos chagrins et vos privations; ridicule si, par un travers plus particulier à l'époque où nous vivons, vous avez, comme Dercourt, la manie de vous cramponner pour ainsi dire à la jeunesse, et de laisser voir les risibles efforts que vous faites pour résister au temps qui vous entraîne.

Je ne veux pas faire, après Cicéron, un traité sur la vieillesse; mais j'avancerai, comme un précepte appuyé d'une longue expérience, que, pour se plaire dans cet état de la vie, il ne faut pas y arriver tout neuf. Je m'y suis préparé quelque temps d'avance : dès que j'ai vu venir l'automne, j'ai pris mesure de mes habits d'hiver, et je ne me suis pas trop aperçu du changement de température. J'ai si bien fait, en un mot, que j'ai fini par me convaincre que le coin de mon feu, à dix heures du soir, vaut bien un bal masqué; qu'un chapitre de Montaigne peut tenir lieu d'une course au bois de Boulogne, et qu'à tout prendre, les épanchements de l'amitié sont une assez douce compensation des faveurs plus vives et moins durables de l'amour. Je suis encore tenté de faire entrer en ligne de compte (car il vient un temps où l'on ne néglige rien) un privilége que je dois à mon âge, et dont je jouis sans en être fier, celui d'être admis à toute heure, en tout lieu, dans l'intimité des plus jeunes et des plus jolies femmes, sans éveiller les soupçons d'un mari ou la jalousie d'un amant. J'ai vu un temps où j'appelais un tête-à-tête une bonne fortune ; aujourd'hui la chambre à coucher m'est ouverte avec la même facilité que le salon ; les femmes n'ont plus de secret pour moi ; je ne suis pourtant pas la dupe d'une franchise qui m'avertit qu'on n'a plus d'intérêt à me tromper. Mais, sans flatterie, je ne vois pas ce qu'elles gagnent, pour la plupart, à se montrer autres qu'elles ne sont : car (à quelques exceptions près) le voile mystérieux dont elles s'enveloppent cache encore plus d'attraits que d'imperfections, plus de qualités que de défauts. Cette observation est particulièrement applicable à madame Amélie de Cormeil.

Je déjeunais, il y a quelques jours, tête à tête avec cette jeune dame, qui compte au nombre de ses avantages une figure charmante, vingt ans, et quatre-vingt mille livres de rente : elle me demandait compte de l'emploi de mon temps, et paraissait très disposée à plaindre le bonheur dont je me vantais. « Il n'en est pas, continuai-je, de mes plaisirs comme des vôtres : pour moi, les plus doux sont maintenant ceux que le soleil éclaire ; mais peut-être pourriez-vous m'envier celui que je goûte une ou deux fois par semaine dans les premiers beaux jours du printemps, lorsque je vais déjeuner, à huit heures du matin, à la laiterie suisse du Jardin des Plantes, et manger du lait et des œufs à l'ombre de ce vieux cèdre du Liban qui couvre le tombeau de d'Aubenton. »

Tout ce qui présente aux femmes l'attrait de la nouveauté est sûr de les séduire ; la belle Amélie me fit promettre de venir la prendre un matin à huit heures pour aller déjeuner sous le cèdre de d'Aubenton. « *A huit heures !* Y songez-vous bien ? lui dis-je ; à huit heures ! — Je ne vous ferai pas attendre cinq minutes. » La partie fut arrêtée pour un des jours de la semaine.

Je fus exact au rendez-vous ; mais cette fois une migraine horrible avait empêché madame de fermer l'œil pendant la nuit ; elle venait de s'endormir : le lendemain on attendait, à dix heures, madame Coutant [1] ; le lendemain, un aide-de-camp partait pour l'armée, et devait venir prendre des lettres ; le lendemain, c'était le jour de M. Costantini, le maître d'italien, qu'on ne voudrait pas manquer pour tout au monde ; enfin, de lendemain en len-

---

[1] Ouvrière renommée pour les corsets.

demain, et d'excuse en excuse, la partie était toujours remise, et, tout patient que je suis avec les femmes, je commençais à me lasser : j'accepte néanmoins un dernier rendez-vous pour jeudi matin, sous condition expresse de n'entendre aucun accommodement, et d'aller droit à la chambre à coucher.

J'arrive à l'heure convenue; maître et valets, tout le monde, excepté les frotteurs, est encore endormi dans l'hôtel : je pénètre hardiment jusqu'à la chambre à coucher de madame; j'ouvre les persiennes, et, sur l'air de *Réveillez-vous, belle endormie*, je lui rappelle nos conditions de la veille. « Grace, mon bon Ermite (me cria-t-elle en entr'ouvrant ses rideaux, et découvrant un bras d'une blancheur éblouissante), grace encore pour aujourd'hui! — Non, madame : oh! pour cette fois, vous me tiendrez parole. — Demain, sans faute. — A d'autres! — Si vous saviez, j'ai tant à faire! — Et moi donc, qui dois faire de notre déjeuner au Jardin des Plantes le sujet de mon *Discours* de samedi prochain? — Vous prendrez un autre texte. — Une de vos matinées, par exemple.... — Vous croyez rire? mais cela vaudrait bien quelques unes de vos graves dissertations. — Soit; mais encore faut-il avoir le temps d'y penser, de prendre des notes, de chercher un cadre!.... — Cela vous embarrasse? eh bien! je vais vous faire une proposition : il m'est impossible de sortir ce matin; mais je ne veux pas que vous ayez perdu votre temps avec moi : allez passer une heure dans ma bibliothèque; je me lève, nous déjeunons ensemble, et je vous dicte votre article. — Je vous prends au mot. » Madame de Cormeil sonne ses femmes; je sors, et je vais dans la bibliothèque attendre qu'on me rappelle. Je prends un volume de Voltaire; j'en avais lu à peine la moitié, qu'un valet de chambre vient me prévenir que madame m'invite à passer dans son boudoir.

C'est une bien jolie chose qu'une femme de vingt ans,

.... Dans le simple appareil
D'une beauté qu'on vient d'arracher au sommeil.

Je me sus bon gré du plaisir que je trouvais à contempler, pendant quelques moments, cette figure d'Hébé si fraîche, si gracieuse; ces beaux cheveux blonds arrêtés sur le haut de la tête, dans un désordre si aimable; cette robe entr'ouverte, à travers laquelle on croit voir (pour parler le langage d'Ossian) *l'astre si doux des nuits sortir à moitié d'entre les nuages!*

« Voici de l'encre et du papier, mettez-vous là, me dit-elle, je dicte; écrivez ! il s'agit de la matinée d'hier.... — J'y suis : *La matinée d'une Jolie Femme.* — Je ne me mêle pas du titre....

« J'avais lu *Mademoiselle de la Fayette* jusqu'à trois

heures du matin; la tête pleine de Louis XIII, du cardinal de Richelieu, de madame de Brégy, de M. de Roquelaure, je ne me suis endormie qu'au point du jour.... Charlotte est entrée chez moi à onze heures.... J'ai passé je ne sais combien de temps à tortiller mon madras autour de ma tête, à la chinoise, à la créole, à la provençale, à la savoyarde, sans pouvoir venir à bout de me coiffer; je me suis fâchée contre Charlotte; elle avait les larmes aux yeux : je lui ai donné, pour dimanche, ma loge à Feydeau.

« Il était près de midi quand mon mari est entré dans ma chambre; il revenait de chez le ministre, et m'annonça que son départ était fixé à la semaine prochaine. Son intention était que j'allasse passer l'été dans ma terre, en Bourgogne, et j'ai eu beaucoup de peine à lui prouver qu'il était convenable que je louasse le château d'Épinay, d'où je pourrai me transporter à Paris deux fois par semaine pour aller à l'Opéra, aux Bouffons, et pour avoir plus promptement de ses nouvelles. Il a fini, comme à l'ordinaire, par convenir que j'avais raison, et par me promettre que son homme d'affaires irait dans la journée traiter avec le propriétaire du château d'Épinay....

« Nous devions déjeuner ensemble... Mademoiselle Despeaux m'a envoyé un chapeau de paille d'Italie. *C'est un amour!* Je me suis bien gardée de dire à

M. de Cormeil qu'il coûtait cinq cents francs : nous en aurions eu pour une heure de morale.... Mademoiselle Charlotte est venue m'apporter la liste de mes pensionnaires[1] ; elle augmente tous les jours, et les marchandes de modes y perdent quelque chose.

« Après avoir écrit quelques billets, j'ai demandé mes chevaux, je me suis jetée dans ma voiture, en camisole, enveloppée dans un cachemire, et j'ai été au bain....

« J'étais de retour à une heure ; mon mari s'était lassé d'attendre : je croyais déjeuner seule ; madame d'Hennecourt et sa fille sont venues me tenir compagnie. Il faut attendre que la jeune personne soit mariée, pour savoir le nom qu'on doit donner à son silence et à sa gaucherie. Quant à la mère, chaque fois que je la vois, je suis tentée de lui dire que lorsqu'on n'a plus d'agréments à mettre dans le commerce de la société, il ne serait pas mal d'y apporter quelques vertus.... Le petit Moreau est venu me présenter un cahier de romances qu'il m'a dédiées....

« Mon mari est rentré ; sa présence a fait fuir ces dames, qu'il n'aime pas du tout, et qui le lui ren-

---

[1] Pauvres secourus à domicile. Beaucoup de femmes à Paris exercent ce genre de bienfaisance avec autant de générosité que de discrétion ; et ces femmes-là ne prenaient pas alors le titre de dames de charité.

dent bien... Je lui ai proposé d'aller avec lui voir *la bataille de Marengo* de Vernet : je ne pouvais pas lui faire plus de plaisir. Le temps était superbe ; nous avons été à pied rue de Lille. M. de Cormeil a été ravi de ce tableau, et principalement de la vérité du site ; il se voyait encore à la tête de sa division : nous ne serions jamais sortis de l'aile droite, de l'aile gauche, du centre, de la réserve, et probablement nous aurions couché sur le champ de bataille, si j'avais oublié comme lui tout ce qui me restait à faire....

« Nous retournions au logis ; le hasard nous fait remarquer, au pont Tournant, le carricle d'Alfred, aide-de-camp et neveu de mon mari ; nous l'avons rencontré lui-même sur la terrasse de l'eau. M. de Cormeil, que ses affaires appelaient ailleurs, lui a proposé de me conduire au bois de Boulogne : mon petit neveu a consenti sans trop d'empressement.

« La promenade du bois était charmante ; tout Paris s'y était donné rendez-vous... Nous avons bien ri de la grosse baronne avec son coupé vert tendre et ses armes qui tiennent toute la largeur des panneaux. Alfred m'a fait remarquer que la pauvre femme suivait, sans s'en douter, la voiture de madame d'Arcis, où j'ai cru reconnaître le jeune Saint-Alme. Pauvre baronne ! elle est encore plus malheureuse que ridicule : je crois pourtant que j'exagère.

« Nous étions de retour à Paris avant quatre

heures. Nous sommes entrés un moment au manége de Sourdis, où madame Dutillais prenait sa leçon : à son âge, apprendre à monter à cheval ! Après qui veut-elle courir ?...

« Nous avons vu rentrer madame de la Brive avec son écuyer ; nous l'avions aperçue au bois : c'est une véritable amazone que cette femme-là ! C'est mieux que cela même, à en juger par sa taille, par sa voix, et sur-tout par sa poitrine... Madame d'Angeville, que j'ai trouvée au manége, m'a prise dans sa calèche, et nous avons été courir les boutiques.

« Nous nous sommes d'abord arrêtées chez Nourtier pour y choisir des fichus de croisés de soie à la bayadère ; c'est joli, mais cela devient bien commun ; dans huit jours on n'en portera plus.

« Il y avait un monde *fou* chez Le Normand, où il est du bon ton de se montrer. On y complétait la corbeille de noce de mademoiselle Servey ! Au choix des étoffes, on pouvait juger de l'âge et de la fortune du prétendu.... Courtois avait reçu des schalls de Cachemire : préjugé à part, ceux de Terneaux sont bien supérieurs....

« Après avoir été essayer des chapeaux chez Le Roi, commander une garniture de kamélia chez Nattier, prendre chez Tessier quelques essences et des pastilles d'aloès, je suis rentrée chez moi à cinq heures, et me suis mise aussitôt à ma toilette.

« Parcequ'il avait plu à quelques provinciaux d'arriver deux heures avant le dîner, M. de Cormeil, qui s'ennuyait avec eux, avait bonne envie de me faire des reproches lorsque j'ai paru dans le salon; mais j'avais mis une robe qu'il aime tant, et qui me va si bien; Hippolyte m'avait coiffée avec tant de goût, que mon mari n'a pas eu le courage de me gronder.

« Eh bien! qu'en dites-vous, mon cher Ermite (continua madame de Cormeil, en cessant de dicter), ne voilà-t-il pas une matinée remplie et un article tout fait? — Si bien, madame, que je vous demande la permission de le faire paraître, sans y changer autre chose que les noms propres.... — Et sans y mêler aucune réflexion? — Aucune. — C'est à vous de voir si vos lecteurs s'amuseront de ce commérage. — J'en juge par le plaisir que j'ai eu à vous entendre. »

N° CXV. [19 JUIN 1813.]

UN VOYAGE A PONTOISE.

...... *Nunc formosissimus annus.*
                    VIRG., ecl. III.

Maintenant l'année brille de tous ses charmes

Ut in vitâ, sic in studiis pulcherrimum et humanissimum existimo, severitatem comitatemque miscere, ne illa in tristitiam, hæc in petulantiam excidat.
                    PLIN , epist.

Dans le cours des études, comme dans celui de la vie, je ne connais rien de mieux, rien de plus convenable, que de mêler le grave au plaisant, de manière à éviter que l'un ne dégénère en tristesse, et l'autre en frivolité.

Mes illustres prédécesseurs dans la carrière que je parcours, les *Babillards*, les *Spectateurs*, les *Tuteurs*, *Rôdeurs*, etc., entre autres avantages qu'ils ont eus sur moi (le talent même et l'esprit à part), ont conservé celui de faire imprimer les lettres qu'ils recevaient : je m'étais d'abord arrogé le même droit ; mais j'ai été contraint d'y renoncer, en voyant qu'on s'obstinait à me croire auteur de ces épîtres dont je n'étais qu'éditeur, et à me rendre responsable d'opinions que je ne publiais le plus souvent que pour avoir occasion de les discuter ou de les combattre. Le silence que je me suis imposé, en public, avec mes correspondants, n'empêche pas que je ne reçoive un grand nombre de lettres, dont quelques unes sont d'une familiarité, d'une bonhomie, qui m'autorisent à croire que beaucoup de gens en province prennent mon ermitage pour un bureau d'agence et de consultation. Je citerai, comme un modèle de ces épîtres, vraiment *familières*, une lettre très courte que j'ai reçue dernièrement, et dont la brusque franchise m'a inspiré le desir d'être utile à celui qui me l'a écrite :

Pont-à-Mousson, le 1er juin 1813.

« Mon cher monsieur, j'avais une envie mortelle d'aller à Paris avant que j'en eusse la liberté et les moyens; depuis que mon âge, mes affaires et ma fortune me le permettent, non seulement je ne m'en soucie plus, mais je serais l'homme du monde le plus contrarié s'il me fallait absolument faire ce voyage; ce qui arriverait, si vous ne me rendiez pas le petit service que j'attends de vous. Je ne connais personne à Paris; vous y connaissez beaucoup de monde, et vous pouvez me donner des renseignements sur un objet qui m'intéresse beaucoup. J'ai un fils unique que je ne veux point faire élever en province; je ne voudrais pas non plus le mettre en pension dans la capitale : tâchez donc de me découvrir dans les environs un collége, ou toute autre maison d'éducation, où je puisse être sûr que mon fils recevra une éducation aussi profitable à son cœur qu'à son esprit. En m'informant le plus tôt possible du résultat de vos recherches, vous me ferez passer la note des frais qu'elles auront pu vous occasioner, et dont je vous tiendrai compte. Si je puis vous être bon à quelque chose à Pont-à-Mousson, disposez-y de votre serviteur.

Georges Tur... »

La marque de confiance que me donnait M. Georges était susceptible de formes un peu plus polies; mais elle ne pouvait être plus entière, et je ne m'arrêtai qu'à cette considération. D'ailleurs ce que mon correspondant exigeait de moi n'avait rien de bien pénible : un petit voyage aux environs de Paris, dans le mois de juin, est une véritable partie de plaisir, à laquelle le desir d'être utile donnait en cette circonstance un nouveau prix.

Dès ce moment, une carte des environs de Paris étendue sur ma table, j'examinai par où je commencerais mes courses : il était difficile que, dans un pareil choix, les souvenirs de l'enfance n'influassent pas un peu sur ma détermination; aussi mes premiers regards se tournèrent-ils du côté de Versailles et de Saint-Germain. Des considérations moins personnelles, et des renseignements que le hasard me procura, me décidèrent à prendre la route de Pontoise; et comme je n'avais pas l'intention de me faire rembourser mes frais de voyage par mon correspondant de Pont-à-Mousson, la voiture la plus économique fut celle que je choisis.

En province, pour qui n'a pas une voiture à soi, une partie de campagne n'est pas une petite affaire : il faut d'abord courir tous les selliers de la ville pour se procurer une mauvaise calèche ou un misérable berlingot, auquel vous ne parvenez qu'avec bien de la peine à faire atteler deux chevaux ou deux mules, étonnés de se trouver, pour la première fois, réunis au même timon; enfin, après huit jours de préparatifs, si vous avez eu la précaution de retenir un cocher un mois d'avance, ou si vous avez assez de confiance dans le valet d'écurie de votre loueur de chevaux pour lui abandonner le soin de vous conduire, vous parvenez, à force d'argent, à vous composer un équipage aussi grotesque qu'incommode. A Paris, dans quelque lieu que vous vouliez vous rendre, à quelque heure qu'il vous plaise de partir, vingt moyens de transport s'offrent à vous dans le même moment. De longues files de petites voitures (auxquelles on a fini par donner un nom ridicule pour éviter de leur en laisser un malhonnête) garnissent toutes les barrières, parcourent toutes les grandes routes à dix lieues à la ronde, et font circuler journellement quinze ou vingt mille citoyens.

L'activité des cochers de ces petites voitures (vulgairement nommées *coucous*) n'est pas moins remarquable que les ruses qu'ils emploient pour attirer les voyageurs. Par état, aucune observation ne doit m'échapper; mais il en est beaucoup que je fais sans pouvoir m'en rendre compte.

Qui m'expliquera, par exemple, comment, avec un intérêt semblable, des moyens égaux et des besoins tout aussi pressants, la conduite des cochers de fiacre et de coucou est si visiblement différente? Pourquoi les premiers, la plupart du temps étendus et endormis sur leur siége, attendent *le bourgeois* avec tant de patience et d'apathie, tandis que les autres ne se donnent pas un moment de repos jusqu'à ce que leurs chevaux soient en mouvement? Après tout, cette remarque est assez futile pour qu'on puisse se dispenser d'en rechercher la cause.

C'est un spectacle assez amusant (pourvu qu'on n'y soit pas acteur) que celui des différentes places où se tiennent les petites voitures des environs de Paris : avec quel empressement les cochers volent au-devant de toute personne dont l'habillement trahit un projet de voyage! Comme ils l'entourent, la pressent, la fatiguent de leurs prévenances! On ne peut comparer à ces manières obséquieuses que celles des *calesineros*, andalous de la *Puerta del Sol*, à Madrid.

Tel est l'accueil que je reçus dimanche dernier aux environs de la porte Saint-Denis, lorsqu'on me vit arriver, à sept heures du matin, avec ma très petite valise en veau fauve sous mon bras. Vingt cochers, le fouet à la main, accourent ensemble, cornant à mes oreilles : « Saint-Denis? Saint-Leu-Taverny? Arnouville? *Mémorency* (il y a des noms propres que les gens du peuple s'obstinent à défigurer)? » Je ne savais d'abord auquel entendre; mais à peine avais-je prononcé le nom de *Pontoise*, que je me sentis enlever mon porte-manteau : de gré ou de force, il me fallut suivre jusqu'à la voiture celui qui s'en était emparé, et qui me promit de partir dans deux minutes, si je voulais seulement payer deux places : j'y consentis ; et mon homme, après avoir logé ma valise sur l'impériale, après m'avoir claquemuré dans le fond de sa voiture, qu'il referma sur moi de manière à ce qu'il me fût impossible de l'ouvrir, me quitta pour avertir, disait-il, un autre voyageur qui l'attendait au café voisin.

Avec un peu plus d'habitude de cette manière de voyager, j'aurais pu mettre à profit le temps qui s'écoula jusqu'à mon départ, et composer une partie de cet article dans mon *coucou*, tout aussi commodément que Sterne composa le premier chapitre de son *Voyage sentimental* dans la *désobligeante* de M. Dessein, à Calais; mais j'étais pressé de partir ; à chaque minute de retard, ma colère augmentait; au bout d'un quart d'heure elle était au comble : je voulais descendre; mais la maudite portière résistait à tous mes efforts : d'ailleurs où trouver ma valise, et comment grimper sur l'impériale? Force me fut d'attendre,

> Jurant, mais un peu tard, qu'on ne m'y prendrait plus.

Mon coquin de cocher reparut après une grande demi-heure, criant à tue-tête : « Encore un pour Saint-Denis! » A toutes les expressions de ma fureur, un peu risible dans la position où j'étais, le drôle répondait avec un sang-froid imperturbable : « Nous partons, notre bourgeois! » Et prenant son cheval par la bride, il me fit faire trois ou quatre fois le tour de la place, en continuant à crier : « Encore un pour Saint-Denis! »

A la fin pourtant, je lui commandai avec tant d'autorité d'ouvrir la portière, qu'il s'approcha pour me dire qu'il attendait deux voyageurs pour compléter sa voiture, mais qu'il partirait à l'instant même si je voulais la payer tout entière : qu'avais-je à faire de mieux? J'avais attendu long-temps; je ne voyais pour l'instant sur la place aucune autre voiture destinée pour Pontoise; j'en passai par tout ce qu'il voulut.

A peine notre marché était-il conclu, que je vis arriver trois personnes qui se placèrent auprès de moi dans la voiture, qu'elles encombrèrent de paquets et de cartons. Je voulus réclamer ou du moins stipuler de nouvelles conditions : mais le cocher, en fermant la portière, m'assura que ces messieurs et cette dame n'allaient qu'à deux pas. Enfin le coup de fouet, signal du départ, est donné; nous voilà en route.

Tout en montant le faubourg Saint-Denis avec une extrême lenteur, j'observais que le cocher regardait à tout moment derrière lui; j'en demandai la raison à un gros homme qui occupait avec moi le fond de la voiture, et qui trouvait à chaque cahot le moyen de gagner un pouce sur ma place : il me répondit que probablement notre cocher attendait un *lapin*; comme je le fis répéter, il m'expliqua fort obligeamment qu'un *lapin*, en terme de *coucou*, signifie un voyageur qui consent à partager le siège du cocher. Nous trouvâmes le *lapin* à la barrière, et nous commençâmes à rouler un peu plus vite; mais je fus informé, en traversant le village de la Chapelle, qu'il nous manquait encore un *singe* (autre voyageur qui se niche sur l'impériale, au milieu des paquets, et qu'heureusement pour notre cheval nous ne trouvâmes pas au rendez-vous).

Mon gros voisin, toujours plus à son aise, après nous avoir appris qu'il était notaire à Sanois, ne manqua pas de s'extasier sur la beauté de la journée, sur celle de la campagne, sur l'aspect pittoresque de la plaine de Saint-Denis, et se crut obligé de faire preuve d'érudition, en nous apprenant que la route était autrefois bordée, de distance en distance, de petites chapelles indiquant les stations qu'avait faites Philippe-le-Hardi, en portant à Saint-Denis le corps de saint Louis, son père. La dame qui faisait route avec nous, et qui se trouvait être la femme de charge du château d'Épinay, soutint à M. le notaire de Sanois, que ces petites chapelles avaient été élevées sur les différents endroits où saint Denis s'était arrêté en portant sa tête.

Cette lutte d'érudition entre le notaire et la femme de charge fut interrompue par les observations militaires d'un sergent-major, assis sur le strapontin, qui disposait un plan de bataille dans la plaine que nous traversions : les mouvements qu'il se donnait pour étendre sa ligne de bataille, pour appuyer ses ailes, pour placer son artillerie sur les hauteurs de Montmartre, n'étaient pas sans inconvénients pour ses voisins, dans le local étroit où il avait établi son centre d'opérations; mais comme il s'agissait de couvrir Paris et d'exterminer une armée ennemie de 250,000 hommes, nous lui laissâmes toute liberté d'achever ses savantes dispositions [1].

Pendant ce temps-là, notre *lapin* apostrophait tous les passants par des quolibets dont il était le

[1] Pourquoi ce sergent-major n'était-il pas ministre de la guerre l'année suivante? Il aurait eu une belle occasion d'exécuter son plan de campagne.

premier à rire, et notre cocher détonnait la romance des *Ruines de Babylone*, en battant la mesure avec son fouet sur la croupe décharnée de son pauvre cheval. Si j'ajoute que notre conducteur eut une dispute avec un jeune homme en carick, qui voulait nous forcer à prendre le pavé, j'aurai rendu compte de tout ce qui nous arriva jusqu'à Saint-Denis, où nous fîmes la halte d'usage, au *café des Voyageurs*.

En descendant, le sergent-major se fit apporter une bouteille de vin qu'il vida tout d'un trait; la femme de charge prit un petit verre d'eau de noyau; le garde-note demanda une tasse de café; et je renchéris sur l'importance qu'il s'était donnée par là aux yeux de nos compagnons de voyage, en demandant une tasse de chocolat. Notre déjeuner fini, nous remontâmes tous en voiture.

En passant devant l'église, le notaire entama une nouvelle dissertation sur l'ancienneté de ce monument, sur les tombes royales de l'abbaye, et sur chaque pièce du trésor qu'on n'y voit plus. Ici l'érudition historique du gros homme se trouva tout-à-fait en défaut: il confondit les temps et les races; donna Clovis, au lieu de Dagobert, pour fondateur à cette abbaye, et fit de l'abbé Suger le confesseur de Charlemagne: les noms illustres qu'il citait à tort et à travers, les anachronismes les plus ridicules qu'il entassait les uns sur les autres avec une merveilleuse assurance, lui assignèrent néanmoins dans l'esprit du sergent, plus versé dans l'ordre des batailles que dans celui des dates, un degré de considération auquel il me fut dès-lors impossible de prétendre.

Nous approchions d'Épinay, lorsqu'un petit accident, dont je fus plus fâché que surpris, vint mettre un terme à notre voyage : une des roues de la voiture se rompit, et nous versâmes de la manière du monde la plus incommode pour notre gros historien, sur qui nous roulâmes tous les trois. Le sergent-major, à qui toute espèce d'évolution était familière, se tira le premier d'embarras, en s'aidant, comme d'un marchepied, pour sortir, du dos de ce pauvre notaire, qui poussait d'énormes soupirs étouffés, sous la femme de charge, dont il ne se débarrassa qu'au même prix.

Rétablis sur nos pieds au milieu de la grande route, chacun de nous songea au parti qui lui restait à prendre. Sans trop m'embarrasser de ce que deviendraient mes compagnons de voyage, je payai au cocher malencontreux la somme entière dont nous étions convenus; et, ma petite valise sous le bras, je m'acheminai vers un château de la vallée de Montmorency, où j'espérais trouver un asile.

La maison où j'avais l'intention de m'arrêter, n'est pas éloignée du château de Saint-Gratien; je me dirigeai sur l'étang qui borde la vallée de Montmorency à l'ouest, et vient baigner les murs du parc. Je n'étais pas homme à passer près des lieux honorés par le souvenir de Catinat, sans visiter l'arbre qu'on y voit encore, et sous lequel venait, chaque matin, s'asseoir le vainqueur de *Staffarde* et de *la Marsaille*. En me reposant à l'ombre de ce glorieux feuillage, je me rappelai cette belle expression du père Sanadon, dans l'épitaphe du héros :

> *Non sibi, sed patriæ vicit ; nec plus*
> *Vicit quàm illa voluit.*

Je repris ma route à travers cette vallée riante, dont les sites variés, les riches points de vue et les aspects pittoresques, rappellent les beaux paysages des bords de l'Aar. Les charmes du lieu, le monde élégant qui l'habite pendant la belle saison, les souvenirs pleins d'intérêt dont il est en quelque sorte peuplé, tout contribue à faire de la vallée de Montmorency le séjour le plus agréable des environs de Paris.

L'époque de la récolte des cerises, renommées dans le pays sous le nom de *bons-gobets*, est particulièrement le temps des fêtes et des plaisirs, au nombre desquels les promenades sur des ânes doivent être d'autant moins oubliées qu'elles ont quelque chose de plus local. Ces petites caravanes, qu'on rencontre fréquemment dans les chemins de traverse, et quelquefois sur la grande route, animent et embellisent encore ce délicieux paysage.

J'entrai dans la cour du château de Soisy, tout juste au moment où la maîtresse du lieu, à la tête d'une cavalcade de cette espèce, se préparait à en sortir. Cinq ou six femmes, en chapeaux de paille et l'ombrelle à la main, s'avançaient à la file, montées sur des palefrois du Mirebalais ; les hommes, en vestes de chasse et en guêtres, suivaient à pied, armés chacun d'une petite branche de frêne : le père Fontaine, le *cicerone* perpétuel de la vallée de Montmorency, servait de guide et dirigeait la marche.

Je fus accueilli, avec de grands éclats de rire, par la troupe joyeuse ; et, sans me donner le temps de me reconnaître, on me força de monter sur un âne, et l'on m'assigna mon poste à l'arrière-garde. J'appris en route qu'on se proposait de se rendre à Saint-Leu, après avoir visité les environs du château de Montmorency.

A ce mot, un étranger qui faisait partie de notre caravane, s'imaginant qu'il allait voir la demeure du premier baron chrétien, se figurait déjà une vieille forteresse entourée de murailles crénelées et flanquées de tourelles à mâchecoulis. Au lieu de ces débris féodaux, dont il n'aperçut pas le moindre vestige, il parut plus surpris que satisfait de trouver un très beau château moderne, entouré de jardins pittoresques, qui n'ont rien de commun avec ce parc antique, où le connétable Anne venait se distraire des petites intrigues de la cour de Henri II, et du souvenir de la journée de Saint-Quentin.

En parcourant ces lieux, l'idée de J. J. Rousseau se présente, à chaque pas, à la mémoire : nous cherchâmes vainement, auprès de l'Orangerie, le pavillon qu'il avait habité, et qu'un des acquéreurs de ce château a fait démolir pendant la révolution, sans s'embarrasser, ou peut-être même sans avoir su qui l'avait occupé.

Nous passâmes devant la maison de campagne de madame d'Épinay : comment ne pas se rappeler l'attachement dont elle donna tant de preuves à l'auteur d'*Héloïse*, et l'ingratitude dont elle fut payée ? C'est dans l'*Ermitage* qu'il devait à sa délicate bienfaisance, qu'il composa les pages de ses *Confessions* dont elle eut tant à se plaindre, et qu'elle lui pardonna si généreusement.

Lorsque nous nous trouvâmes sur les coteaux d'Andilly, qui bordent la forêt, chacun de nous se souvint des promenades, dont la maison de madame d'Houdetot avait été le but, et des vives émotions dont elle avoit été l'objet.

Il est à remarquer que c'est particulièrement à des femmes que se rattachent les souvenirs agréables que fait naître la vallée de Montmorency, et les avantages nouveaux dont elle se glorifie. Les noms de madame la maréchale de Luxembourg, de madame la baronne d'Houdetot, de madame d'Épinay, y déposent en faveur du passé; celui d'une jeune reine[1] que tous les respects, que toutes les affections environnent, est le garant du bonheur actuel, et l'espoir de l'avenir.

A peu de distance du joli village d'Eaubonne, on voit, à quelques pas de la grande route, une maison dont l'aspect agréable et modeste annonce la retraite d'un sage; c'est là que Saint-Lambert passa les dernières années de sa vie. Nous nous arrêtâmes quelques moments dans la demeure du chantre des *Saisons*, et dirigeâmes ensuite notre promenade vers la *Chaumette*.

Il en est des vertus modestes comme de certaines plantes qui croissent à l'ombre, et qu'on doit craindre de blesser en les exposant au grand jour : si je n'étais pas retenu par cette considération, avec quel plaisir je placerais ici l'éloge d'une dame propriétaire de la *Chaumette*, que la noblesse, la force de son caractère, les charmes de son esprit, et sur-tout l'inépuisable bonté de son cœur, ont fait surnommer la *Bonne Dame*[2]! Mais la louange elle-même est quelquefois une indiscrétion. Après avoir fait, à la *Chaumette*, un dîner charmant, nous allâmes nous promener dans les délicieux jardins de Saint-Leu, où

[1] La reine de Hollande (Hortense de Bauharnais, femme de Louis Bonaparte, aujourd'hui duchesse de Saint-Leu).
[2] Madame Latour.

l'on faisait quelques préparatifs dont nous devions bientôt apprendre la cause.

Le jour tombait; nous étions à un quart de lieue du village, lorsque la cloche de Saint-Leu se fit entendre : ses battements égaux, et à longs intervalles, furent aussitôt répétés par les cloches des paroisses voisines, auxquelles répondirent, un moment après, toutes celles de la vallée. Tandis que nous écoutions, avec une sorte d'inquiétude, ce bruit lugubre, répété par les échos et gradué par les lointains, nous vîmes arriver lentement, et de plusieurs côtés à la fois, des prêtres le cierge en main, qui chantaient l'hymne des morts.

Cette pompe funèbre devait avoir pour objet un personnage considérable : les obsèques du laboureur sont plus simples; environné de quelques amis, ses restes sont portés sans appareil au cimetière du village : il traverse le champ qu'il cultivait la veille; et les prières d'un seul prêtre l'accompagnent dans son dernier asile.

Empressés de connaître le but ou l'objet de cette cérémonie, nous nous hâtâmes de joindre le cortége : il allait au-devant d'une voiture drapée, qu'escortaient quelques personnes de distinction et plusieurs domestiques en deuil. Pendant la station religieuse que l'on fit en cet endroit, nous apprîmes que cette voiture renfermait le corps inanimé de la jeune et intéressante madame de Broc, dont toute la

France a déploré la perte. Son auguste amie, pour lui donner un dernier témoignage de l'attachement dont elle l'a constamment honorée, a voulu que ses restes chéris fussent transportés à Saint-Leu.

Cette triste nouvelle, qui n'était pas dénuée d'une sorte de consolation, s'était promptement répandue; et tous les habitants du village et des environs, avertis par le son des cloches, accouraient au-devant de la fatale voiture. Madame de Broc, confidente et dispensatrice des bienfaits d'une aimable princesse, partageait avec elle le tribut de l'amour et de la reconnaissance des habitants de la vallée. Chargée de l'honorable emploi de distribuer les aumônes, elle voulait connaître tous les besoins; et souvent on la rencontrait portant elle-même dans la chaumière du pauvre des consolations et des secours. Cette charité exemplaire ne se bornait pas à bien placer les dons confiés à ses mains, elle était prodigue de son propre bien envers les malheureux. Peut-être n'est-il pas, dans toute l'étendue de la vallée, une famille indigente, un vieillard infirme, une veuve dans la détresse, qui n'ait à bénir son active bienfaisance, et à rendre témoignage de la bonté de son ame. Sa mort avait répandu le deuil et la consternation, dans un pays où sa présence était naguère un signal de bonheur et de joie.

La pompe funèbre s'y trouva préparée avec un désordre qui avait quelque chose de touchant : une foule de jeunes filles, vêtues de blanc, entouraient le cercueil, dont quelques unes d'entre elles s'emparèrent lorsqu'on le descendit de voiture, et qu'elles portèrent jusque dans l'église de Saint-Leu, où il devait être présenté. La marche funèbre était ouverte par tout le clergé des environs, et fermée par une foule de villageois qui avaient quitté le travail avant l'heure, pour rendre les derniers devoirs à leur bienfaitrice, dont ils suivaient le convoi en portant sur leurs épaules les instruments du labourage, qu'ils n'avaient pas eu le temps d'aller déposer chez eux.

Il serait difficile de peindre l'impression que ce spectacle inattendu produisit sur nous. La nuit approchait : ces dames, émues jusqu'aux larmes, regagnèrent à pied le château ; et je me mêlai machinalement à la foule qui suivait le cercueil. En repassant sur cette même route, que j'avais parcourue quelques minutes auparavant d'une manière si différente, le contraste de la joie bruyante à laquelle je venais de participer et de la douleur actuelle que je partageais, me plongea dans une rêverie profonde.

Nous arrivâmes à l'église, dont l'auguste cérémonie me parut tirer un nouveau luxe de son extrême simplicité. Le cortège se remit en marche à travers le parc, à l'extrémité duquel le corps devait être déposé. La nuit couvrait le ciel, et son ombre ajoutait à l'effet mélancolique de ce lugubre tableau.

Celle dont la beauté, la jeunesse et la grace étaient, il y a quelques mois encore, un des ornements de ces lieux, traversait, portée dans un cercueil, ces allées, ces bosquets, où elle vint si souvent entretenir ses douces pensées, ou méditer de nouveaux bienfaits. Ces berceaux de verdure, qui n'avaient encore inspiré que des chants de bonheur, entendaient, pour la première fois, des cantiques de mort; et les torches funéraires semblaient éclairer à regret des bois si souvent illuminés pour des fêtes.

Arrivé au pied d'une colline, dans un îlot bordé par des saules, on y déposa le cercueil sous un tertre de gazon, en attendant qu'un monument plus durable y soit élevé à la mémoire d'une femme, digne, par ses vertus, de tous les regrets qu'elle inspire, et de l'amitié qui l'honore jusque dans son tombeau.

La cérémonie achevée au milieu des sanglots et des larmes de tous les assistants, chacun se retira en silence, et je regagnai le château de Soisy. Il était dix heures lorsque j'y arrivai. Tout le monde était réuni dans le salon, où l'on s'entretenait encore du triste événement de la soirée. Tous les jeux habituels avaient été interrompus; la salle de billard était déserte, le piano était resté fermé, et la table d'échecs, dressée dans un coin, n'avait pas même donné à M. D*** l'envie d'y prendre place. On voulut connaître les détails de la cérémonie à laquelle j'avais assisté; et la conversation, jusqu'au moment où l'on se sépara, ne changea pas d'objet : l'empressement que chacun mit à citer un fait, à raconter une anecdote, une circonstance qui honorait ou l'esprit ou le cœur de madame de Broc, était sans doute l'hommage le plus éclatant que des personnes qui lui sont tout-à-fait étrangères pussent rendre à sa mémoire.

La compagnie du château avait projeté pour le lendemain une nouvelle course aux *Moulins de Sanois;* et, dans le dessein de me tenter, je pense, il avait été question d'y visiter la cellule d'une ermite femelle, dont on racontait des choses assez extraordinaires. Pour éviter le piége ou la tentation, je ne dis rien de mon départ; et, profitant des bontés et du cabriolet de M. B*** (un des amis de la maison où je m'étais réfugié après le désastre du *coucou*), je quittai dimanche, à six heures du matin, le château de Soisy, pendant que tout le monde y dormait encore.

Nous prîmes la route de Franconville pour rejoindre celle de Pontoise, où nous arrivâmes à huit heures. J'ai eu lieu de m'applaudir, pendant cette dernière partie de ma route, de l'événement fâcheux qui en avait marqué l'autre, puisque cette circonstance m'a mis en relation plus particulière avec un très aimable compagnon de voyage.

La situation de Pontoise est agréable et pittoresque. Cette petite ville s'élève en amphithéâtre des bords de l'Oise et de la Viorne, sur la pente d'un roc escarpé, au sommet duquel on voit encore les ruines des anciennes fortifications. En passant sur le pont de l'Oise, qui a donné son nom à la ville, M. de B*** me fit remarquer, au milieu de la rivière, une île, ou plutôt une immense corbeille de verdure, qui appartenait avant la révolution à M. le duc de Levis (auteur des *Maximes*); on y voit encore le joli pavillon qu'il y a fait bâtir.

La campagne autour de Pontoise est riante et fertile ; à chaque pas on y rencontre des châteaux, des maisons de campagne, des fermes bien entretenues, des pâturages où paissent en grand nombre ces *veaux* dont le nom seul est un éloge.

La ville est singulièrement déchue de son ancienne splendeur, et ne répond guère au titre fastueux de capitale du Vexin français, que les habitants se plaisent à lui conserver. Sa principale, et presque sa seule richesse, consiste dans le produit de ses nombreux moulins à blé, pour l'établissement desquels on a tiré parti, avec un soin extrême, de toutes les chutes d'eau naturelles ou artificielles qu'il a été possible de diriger.

Pontoise, dans une population d'environ sept mille individus, compte plusieurs habitants très riches, et un grand nombre dans un état d'aisance voisin de la richesse. Parmi ces derniers se trouvent d'anciennes familles de magistrats, qui s'y sont retirées, probablement par suite ou en mémoire du séjour que le parlement de Paris a fait dans cette ville, où il a été exilé trois fois dans l'espace d'un siècle.

En arrivant à Pontoise, M. M*** exigea que je descendisse chez un de ses amis; et l'accueil plein de bienveillance, de noblesse et d'urbanité, que je reçus dans cette maison, me permit de croire que je n'avais pas quitté le château de Soisy.

Après un fort bon déjeuner, le maître du logis, instruit du motif particulier qui m'amenait dans cette petite ville, me proposa une promenade, à la suite de laquelle je serais libre de me rendre dans la maison d'éducation que j'avais l'intention de visiter. Il me conduisit d'abord sur le point le plus élevé de Pontoise, où M. de Verville, respectable octogénaire, a créé, sur un sol aride, un jardin remarquable par sa fraîcheur et par la beauté de ses points de vue.

A peu de distance du château de M***, dont le nouveau propriétaire s'occupe à rétablir l'ancienne magnificence, se trouve l'abbaye de Maubuisson, fondée en 1236 par Blanche de Castille, mère de saint Louis, sur les ruines de l'antique chapelle d'Aulnet. Dans le cours des guerres civiles qui désolèrent la France aux 13e et 14e siècles, les religieuses de cette abbaye furent plus d'une fois victimes de la licence d'une soldatesque effrénée; et, s'il faut en croire les chroniques d'un temps plus rapproché de nous, des désordres moins affligeants, mais plus scandaleux, s'y introduisirent à la suite des principaux officiers de Henri IV, qui vinrent y loger pendant le siége de Pontoise.

En nous rapprochant du centre de la ville, nous nous arrêtâmes sur l'emplacement qu'occupait jadis le palais où Louis IX, dans les accès d'une maladie violente, fit vœu d'entreprendre cette croisade si fatale, dans laquelle devait périr l'élite de la noblesse française.

Le malheureux Charles VI habitait le même château, à l'époque où l'impudique Isabeau de Bavière traitait en son nom de la paix à Meulan.

On montre encore, à ceux qui n'y regardent pas de trop près, la maison qu'occupait le général Talbot, lors de la prise de Pontoise par Charles VII. Cette ville fut assiégée et prise, pour la dernière fois, au temps de la Ligue, par Henri IV, alors roi de Navarre; et c'est là que finit sa célébrité.

J'avais entendu prononcer le nom d'une *Fontaine d'amour;* l'eau m'en venait à la bouche, et je voulais du moins y jeter un coup d'œil. Cette fontaine, célébrée par les anciens troubadours sous le nom de la *Fontaine des Fresnes*, coulait autrefois au fond d'un bocage mystérieux, où ces chevaliers-poètes venaient soupirer leurs amoureux *tensons*.

Quoi qu'il en soit de l'antiquité de ce monument, ce n'est plus aujourd'hui qu'un simple bassin de pierre ombragé par un platane, et surmonté d'une voûte rustique, dans lequel tombe un mince filet d'eau. Cette fontaine est maintenant renfermée dans l'enclos d'une maison particulière connue sous le nom de *la Maison-Rouge*.

Je ne perdais pas de vue le but de mon voyage : l'heure de visiter le collége était arrivée. M. M***, qui voulut bien m'y conduire, m'y laissa en me rappelant qu'il m'attendait à dîner. Le local réunit tous les avantages qu'exige sa destination : il est vaste, commode, et bien aéré; il renferme un jardin agréable, une cour spacieuse, une fontaine abondante, et une bibliothèque classique. Le chef de cet établissement nous en fit connaître le régime intérieur dans ses moindres détails; et la manière dont il s'exprima sur l'éducation en général, ainsi que sur le mode d'enseignement adopté par lui dans la maison qu'il dirige, me laissa l'idée d'un homme très supérieur aux fonctions qu'il exerce, et dont les talents et les connaissances pourraient être plus utilement employés sur un plus grand théâtre.

M. Blanvillain (c'est le nom de cet instituteur) est élève de l'ancienne université; et les principes des Rollin, des Crevier, des Le Batteux, sont encore ceux qu'il professe : quelques ouvrages estimables, qu'il a publiés, l'eussent fait connaître davantage, si le mérite était un titre suffisant à la réputation.

Je lui annonçai l'intention où j'étais de lui adresser incessamment un éléve; et dans l'éloge que je fis du collége de Pontoise, pour justifier la préférence que j'accordais à cette maison d'éducation, il parut moins sensible à ce qui lui était personnel qu'à ce qui intéressait la gloire de cet établissement. Dans la conversation que j'eus avec M. Blanvillain, sur plusieurs points de l'éducation publique, il me développa mes propres idées sur l'avantage d'élever les enfants (il n'entendait parler que des garçons) loin des yeux de leurs parents et hors des grandes villes. Il insista sur le danger de l'extrême indulgence des pères et mères, sur l'inconvénient des sorties continuelles, sur la mauvaise habitude de mener les enfants le dimanche au spectacle, sur la nécessité de payer tribut à la mode, en sacrifiant un temps précieux à l'étude des arts d'agrément; inconvénients qui n'existent pas, au même degré du moins, pour l'enfant élevé loin de sa famille et dans des lieux où le plaisir est nécessairement pour lui le fruit de l'étude et la récompense du travail.

Il était cinq heures, lorsque je sortis du collége pour aller dîner chez M. M***. A l'élégance du repas, et sur-tout au choix des convives, parmi lesquels se trouvaient plusieurs femmes charmantes, on aurait pu se croire dans une des meilleures maisons de la capitale.

Je ne fus pas long-temps à m'apercevoir que j'étais placé à table, auprès d'un homme très distingué par son esprit et par ses connaissances : j'ai su qu'il se nommait M. L. S.; qu'il avait rempli pendant long-temps les fonctions les plus honorables, à la grande satisfaction de ses concitoyens, et qu'il avait fait faire des progrès à la science chimique, en appliquant d'une manière nouvelle quelques uns de ses procédés à la manufacture dont il est propriétaire.

Pendant le repas, il fut question des curiosités de Pontoise, que M. L. S. acheva de me faire connaître; il me parla du *fameux mûrier*, dans l'intérieur duquel on a construit une cabane à quatre étages; des *tapisseries de Notre-Dame*, qui ont été faites en Flandre sur les cartons de Raphaël, et données à la ville par la famille Le Tavernier; de la tour de l'église où se trouve *la cloche du tocsin*, sur laquelle on a gravé ce vers imitatif :

Unda, unda, unda, unda, unda, unda, unda, accurrite, cives!

et de cet ancien *hôpital Saint-Jacques*, réuni en 1730 à l'Hôpital-général, et dont les confrères avaient pris le nom de *belîtres*, que l'on applique aujourd'hui d'une manière toute différente.

Parmi les hommes célèbres nés à Pontoise, M. L. S. me cita ce *Nicolas Flamel*, dont on a fait un assez bel éloge quand on a répété, après Saint-Foix, qu'*il fut riche pour les malheureux.* Il amassa de grandes richesses dont on ne connaissait pas la source : il n'en fallut pas davantage pour le faire accuser de magic. Il est aisé de voir où cette inculpation l'aurait conduit, dans le siècle barbare où il vécut, s'il n'eût eu l'esprit d'imposer silence à ses ennemis, en faisant bâtir l'église Saint-Jacques-la-Boucherie, où il fut enterré avec sa femme, la bonne *Pernelle*, dont l'abbé Villain nous a donné l'histoire.

Le P. *Cossart*, laborieux compilateur et poète latin très distingué; le musicien *Desmarest*, et le savant orientaliste *de Guignes*, ont pris naissance dans cette même ville, auprès de laquelle l'aimable auteur des *Études de la nature* a choisi sa retraite.

Je ne quittai pas ce pays sans visiter cet autre *ermitage* qu'habite un philosophe dont les écrits et le style rappellent quelquefois l'éloquent anachorète de la forêt de Montmorency. M. Bernardin de Saint-Pierre me confirma dans la bonne opinion que j'avais prise de l'esprit et des talents du principal du collège de Pontoise, en m'apprenant qu'il avait fait du roman de *Paul et Virginie* une traduction italienne qui passait, en Italie même, pour un modèle de pureté, de grace, et d'élégance.

N° XCVI. [10 juillet 1813.]

MACÉDOINE.

>............ *Liberius si*
> *Dixero quid, si fortè jocosius, hoc mihi juris*
> *Cum veniâ dabis....*
>
> Hor., sat. iv, liv. I
>
> S'il m'arrive, en m'égayant, de m'exprimer
> avec quelque liberté, on me le pardonnera

Raisonner sur les beaux arts sans en avoir la plus légère connaissance, est un ridicule à la mode que professent avec un égal succès Derval et Senneville; ils ont composé, pour leur usage et celui de leurs élèves, un vocabulaire d'une centaine de mots, au moyen duquel ces docteurs irréfragables prononcent des jugements sans appel. *Style sans couleur, composition sans harmonie, dessin incorrect, défaut de nuances et de contrastes,* s'appliquent également à la critique d'un poème, d'un tableau, ou d'un morceau de musique : tout ce qu'on peut dire en fait d'éloge, sur quelque chef-d'œuvre de l'art que ce soit, est également compris dans les trois mots d'*élégance,* de *vigueur,* et sur-tout de *grandiose,* qui en dit plus *qu'il n'est gros*, comme le *quoi qu'on die* de M. Trissotin. Il est vrai que ces messieurs se sont encore donné la peine d'apprendre par cœur les noms des grands maîtres qu'ils citent à tout propos, et souvent même hors de propos : cependant je ne suis pas encore convaincu de l'infaillibilité de pareils juges ; et je ne suis pas étonné qu'un Delille, un Gérard, un Cherubini, déclinent quelquefois leur juridiction.

— Il y a loin de l'*antre de Procope*, tel que je me souviens de l'avoir vu en 1754, aux magnifiques salons ouverts au public au premier étage de l'arcade du Palais-Royal, dont le café de *Chartres* occupe aujourd'hui le rez-de-chaussée.

Ce ne sont que festons, ce ne sont qu'astragales.

L'or, l'acajou, les bronzes, y sont employés avec tout le goût imaginable ; le comptoir, tout en glaces, est d'un effet merveilleux. Le service du café, du *restaurant*, doit être fait en vaisselle de vermeil ; et l'on assure que le cuisinier est un des plus savants adeptes de la science gastronomique. Par-tout ailleurs, peut-être, se croirait-on en droit de conclure de tant d'avantages réunis, que les propriétaires du café de Chartres trouvent dans ce nouvel établissement une source de fortune ; mais à Paris, l'utilité, la commodité, le luxe, l'agrément même, ne sont point les garants certains de la vogue : comme la mode, avec laquelle on la confond souvent, elle dépend d'un caprice dont il est presque toujours impossible de se rendre compte. Ce public élégant, sur la légèreté duquel on se croit bien prévenu, est quelquefois routinier comme le peuple; et ce n'est qu'à force de patience et d'essais qu'on l'arrache à ses habitudes. Il se plaisait au café de Chartres, dans le salon du rez-de-chaussée; peut-être se déplaira-t-il au premier étage, peut-être même s'obstinera-t-il à n'y pas monter, quelque invitation, quelque promesse qu'on lui fasse.

Les cafés ne sont plus, à Paris, ce qu'ils étaient autrefois; les habitués ne s'y composent plus guère que d'oisifs et de provinciaux : et si l'on en excepte deux ou trois de ces maisons où la bonne compagnie va quelquefois encore, et comme en bonne fortune, les autres ne sont plus fréquentées par les gens du monde.

Sous Louis XIV, ces sortes d'établissements étaient inconnus; les lieux de rassemblements, même pour la première classe de la société, étaient les cabarets: les jeunes seigneurs de la cour avaient mis plus particulièrement en vogue *le Cormier* et *la Pomme-de-Pin*: assez souvent ils y passaient la nuit; et il était même de ce bon ton que les gens raisonnables ont méprisé dans tous les temps, de se présenter à Versailles le nez barbouillé de tabac, et la toilette dans une espèce de désordre qui en laissait deviner l'excuse. Nos dames, aujourd'hui, se montreraient tout-à-fait inaccessibles à ce genre de séduction. Il y a long-temps qu'elles ont fait justice de ce goût ignoble du cabaret; et le temps n'est peut-être pas éloigné où l'opinion, qu'elles dirigent sur-tout en fait de mœurs, ne permettra plus de se montrer dans un café.

— Boursault a fait une petite comédie assez gaie sous le titre des *Mots à la mode;* de ces mots, la plupart ont disparu du dictionnaire, et quelques autres ont acquis, par l'usage, le droit d'y figurer. Nous avons essuyé un débordement néologique dont il ne reste plus la moindre trace; mais à la manie des mots nouveaux a succédé, dans certains livres, à certains théâtres, et dans certains salons, l'abus de deux ou trois mots très respectables par eux-mêmes, mais devenus ridicules par l'emploi qu'on en fait. Il y a deux ou trois ans que le mot à la mode était *la nature*: un amateur du Vaudeville a fait un recueil de deux cent vingt-six couplets extraits des pièces de ce théâtre, et dont *la nature* forme ce qu'on appelle *la pointe*. Ce mot a perdu de son crédit depuis qu'un chansonnier du Rocher de Cancale en a parodié la manie dans une chanson dont je me rappelle le dernier couplet:

> Dans tous leurs écrits, nos auteurs
> Font l'éloge de *la nature;*
> Dans leurs visites, nos docteurs
> Font le procès à *la nature;*

Nos femmes, pour l'habit, les mœurs,
Se rapprochent de *la nature*;
Mais, en revanche, nos acteurs
S'éloignent bien de *la nature*.

C'est maintenant *la vie* qui joue le plus grand rôle dans la conversation : on ne se fait pas d'idée du parti qu'en tirent les femmes mélancoliques, et toutes les jolies choses qu'elles disent à la faveur de ce mot sentimental: *On descend, on remonte la vie; on porte légèrement la vie; on repousse la vie; on a manqué sa vie; on s'arrête sur les bords de la vie; on a gâté sa vie; on désespère de la vie*, presque toujours après AVOIR FAIT LA VIE, comme disent des gens d'une autre société.

— « Vous voilà, mon ami ! Que faites-vous ce soir ? — Cela peut-il se demander ? je vais à l'Odéon. — J'y vais aussi : une pièce nouvelle pleine de gaieté, à ce qu'on assure : c'est une bonne fortune par le temps qui court. — Vous passez déja les ponts ? il n'est que quatre heures ; faisons encore quelques tours dans les Tuileries. — Je n'ai pas le temps : je dîne dans la rue de Condé, chez un de mes amis qui vient de perdre sa femme. C'est une désolation dans la maison. — Et vous dînez là ? — Oui, je suis bien aise de pleurer un instant avec lui ; d'ailleurs je serai tout porté pour la pièce nouvelle : je vais à l'orchestre ; je tâcherai de vous garder une place, et nous rirons. » (Je n'ai pas changé un seul mot à ce petit dialogue; j'en atteste les interlocuteurs eux-mêmes.)

— Dimanche dernier, il a plu beaucoup; à cinq heures la foule assiégeait la porte du théâtre des Variétés, pendant que les malheureuses carrioles du faubourg Saint-Denis revenaient à vide, après avoir stationné, toute la journée, sur la place Louis XV, dans l'espoir de conduire les curieux à Saint-Cloud. Les conducteurs de ces voitures regardaient tristement cette foule, à laquelle souriaient les administrateurs du théâtre : dans le même moment, un joueur de marionnettes partageait la curiosité publique avec un corbillard qui attendait un pauvre, mort dans la maison attenante à la salle des Variétés : une noce en voiture défilait sur le milieu du Boulevart; et, dans une des allées latérales, un malade, porté sur un brancard, était conduit à l'Hôtel-Dieu. Tous ces contrastes étaient rassemblés dans un espace de quelques toises; et je fus probablement le seul à m'en apercevoir.

— « Je sens si bien le prix d'une bonne réputation, disait E....., quelque temps avant sa mort, à une femme de beaucoup d'esprit, que, si l'on pouvait acheter un nom sans reproche, je le paierais volontiers de la moitié de ce que je possède. — Vous n'auriez jamais plus mal employé votre argent, répondit la dame. — Comment donc cela?— Qu'on vous fasse aujourd'hui la plus belle réputation du monde, dans quinze jours vous l'aurez perdue. »

— Des réputations, on ne sait pas pourquoi, a dit Gresset; jamais on n'a tant vu de ces réputations-là; et ce serait une révision bien piquante à faire que celle de tant de célébrités d'emprunt dans tous les genres, et dont quelques unes n'ont pas même un prétexte. Caritidès a fait un gros volume de commentaires sur la 24e ode d'Anacréon, qui n'a que quatre vers, pour prouver qu'il savait le grec à ceux qui ne le savent pas. Si ce commentaire est un chef-d'œuvre, ce n'est pas celui d'un *inconnu* du moins, car tout le monde connaît Caritidès : il est de vingt-deux sociétés savantes; il a des dignités, des places; il ne lui manque que du mérite.

J'ai toujours sur le cœur cette réputation de Saint-Aulaire, fondée sur un quatrain; et si l'on s'obstine à lui conserver la part de gloire que Voltaire lui a faite, je demande, en dépit de Boileau, la même faveur pour Cotin; car, après tout, le quatrain de l'abbé vaut bien celui du marquis.

Mais, sans parler de certaines réputations littéraires, politiques, scientifiques, etc., dont on peut, du moins, soupçonner le *pourquoi*, je cherche, sans sortir des salons, à m'expliquer *pourquoi* Mercour s'y est fait une réputation d'esprit, et vit, depuis dix ans, sur un bon mot dont il n'est pas sûr qu'il soit l'auteur; *pourquoi* l'on paraît être convenu d'attribuer à la profondeur, le silence de Morneuil, silence qui tient uniquement à la pauvreté de ses idées : la société veut en faire un penseur, la nature n'en a fait qu'un songe-creux.

Je suis encore plus choqué des fausses appréciations qui ont pour résultat de méconnaître le bien où il est, que de celles qui le supposent où il n'est pas. Les femmes n'y sont pas moins exposées que les hommes : telle passe pour galante, dont on serait fort embarrassé de citer une seule aventure; telle autre s'est fait une réputation de prude, après avoir eu vingt amants. Je ne trouve le moyen de m'expliquer tant d'erreurs, reçues dans la société comme des vérités incontestables, qu'en me disant qu'elles ont été avancées, une première fois, devant des gens qui n'avaient point intérêt à les nier; qu'elles ont été répétées souvent par d'autres qui avaient intérêt à les répandre, et qu'en un mot il y a dans Paris des *agences de réputations,* comme il y a des *agences de mariages.*

N° XCVII. [15 JUILLET 1813.]

UN JOUR DE SPECTACLE GRATIS.

>   *Natio comœdia est*
>   Juv., sat. III.
>   Le peuple est lui-même un spectacle.

Quoi qu'en disent les poètes, dont les erreurs aimables nous déguisent assez souvent de dures vérités, les souvenirs, pour la plupart des hommes, ne sont que des regrets. Il faut être bien philosophe pour savoir jouir de ses privations, et pour se consoler du bien qu'on a perdu, par la pensée qu'il ne peut plus renaître. Je ne suis donc pas, humainement parlant, de l'avis de saint Augustin, qui recommande aux vieillards *de rester sans cesse amoncelés en eux-mêmes, et de regarder la vie s'écouler goutte à goutte.* Rien ne me semble plus pénible que l'observation d'un pareil précepte; et je ne m'étonne pas que les Indiens aient mis au premier rang des supplices volontaires que s'infligent les plus dévots et les plus courageux fakirs, l'obligation de s'examiner intérieurement et de rester assis, pendant dix heures chaque jour, les yeux fixés sur le bout de leur nez, sans pouvoir les en détourner un seul instant. Je crois plus conforme aux vœux de la raison et de la nature, de conseiller aux hommes parvenus à la dernière saison de la vie de porter leurs réflexions au-dehors; ils n'ont plus ni profit ni plaisir à s'occuper d'eux-mêmes; mais ils peuvent encore s'amuser à regarder les autres : leurs actions n'ont plus d'autorité, mais leur expérience peut encore être utile : ce sont de vieux chevaliers, assis en dehors de la barrière, qui jugent d'autant mieux les coups, qu'ils ne sont plus capables d'en porter.

Je le dis à ma louange ou à ma honte, comme on voudra; mais j'aime à sortir de ma cellule, à rôder au hasard, à me promener sans but; je vois, j'écoute, j'examine, je tue le temps qui me le rendra bien, et j'observe les autres, pour ne point songer à moi. Les endroits où se porte la foule sont ceux que je préfère. Je crois assister à un spectacle; et je m'y amuse d'autant plus, que j'en dispose ordinairement la pièce à ma fantaisie. Dans une grande réunion d'hommes, j'en choisis quelques uns que je charge, à leur insu, des rôles principaux : tel personnage me représente un vice, tel autre un ridicule; je prends une scène dans une rue, une situation dans l'autre; et, de tout cela, je compose de petits drames dont les acteurs ont un mérite qui manque trop souvent à ceux de nos théâtres, celui de s'identifier avec les personnages qu'ils représentent.

La passion pour les spectacles est peut-être encore plus vive, en France, dans le peuple que dans le grand monde : c'est presque le seul plaisir dont le pauvre envie au riche la jouissance : aussi les *spectacles gratis* sont-ils, de tous les divertissements qu'on peut offrir à la multitude dans les fêtes publiques, celui qu'elle reçoit avec le plus d'empressement et de reconnaissance.

Je ne m'arrêterai pas à la recherche des causes de ce goût, si ancien et si général; et je ne répéterai pas les réflexions qui ont été faites, avec tant de raison et si peu de fruit, sur l'inégalité des récompenses pécuniaires accordées de tout temps à ceux qui servent leur pays et à ceux qui l'amusent. La condition d'un *comédien* à Athènes, d'un *mime* à Rome, d'un *chanteur* dans l'Italie moderne, d'un *torréador* en Espagne, d'un *boxeur* en Angleterre, et d'un *danseur* en France, a toujours été la plus lucrative. Macrobe parle de la prodigieuse fortune du comédien *Æsopus*, qui laissa cinq millions de patrimoine à son fils, lequel fils (s'il faut en croire Horace) voulut, en faisant dissoudre une perle dans le vinaigre, donner à sa maîtresse le singulier plaisir d'avaler d'un trait soixante-quinze mille francs. On conviendra, j'espère, que nos acteurs ne sont pas aussi prodigues, et que nos courtisanes ne sont pas aussi gourmandes.

Roscius, indépendamment d'une somme considérable qu'on lui payait pour chaque représentation, avait, sur le trésor public, un traitement qu'on évalue à plus de neuf cents francs par jour : *Tanta fuit gratia ut mercedem diurnam de publico mille denarios, sine gregalibus solus acceperit.* Les FEUX de la meilleure de nos danseuses ne s'élèvent pas encore à ce prix-là. Je pourrais citer, sur le même sujet, une foule d'anecdotes anciennes et modernes; mais c'est du public, et non des acteurs, que je dois m'occuper aujourd'hui.

Le tableau d'une de ces solennités dramatiques, où le peuple est admis *gratis,* est un de ceux que j'observe avec le plus d'intérêt; j'aime à étudier les impressions de cette classe de spectateurs étrangers à toute espèce de passions, de coteries, d'intrigues de loges ou de coulisses, qui n'entendent que ce qu'on leur dit, qui ne voient que ce qu'on leur montre, et dont le bon sens et l'instinct dirigent l'opinion avec tant de justesse. Je me suis procuré ce plaisir samedi dernier.

L'usage des représentations *gratis* ne remonte pas très haut. La première, autant qu'il m'en souvient, se donna en 1660, à l'occasion de la paix des *Pyrénées.* Ce grand événement, qui terminait la guerre par le mariage de Louis XIV, produisit une vive sensation; et le cardinal Mazarin la porta jusqu'à l'enthousiasme en ouvrant au peuple *l'Hôtel de Bour-*

gogne. Par un surcroît de galanterie sans autre exemple, ce fut une pièce nouvelle (*le Stilicon*, de Thomas Corneille) que l'on joua dans cette représentation *gratis*, dont Loret, journaliste-poète, rend compte de cette manière, dans sa *Muse Historique* du 21 janvier 1660 :

> Floridor et ses compagnons,
> Sans être invités, ni semons
> Que par la véritable joie
> Que dans le cœur la paix envoie;
> Pour réjouir grands et petits,
> Jeudi récitèrent *gratis*
> Une de leurs pièces nouvelles,
> Des plus graves et des plus belles,
> Qu'ils firent suivre d'un ballet,
> Gai, divertissant, et follet;
> Contribuant de bonne grace
> Au plaisir de la populace,
> Par cette générosité,
> Autrement libéralité,
> Qui fait une évidente marque
> De leur zèle pour le monarque.

On a conservé ces vers, tout mauvais qu'ils sont; c'est qu'il disent quelque chose · on en laisse mourir tous les ans des milliers qui valent beaucoup mieux; c'est peut-être qu'ils ont le malheur de ne rien dire.

Depuis cette époque, les représentations *gratis* ont

été mises au nombre des réjouissances publiques. Dès le matin de ces jours de fête, la foule est autour des affiches; et quelques orateurs populaires en font lecture, à voix haute, en estropiant, d'une manière quelquefois très comique, le titre des ouvrages. Chaque théâtre a ses amateurs; mais c'est sur-tout le long des quais et à la Halle qu'il est curieux d'entendre raisonner sur le mérite des pièces, sur le talent des acteurs, et sur la priorité des genres.

Les Dames de la Halle, qui n'ont pas encore oublié qu'elles avaient autrefois le privilége des premières loges, se voient, avec regret, confondues avec la canaille; mais le plaisir l'emporte sur la vanité. Dès midi l'échoppe est fermée, l'éventaire est reporté à la maison; et, sans calculer que le temps et l'argent que l'on perd en quittant le travail d'aussi bonne heure font une véritable dépense du spectacle *gratis,* on court se placer, deux heures d'avance, à la porte du théâtre que l'on a choisi. Il est digne de remarque que l'empressement avec lequel la foule se porte aux différents spectacles qui lui sont ouverts est en raison inverse de l'amusement qu'elle doit raisonnablement s'y promettre. Goûter pour rien un plaisir que les gens du monde paient huit ou dix francs, est la cause principale de la préférence que la multitude accorde, en cette circonstance, aux grands théâtres sur les autres: il s'y mêle aussi l'apparence d'une supériorité de goût et de jugement, dont chacun est bien aise de se prévaloir avec ses voisins. Cette remarque n'échappera pas à ceux qui prendront la peine, ou plutôt le plaisir, de s'arrêter quelques moments, un jour de *gratis*, devant la porte du théâtre des Variétés, pour écouter les propos qui s'y tiennent : c'est tout juste, quoiqu'en d'autres mots, la contre-partie de ce qu'ils auront pu entendre la veille dans les loges de bonne compagnie : « *Tu es surpris de me voir là, pas vrai? mais, dame, c'est qu'il n'y a pas moyen d'approcher de l'Opéra et des Français. Quand ça se peut, nous n'allons pas ailleurs : faut de la musique à Manon, et à moi de la tragédie. Ici c'est des bêtises; mais c'est égal, puisque nous y v'la, nous y rirons comme vous autres.* »

Il faut choisir; c'est au Théâtre-Français que je vais achever le cours de mes observations : la foule est immense; elle s'agite, se presse, comme les flots de la mer.... Les portes s'ouvrent; l'Océan ne s'est pas précipité avec plus de violence dans le bassin de Cherbourg; la tourbe inonde en un moment le péristyle, les escaliers, les corridors, le parterre et les loges; l'aspect de la salle est tout-à-fait changé. Ces premières loges où brillaient, la veille, les plus jolies femmes de Paris, cet orchestre, ces balcons, où se montraient nos jeunes élégants; ce parterre où s'organisait une cabale; ces loges grillées où se dénouait une intrigue, sont uniformément remplis, sans distinction d'âge, de sexe ni de rang, par la fruitière en battant-l'œil, par le fort de la Halle en chapeau gris, par le charbonnier et le perruquier, chacun dans son habit de poudre.

On parvient, avec beaucoup de peine, à se placer, c'est-à-dire à s'entasser en pyramide, les uns sur les autres, de manière à faire craindre aux habitants du parterre l'éboulement des spectateurs du cintre. C'est alors que s'établissent, de tous les coins de la salle, des conversations en style grivois, que les élèves de Vadé s'empressent de recueillir, au profit de Brunet et de son théâtre.

Pour faire passer le temps, chacun crie, hurle, siffle, trépigne : enfin la toile se lève, et dès-lors le plus grand silence règne dans cette assemblée, jusque-là si tumultueuse : le moindre bruit pendant le cours de la représentation est puni par l'expulsion soudaine de celui qui l'a causé. Là, point d'élégantes arrivant à huit heures, au milieu d'une scène intéressante, et fermant avec fracas la porte de leur loge, pour attirer tous les yeux sur elles ; là, point d'applaudisseurs à gages, à qui l'on a, pour ainsi dire, noté sur la pièce les endroits qu'ils doivent applaudir ; là, point de parti pris contre telle et telle actrice, contre tel et tel ouvrage ; point d'influence de journaux, de coterie, de salons : le public de ces jours de *gratis*, par cela même qu'il va rarement au spectacle, y porte une attention que rien ne peut distraire, un jugement que rien ne peut corrompre. Pris séparément, chacun des individus qui le composent n'eût peut-être pas compris un des vers de *Zaire;* mais cette réunion d'hommes, également dépourvus de lumières, semblables à ces gerbes humides qui s'embrasent spontanément dans le grenier où on les entasse, se trouve douée tout-à-coup d'une chaleur de sentiment, d'une finesse de goût, qui lui permettent de saisir toutes les beautés de l'ouvrage, et d'apprécier tous les efforts des acteurs.

Zaire, ce chef-d'œuvre de pathétique, éternel honneur de la scène française, est du petit nombre des ouvrages qui plaisent également à toutes les classes de spectateurs. Je ne crois pas qu'il ait jamais produit plus d'effet, qu'il ait, en aucun temps, fait couler plus de larmes, que dans cette représentation *gratis;* d'où l'on peut conclure que, dans quelque classe que l'on choisisse les juges, quand on les réunira en grand nombre, sans prévention et sans préjugés, on en obtiendra toujours un arrêt équitable, contre lequel le bon sens et le bon goût n'auront point à s'inscrire.

Il s'en faut que la sortie du spectacle *gratis* soit aussi prompte que l'entrée : la toile est à peine baissée, que le tumulte recommence: la foule s'écoule lentement, et semble quitter à regret des lieux où elle prévoit qu'elle sera long-temps sans rentrer.

Mais le lustre et la rampe s'éteignent : il faut prendre son parti, et quitter le palais d'Orosmane pour regagner son galetas.

Le retour est encore de la fête. Toute la famille n'a pas été au spectacle ; la ménagère a gardé le logis avec ses plus jeunes enfants : on veut lui donner une idée de la pièce ; sa fille aînée, qui a *la parole en main*, à ce que dit son père, se charge de la narration ; et les infortunes de la famille de Lusignan, racontées d'une manière un peu bourgeoise au souper du savetier, conservent néanmoins assez d'intérêt dans le récit, pour faire naître, chez sa femme, un vif désir d'en voir une autre fois la représentation.

n° XCVIII. [7 AOUT 1813.]

LA JOURNÉE D'UN JEUNE HOMME.

Most times, the greatest art is to comply
In granting that which justice may deny.
                                KING.

Il y a quelquefois beaucoup d'adresse à accorder ce qu'on pourrait refuser avec justice.

La jeunesse regarde devant, et la vieillesse derrière soi.
                                MONTAIGNE.

C'est un noble emploi que celui de Mentor! combien de vieillards se croient appelés à le remplir, sans autre titre que leur âge! Il est bien vrai que Minerve s'est affublée d'une barbe grise pour accompagner Télémaque; mais cette barbe cachait la sagesse: on y serait souvent attrapé aujourd'hui. Ce n'est pas l'envie de soutenir un paradoxe qui me fait avancer qu'il s'est fait depuis quelques années, entre les jeunes gens et les vieillards, un échange de défauts et de qualités, de vertus et de vices, qui ne permet, le plus souvent, de les reconnaître qu'à la couleur de leurs cheveux et à l'accueil différent que leur font les femmes. Je citerais autant de jeunes gens moroses, prudents, circonspects, égoïstes, que de vieillards légers, prodigues, bouffons, indiscrets. Il résulte de ces emprunts mutuels des caricatures également ridicules au physique et au moral.

C'est un singulier reproche à faire à la jeunesse de notre temps, que celui d'être trop raisonnable; et j'ose dire cependant qu'il est mérité. La prévoyance des pères n'a jamais trouvé moins d'obstacles dans les passions des enfants : on peut admettre ceux-ci dans les délibérations de famille où il est question de leur choisir un état ou même une épouse; on sera tout surpris de la justesse avec laquelle ils apprécieront les avantages de l'un et la dot de l'autre. Ne craignez pas que l'enthousiasme les égare, que l'amour les aveugle; ils savent aussi bien que leurs grands-pères se défendre de toute illusion. Ils n'ont point encore de souvenirs, ils ont déjà de l'expérience. A vingt ans, ils n'ont plus de passions, et ils ont déjà la goutte.

Si je ne fais aucun cas de cette maturité précoce de nos jeunes gens, je méprise bien davantage, chez certains vieillards, une jeunesse prolongée aux dépens de l'estime et de la considération publiques. On a signalé avec raison, comme une preuve de la décadence des mœurs, le peu de respect qu'obtient aujourd'hui la vieillesse; mais on n'a pas tenu assez de compte des exemples qui servent d'excuse, ou du moins de prétexte plausible, à cette atteinte portée à la morale publique. Le scandale d'une vie honteuse, donné impunément par un seul vieillard, dans quelque condition que ce soit, a sur les mœurs une influence plus dangereuse que l'inconduite et les désordres de cent jeunes gens. L'autorité de l'âge se fait sentir jusque dans le mépris qu'il appelle sur lui-même. La démonstration de cette vérité, appuyée sur un fait bien notoire, bien personnel, m'entraînerait en sens inverse du but que je me propose, et auquel je reviens sans autre préambule.

J'ai un petit-cousin ou petit-neveu à la mode de Bretagne (le titre de grand-oncle me convient mieux), que j'ai déja *introduit* auprès de mes lecteurs sous le nom d'*Ernest de Lallé* [1]. Capitaine de hussards à vingt-quatre ans, avec un bras en écharpe, une croix à la boutonnière, vingt-cinq mille francs à dépenser, et toutes les qualités que *Julie d'Étanges* exigeait dans son amant, en voilà plus qu'il n'en faut pour passer agréablement, à Paris, un congé de convalescence, et pour donner beaucoup d'inquiétude à un père très tendre et très économe, qui vit dans sa terre à quatre-vingts lieues de la capitale.

Investi, par procuration, d'une partie de son au-

---

[1] Voyez tome Ier, page 370.

torité, je devais, d'après mes instructions, recevoir tous les huit jours une visite d'Ernest, lui faire rendre un compte exact de ses dépenses, les autoriser par mon *visa*, pour qu'il lui fût permis de toucher de nouveaux fonds, et, à la moindre négligence, à la moindre étourderie, en donner avis à son père. C'était vouloir qu'un officier de hussards vécût à Paris comme un séminariste. Mon petit-neveu n'est pas du nombre de ces Catons précoces dont je me plaignais tout-à-l'heure ; et je n'avais ni la volonté ni l'espoir de le soumettre à une règle aussi sévère.

A sa première visite nous rédigeâmes de nouvelles conventions, et nous transigeâmes sur quelques points pour assurer l'exécution des autres. Pendant le premier mois, il fut assez fidèle ; avant la fin du second il les avait entièrement oubliées.

Je pris un soir, en me couchant, la résolution de me rendre chez lui le lendemain matin pour lui faire une longue mercuriale : en y rêvant, mes idées prirent insensiblement une autre direction ; et, tout en récapitulant les griefs que j'avais contre lui, je retrouvai dans les souvenirs de ma jeunesse les motifs d'une indulgence que j'avais autrefois invoquée pour moi-même. En conséquence, j'abandonnai mon projet de sermon, et je sortis le lendemain dans l'intention de faire à mon pupille une visite amicale, que je comptais bien assaisonner de quelques remontrances, pour ne pas laisser prescrire le droit incontestable des vieillards.

J'étais, à huit heures du matin, à l'hôtel d'Avranches où demeure ce jeune homme. « M. Ernest de Lallé? — Il n'y est pas. — Comment! déja sorti? — Non, monsieur. — J'entends, il n'est pas encore rentré? — Pardonnez-moi. — S'il est rentré, et qu'il ne soit pas sorti, il faut bien qu'il y soit? — Sans doute, monsieur...; cependant il n'y est pas : en ma qualité de portier, je n'en sais pas davantage. Mais voici M. Henri, son valet-de-chambre; expliquez-vous avec lui. — Je demande votre maître...; j'ai à lui parler, et il a besoin de me voir. — Ah! je connais bien monsieur; mais c'est que... dans ce moment... voyez-vous.... M. Ernest.... — Henri, vous êtes bien gauche et bien indiscret pour un valet-de-chambre de bon ton; allez dire bien bas à votre maître que je l'attends dans le jardin de l'hôtel. »

Au bout d'un quart d'heure je vois arriver le capitaine Ernest, en pantalon du matin, la *gorra* de soie noire sur la tête : il court à moi d'un air riant; et, après s'être excusé d'avoir été si long-temps sans me voir, il s'excuse encore de ne pas me recevoir chez lui; mais il fait si beau! il a cru que j'aimerais mieux causer avec lui dans le jardin, en fumant un cigare de la Havane, que de m'enfermer dans un entre-sol excessivement chaud. Je le remerciai, aussi sérieusement qu'il me fut possible, de son attention, et j'acceptai le cigare.

Nous fîmes quelques tours de jardin; et toutes ses cajoleries, dont je n'étais pas tout-à-fait dupe, ne m'empêchèrent pas de lui adresser quelques reproches sur sa conduite. Il m'assura qu'elle était aussi régulière qu'irréprochable ; et, pour m'en faire juge, il me proposa de passer la journée entière avec lui : je pourrais ainsi juger par moi-même de la nature de ses occupations et de ses plaisirs, que j'aurais partagés, et rendre témoignage de sa vie habituelle. « A partir de quelle heure commencerons-nous la journée? lui demandai-je en riant. — Cela va sans dire; du moment où nous sommes. »

Je n'eus pas l'air de m'apercevoir d'un signe que fit Henri en se montrant à l'extrémité de l'allée, et nous passâmes dans l'appartement Ernest. Suivant son usage journalier, dont il était convenu qu'il ne s'écarterait en rien, nous devions, avant déjeuner, faire un tour à cheval. Tandis qu'il s'habillait, je parcourais les titres de quelques livres qui se trouvaient sur le *somno*, dans la chambre à coucher : il triomphait de mon air de satisfaction en ouvrant, l'un après l'autre, un volume de Montaigne, de Voltaire, et de Polybe; il parut moins content de me voir prendre, sur ce même meuble, et regarder avec beaucoup d'attention, de petites spirales noires en fil de laiton, auxquelles restaient attachés quelques cheveux blonds; il reprit sa sécurité en suppoposant que je n'en connaissais pas l'usage.

Avant de sortir, Ernest donna audience à son tailleur de ville, qui lui apportait une collection de gilets de fantaisie, et à son tailleur militaire, le célèbre *Walter,* auquel il commanda un nouvel uniforme, dont le prix fut débattu et demeura fixé à 2,000 fr.

Les chevaux étaient prêts; j'avais envoyé chercher chez moi des bottes à l'écuyère qui n'avaient pas quitté les embauchoirs depuis deux ou trois ans, des manchettes de bottes, et des éperons brisés, dont j'ai conservé l'usage. Ernest m'avait fait préparer un bon cheval d'escadron à tout crin, harnaché d'une selle française à troussequin, avec caparaçon brodé : il montait, à l'anglaise, une longue haridelle, courte queue, bien efflanquée, qu'il appelait un cheval de race, tandis que le plus beau cheval de son écurie était monté, suivant l'usage, par le domestique, qui nous suivait en redingote carrée nouée avec une ceinture de cuir. Dans notre promenade, que nous poussâmes jusqu'au Raincy, nous établîmes une discussion sur les changements survenus dans la manière de monter à cheval; et je forçai mon jeune compagnon de convenir que l'art de l'équitation se réduisait aujourd'hui à aller le plus vite possible, et que les innovations étrangères, dont quelques unes avaient cependant leurs avantages, étaient faites aux dépens de la grace, de l'élégance, et de la solidité.

Il était onze heures lorsque nous revînmes à Paris; nous descendîmes au café Tortoni pour y déjeuner. Le salon de ce café a cela de particulier, que presque toutes les personnes qui s'y rassemblent se connaissent. C'est un point de réunion où l'on est d'autant plus sûr de se retrouver le matin, qu'un jeune homme de bonne compagnie ne peut guère déjeuner ailleurs. Il est du bon ton d'y prendre les manières d'un habitué : aussi Ernest ne manqua-t-il pas, en entrant, de dire un mot aimable à la jeune personne du comptoir, de faire compliment à madame Tortoni sur sa fraîcheur, et d'appeler *Prévost* à haute voix : *Prévost*, ce coryphée des garçons de tous les cafés du monde, dont le zèle, l'adresse et l'incroyable activité, ne peuvent se comparer qu'à l'aisance de ses manières et à l'excessive politesse de son langage.

Pendant que je prenais ma tasse de chocolat, et qu'Ernest déjeunait comme on dînait de mon temps, lorsqu'on avait bon appétit, le général F***, à la table voisine, parlait du *tir* et des nouvelles armes à feu de M. Pauly. Ernest, qui avait acheté depuis quelques jours une boîte de combat et un fusil de chasse ordinaire, crut devoir s'élever contre une invention qu'il ne connaissait pas. Je me récriai sur cette manie française de décrier nos propres découvertes. Du moins était-il raisonnable d'examiner avant d'avoir un avis. Nous n'étions pas loin de la rue des Trois-Frères, où se trouvent les ateliers de Pauly. Le général s'offrit à nous y conduire. Après un examen très attentif, et plusieurs essais de ces pistolets, de ces fusils sans bassinet, sans chien, sans baguette, dont la portée est double de celle des autres armes à feu, et qui joignent à tous ces avantages ceux de se charger beaucoup plus promptement, de ne pas craindre les doubles charges, les longs feux, et d'employer un tiers de poudre de moins, je sortis convaincu que ces armes, qui auront peut-être fait le tour de l'Europe avant qu'on les ait adoptées en France où elles ont été inventées, sont aussi supérieures aux armes actuelles, que celles-ci le sont aux mousquets à mèche du 15e siècle.

Le boguey d'Ernest nous attendait au coin du Boulevart, et l'heure de la paume l'appelait chez Charrier : il y était attendu pour une partie arrangée la veille, dans laquelle devait figurer l'élite des joueurs, et principalement M. Dur... de la M***, le plus fort des amateurs connus. Je me plaçai derrière les filets, dans la grande galerie du fond, où je m'amusai à compter les *chasses*. Ernest parut dans l'enceinte avec le costume d'usage, le pantalon de basin, les pantoufles vertes, et la casquette de feutre gris. En moins d'une demi-heure, il eut perdu quinze ou vingt napoléons. A l'en croire cependant, il avait joué à merveille, et toutes les fautes avaient été faites par son *partner*.

J'étais résolu à mener, pendant un jour, la vie de jeune homme. En conséquence, en sortant de la paume, à quatre heures, je me laissai conduire aux *Bains-Chinois* (la blessure d'Ernest l'empêchait d'aller à l'*École de Natation*). Nous prîmes deux cabinets voisins; j'employai le temps du bain à lire les journaux, et Ernest à écrire deux ou trois billets, dont je ne lui demandai pas à voir l'adresse. Il s'était fait apporter par son domestique tout ce dont il avait besoin pour s'habiller; et lorsque nous sortîmes, je le vis reparaître avec ce qu'il appelle une *demi-tenue*, le frac vert-saule, le gilet à la cosaque, la culotte de casimir, et les bas à côtes.

Après avoir mis en délibération le restaurateur chez lequel nous irions dîner, nous nous décidâmes pour le café Hardi, moins renommé pour son cuisinier que pour la société qu'on y trouve de cinq à sept heures du soir seulement, et pour la tisane de Champagne, frappée de glace, que l'on y boit, et qu'on est convenu de trouver meilleure que dans aucun autre *cabaret*.

Le dîner fait, nous allâmes voir les trois derniers actes de *Gabrielle de Vergy*, aux Français. Cette atrocité *shakespéarienne* ne sera pas achevée le jour où mademoiselle Duchesnois abandonnera son rôle.

Ernest, qui m'avait laissé à l'orchestre pour aller courir de loge en loge, vint me reprendre, et me conduisit à l'Opéra ; c'était l'heure du ballet : mademoiselle Gosselin devait y danser ; et mon petit-neveu jugeait sa présence aussi nécessaire au balcon qu'à son régiment un jour de bataille. On fut plus raisonnable qu'il ne l'espérait peut-être : on accueillit avec les mêmes transports madame Gardel et sa jeune rivale, et, cette fois, le public, ami de ses plaisirs, s'aperçut qu'à l'Opéra du moins

Un trône est assez grand pour être partagé.

A peine étions-nous descendus sous le péristyle, qu'on nous annonça notre voiture ; mais, attendu qu'il est du bon ton de se montrer à la sortie de l'Opéra, Ernest fit si bien que les gardes obligèrent la voiture de *filer* à vide, et qu'elle ne put revenir qu'au bout d'une demi-heure.

Après avoir été prendre des glaces au café de Foi, où mon neveu rencontra quelques femmes de sa connaissance, et un plus grand nombre qu'il avait la prétention de connaître, nous entrâmes au *Salon des Étrangers*, d'où nous sortîmes au moment du souper, à une heure du matin. Ernest, en me ramenant chez moi, m'assura qu'il allait rentrer et travailler jusqu'à trois ou quatre heures, selon son usage ; il m'en donna pour preuve et pour garant les livres que j'avais trouvés sur sa table. « Je vous crois malgré cela, » lui dis-je d'un air très sérieux, en lui remettant la petite spirale noire, ornée de cheveux blonds, que j'avais trouvée sur cette même table, et que j'avais emportée par distraction.

N° XCIX. [25 AOUT 1813.]

LA SAISON DES EAUX.

Salve, Pæoniæ largitor nobilis undæ!
Salve, Dardanii gloria magna soli!
Publica morborum requies, commune medentum
Auxilium, præsens numen, inempta salus.
CLAUD., idyl VI.

Salut, naïade bienfaisante, honneur des champs de Dardanus, qui nous versez généreusement, avec les eaux salutaires, le repos de la santé ! Le malade et le médecin invoquent également votre secours

Un de mes correspondants, qui ne se fait connaître que par le nom d'ALEXIS, mais aux productions duquel un esprit original, piquant et enjoué, attache ce caractère particulier d'*humour* dont nos écrivains vivants offrent si peu d'exemples; M. Alexis, dis-je, dans une lettre au sujet des *eaux minérales*, qu'il a bien voulu m'adresser il y a quelques jours, m'invite à publier les observations que je puis avoir recueillies sur un usage qu'il signale avec autant de gaieté que de malice. Je me décide à regret à continuer une tâche qu'il a rendue plus difficile en la commençant, au risque de me faire une nouvelle querelle avec madame C*** de M***, qui vient de m'adresser une lettre où elle me reproche «*de chercher à décrier son sexe, et de gâter presque tous mes tableaux, dont quelques uns ne sont dénués ni de vérité ni d'originalité, par des satires amères contre les femmes.* »

S'il y avait quelque fondement dans cette accusation, il faudrait que je fusse le plus maladroit des hommes; car je proteste, dans toute la sincérité de mon ame, que les femmes n'ont jamais eu d'admirateur plus vrai, ni de défenseur plus zélé. S'ensuit-il cependant que, dans les feuilles de mon ouvrage où j'essaie de donner une idée de nos mœurs actuelles, je doive m'interdire sur les femmes toute réflexion qui ne serait pas un éloge? Je suis tout prêt à convenir, et même à prouver au besoin, qu'à aucune autre époque le beau sexe n'a mieux mérité d'être appelé le bon sexe : ce qui n'empêche pas que ce bel et bon sexe ne fournisse, pour sa part, à la critique un très honnête contingent de défauts, de travers, de faiblesses, et même de ridicules: cela dit en passant, j'en reviens à mon texte.

Il n'y a guère plus d'un demi-siècle que l'usage *d'aller aux eaux*, à certain temps de l'année, est devenu général en France parmi les valétudinaires des premières classes de la société. Avant ce temps-là, on se décidait avec beaucoup de peine, au dernier période de certaines maladies bien caractérisées, à se rendre à Barége ou à Bourbonne, dont les eaux, de temps immémorial, sont réputées de véritables spécifiques.

Un petit prince de la confédération germanique, à qui son marquisat de Franchimont ne fournissait pas les moyens de faire, chaque année, le voyage de Londres ou de Paris, où son goût pour le jeu le portait à vivre, imagina d'attirer chez lui les gens qu'il ne pouvait aller chercher chez eux : le plaisir devait être le motif du voyage; mais il fallait y trouver un prétexte plausible. Celui de la santé répond à toutes les objections; en conséquence un médecin habile, qui n'était pourtant pas un habile médecin, suggéra au marquis l'idée de tirer parti de quelques sources d'eaux minérales qui submergeaient ses petits États, pour établir ostensiblement la réputation du bourg de Spa dont il présageait la gloire. Le docteur fit une brochure dans laquelle il rappela l'antiquité de ces eaux, célébrées par Pline sous le nom de *Fons Tungrorum*, et prouva qu'elles étaient le remède infaillible de ces affections nervales, de ces migraines vaporeuses, dont les femmes comme il faut se trouvaient affectées depuis quelque temps d'un bout de l'Europe à l'autre. En même temps que la brochure, on fit circuler à Vienne, à Paris, à Londres, un prospectus où l'on annonçait que, pour le plus grand soulagement des malades, il avait été établi à Spa un club anglais, une redoute française, une salle de concert et de spectacle, et une banque de *trente-et-un*.

Dès-lors les malades de *bonne compagnie* affluèrent, de toutes les capitales européennes, dans une petite bourgade du pays de Liége. C'est peut-être parcequ'on ne sent jamais mieux le prix de la vie qu'au moment où l'on est menacé de la perdre, qu'on en mène une si joyeuse dans ces asiles des infirmités humaines : du moins est-il certain que les choses se passaient ainsi en 1772, au premier voyage que je fis à Spa avec le comte d'Erfeuil, lequel jouissait *aux eaux* de la célébrité que le vicomte de C*** avait obtenue dans les coulisses.

Nous fîmes le voyage à frais communs, et nous nous logeâmes ensemble dans une petite maison que je vois encore, en face de la fontaine du *Pouhon*. Dès qu'on fut instruit de notre arrivée, c'est-à-dire de celle de mon compagnon de voyage, on nous adressa, suivant l'usage, la liste imprimée des personnes qui se trouvaient aux eaux; de ce nombre était le maréchal de ***.

Nous lui fîmes notre première visite. Invités à dîner pour le lendemain, nous y trouvâmes une nombreuse et brillante compagnie, où je fus bien surpris de rencontrer un M. Cantin, qu'on m'avait souvent signalé, à Paris, comme un croupier de jeu. « Si je vous laissais faire, me dit mon compagnon de voyage, vous passeriez votre temps à vous éton ner; apprenez donc une fois pour toutes que rien de ce qu'on voit, rien de ce qu'on dit, rien de ce qu'on fait ici, ne tire à conséquence ; on y jouit d'une liberté entière : personne ne pense à juger la conduite des autres, de peur d'appeler l'attention sur la sienne ; et l'on traite en ami, quelquefois même en amant, tel homme auquel on se garderait bien de rendre le salut à Paris ou à Versailles.

« Tous les gens que vous verrez à Spa y viennent pour leur santé ou pour leur amusement, et rien ne rapproche les conditions comme le plaisir et la douleur. Je connais mieux que vous le personnage que vous êtes si surpris de voir à la table d'un maréchal de France ; c'est le fils d'un bonnetier de Reims ; il est parti fort jeune comme secrétaire de je ne sais quel margrave, dont il a quitté le service au bout de quelques années, avec permission de porter à sa boutonnière un ruban qu'on obtenait alors en Allemagne pour quelques ducats. Cette distinction l'a déterminé à prendre à Paris, le titre de chevalier, en ajoutant un *i* à son nom bourgeois de *Cantin* : le chevalier *Cantini* est maintenant *tailleur de pharaon;* et vous le verrez ce soir en exercice dans la sale de la redoute. »

Si je m'abandonnais aux charmes des souvenirs, qui sont les plaisirs des vieillards, je ferais une peinture d'autant plus longue de ma première campagne à Spa, que les moindres circonstances en sont gravées dans ma mémoire en traits ineffaçables. Je me contenterai de copier ici quelques lignes de mon journal; elles suffiront pour donner une idée de la vie qu'on menait aux eaux de Spa : j'ai lieu de croire que les choses n'y sont pas changées.

Le 22 juillet 1772

« Je m'étais couché à deux heures; je me suis levé avec le soleil : j'ai été frapper aux volets du comte, et jeter des petits cailloux aux vitres de madame Sophie de B***. A sept heures nous étions réunis tous les quatre, Sophie, sa mère, le comte, et moi, sur la place du *Pouhon*, où nous avons pris notre premier verre d'eau. Ces dames se sont rendues, en calèche, à la fontaine de la Géronstère; nous les avons suivies sur des *escalins* [1]. Le docteur avait recommandé à Sophie de prendre trois verres d'eau de cette fontaine, à une demi-heure l'un de l'autre, et de marcher très vite dans cet intervalle. Sa mère, qui ne pouvait pas nous suivre, s'en est reposée sur moi du soin de lui faire exécuter l'ordonnance. A neuf heures nous avons continué notre promenade des fontaines; nous ne sommes pas restés long-temps au *Watrotz* ni à la *Sauvenière*,

---

[1] Petits chevaux de louage, ainsi nommés du prix qu'on payait autrefois leur course.

mais nous avons fait une station de deux heures au *Tonnelet*, où la mère de Sophie prend les douches.

Il était midi lorsque nous sommes rentrés en ville : ces dames ont été faire une visite du matin chez madame la maréchale ; et le comte et moi nous avons été passer une heure au club des Anglais.

Nous avons dîné chez lady Susanne *Grenville*. On n'a point fait *courir la bouteille*, et l'on est sorti de table en même temps que les dames pour arriver à temps au concert, où j'ai rejoint madame de B***.

La redoute était brillante ; Sophie n'a dansé qu'avec moi, et ne m'a pas permis de m'approcher de la table du *trente-et-un*. Nous nous sommes retirés à minuit ; la soirée était superbe, la lune brillait de tout son éclat ; on a proposé une promenade dans les montagnes ; j'ai indiqué la cabane d'*Anette et Lubin* [1] pour but de notre course ; je donnais le bras à Sophie ; nous sommes arrivés long-temps avant les autres ; quelqu'un nous avait précédés dans ce lieu, où nous avons trouvé un bout de bougie qui brûlait encore. J'avais par hasard sur moi le second volume de la *Nouvelle Héloïse* : Sophie m'a proposé d'en lire quelques lettres ; j'ai bien choisi... »

Qualis nox illa, Dii, Deæque!

---

[1] Ces deux personnages du conte de Marmontel sont nés à Spa, et les Anglais leur ont fait construire une cabane dont on voit encore les ruines.

Cette journée est marquée dans mon journal de deux astériques en rouge : ce signe ne s'y trouve employé que treize fois dans un espace de quarante ans, que je traverse en un clin d'œil pour dire quelques mots du voyage que j'ai fait, il y a deux ans, à Plombières, sans autre projet que de guérir mes rhumatismes, et sans autre livre que le *Manuel des Goutteux*, qui n'a rien de commun avec la *Nouvelle Héloïse*.

Plombières, dont les eaux thermales jouissent en France de la plus ancienne réputation, est, pour ainsi dire, englouti dans un abyme, au milieu des Vosges ; on croit s'y précipiter, et l'on y arrive assez doucement du côté de Remiremont, par une avenue appelée *Promenade des Dames*.

Ce bourg, composé d'une seule rue, se prolonge dans un vallon très étroit, entre deux montagnes boisées jusqu'à leur sommet, et se termine par une promenade plus agréable encore que celle des Dames, que l'on nomme la *Filerie*. Les maisons, d'une simplicité un peu rustique, mais d'une grande propreté, sont autant d'auberges pendant la saison des eaux. Les plus remarquables sont celles de M. Jacotel, et de feu le docteur Martinet. Le premier a soin de vous apprendre qu'il était jadis cuisinier du roi Stanislas ; et ce qu'on peut en conclure, c'est que l'ami de Charles XII n'était pas gourmand. Je logeais chez le second ; ce médecin en titre des eaux n'en avait de sa vie goûté d'aucune espèce.

Les malades sont un peu moins rares à Plombières qu'à Spa; mais la vie qu'on y mène est à peu près la même : on se lève de très bonne heure, et l'on se rassemble dans la *Salle du Grand-Bassin*, où l'on se baigne en commun. C'est un spectacle assez curieux que celui de cette vaste baignoire, dans laquelle sont assis pêle-mêle hommes et femmes, garçons et filles, en chemises de laine, buvant, à l'envi et comme par gageure, force verres d'eau de la *fontaine du Crucifix*.

En sortant du bain, on se rend, toujours le verre en main, à la *Promenade des Dames*, du milieu de laquelle on voit sourdre la fontaine dite *ferrugineuse*, où l'usage veut que l'on boive, en se promenant, trois ou quatre verres d'une eau détestable, mais éminemment stomachique.

Lorsque les différentes sociétés de baigneurs se conviennent, on se quitte peu, et l'on fait ordinairement porter son dîner les uns chez les autres. Les courses que l'on entreprend après dîner, ont, le plus souvent, pour but *le bois à Jacquot*, ou *la ferme au père Vincent*, plus éloignée dans les Vosges.

Ce n'est pas seulement l'aspect d'un paysage enchanteur qu'on vient chercher dans ce dernier endroit, c'est la vue d'un de ces génies bruts, de ces Pascal de village, qui semblent deviner les arts que les autres apprennent. Il y a quelques années que celui-ci a construit, sans modèle, sans conseil, avec le bois de son jardin et le souvenir d'un piano qu'il avait aperçu une seule fois à Nancy, un instrument de la même espèce, que j'ai vu et que je crois pouvoir citer comme un prodige d'industrie. Plusieurs autres ouvrages mécaniques, inventés et exécutés par ce vieillard qui ne sait pas lire, prouvent que, sur un autre théâtre et dans d'autres circonstances, il eût été sans doute un des premiers mécaniciens de son siècle. Le père Vincent n'est pas seulement un homme de génie; c'est un homme de bien, en grande vénération dans son pays, qu'il honore également par ses talents et par ses vertus.

Lorsque le temps promet une belle journée, on va dîner sous la feuillée au *val d'Anjou*, et non d'Ajou comme on s'habitue à l'appeler : c'est un des lieux les plus agréables, les plus pittoresques dont on puisse se faire l'idée. Il est rare que ce petit voyage, qui se fait en *char-à-bancs*, s'achève sans qu'aucune de ces voitures ne vienne à verser; mais s'il arrive quelque accident aux voyageurs, on a la ressource d'appeler un paysan du val d'Anjou, qui remet le membre démis ou fracturé aussi bien que pourrait le faire le premier chirurgien de Paris. C'est une chose assez curieuse à observer que cette aptitude, que cet instinct chirurgical, dont sont doués indistinctement tous les habitants de ce vallon, depuis l'enfant jusqu'au vieillard.

A Plombières comme à Spa, à Bath comme à Tœplitz, on va finir sa journée au salon de *trente-et-un*, où l'on est bien plus sûr de déranger sa fortune le soir, qu'on ne l'est de refaire sa santé le matin en épuisant les fontaines.

Avant de terminer ce Discours par les portraits de quelques habitués des *eaux*, dont j'ai retrouvé les croquis sur mon *album*, je dois faire mention de trois lettres qui m'ont été écrites à ce sujet.

Dans la première, un confrère, qui prend le nom d'*Ermite de la Chaussée du Maine*, me reproche d'avoir oublié, en traduisant les quatre vers de Claudien que j'ai pris pour épigraphe, de rendre l'*inempta salus*, auquel il paraît tenir beaucoup; il me demande malignement si, *par hasard, la Faculté ne me l'aurait pas défendu.*

Dans la seconde, une correspondante très aimable et très grondeuse me donne le moyen de réparer quelques torts involontaires que j'ai eus avec elle en commençant ce Discours: peut-être ne sera-t-elle pas encore aussi contente de moi que je le desirerais.

La troisième lettre est d'un intérêt trop général pour ne pas la citer en entier:

Paimbœuf, le 18 août 1813.

« Il n'y a qu'heur et malheur en ce monde, M. l'Ermite, pour les choses comme pour les hommes ; on parle beaucoup de telles et telles *eaux* qui ne sont bonnes à rien, et l'on ne dit rien de celles qui opèrent véritablement des miracles. C'est au nom de l'humanité que je vous invite, que je vous somme, s'il le faut, de faire connaître à vos compatriotes les sources précieuses qui coulent, presqu'à leur insu, dans le fond de la Bretagne. Puisqu'on ne sait pas au juste où se trouve la fontaine de Jouvence (quoi qu'en dise *Huon de Bordeaux*, qui la fait venir en droite ligne du paradis terrestre, et l'Espagnol *Ponce de Léon*, qui croyait l'avoir trouvée dans la Floride), rien n'empêche qu'on ne donne ce nom célèbre *aux fontaines minérales de Dinan*, dont les eaux, entre autres vertus singulières, ont celle *de réparer du temps l'irréparable outrage*. Je citerais plusieurs femmes qui ont retrouvé là leur jeunesse, si je pouvais espérer de les faire convenir même d'une vieillesse passée. Une foule d'expériences dont j'ai tenu note prouvent, aussi clairement qu'une chose de cette nature puisse être prouvée, qu'il n'y a point de stérilité (à part celle que l'âge a sanctionnée depuis long-temps) qui résiste à l'usage de nos eaux ferrugineuses ; mais ce qu'elles ont de merveilleux, d'inappréciable pour les femmes dans leurs différents états, c'est qu'elles donnent aux unes l'espoir de devenir mères, et font oublier aux autres qu'elles l'ont été.

« Pour peu que vous vous intéressiez à la santé, à la gloire, et au bonheur du beau sexe, faites en sorte, mon cher Ermite, de mettre en crédit, pour la saison prochaine, *les eaux minérales de Dinan*, petite ville de Bretagne où vous êtes en grande vénération.

« Je vous salue. »

P***, ancien médecin.

Je publie la lettre du docteur, et je remets à la saison prochaine à dire mon avis sur les assertions qu'elle contient.

Revenons à nos portraits. Il y a des plantes qui ne viennent bien que dans les lieux humides : il y a des personnages qu'on ne rencontre qu'aux eaux ; il semble que ce soit là leur élément. Le type de cette espèce d'amphibies est, sans contredit, un monsieur et une madame Despares, que personne ne peut se flatter d'avoir vus en Europe, ailleurs qu'à Spa, à Bath, à Tunbridge, à Tœplitz ou à Plombières. Ils disparaissent vers la fin de l'automne, comme les hirondelles, et personne ne peut dire dans quelle contrée ils vont passer l'hiver.

La première fois que je rencontrai ce couple d'oiseaux-voyageurs, le mari n'était pas loin de la cinquantaine, et sa femme avait tout au plus vingt-huit ans. L'un et l'autre se distinguaient par des manières nobles, des mœurs élégantes, le ton et le langage de la meilleure compagnie. Despares jouait un jeu énorme; le rôle de sa femme paraissait être de déclamer contre cette passion funeste, et d'en allumer de plus douces. Elle avait une prédilection toute particulière pour les princes de la confédération germanique, depuis les électeurs jusqu'à l'abbé de Stablo inclusivement; et l'on n'était guère admis dans son intimité qu'autant qu'on pouvait l'être à la diète de Ratisbonne.

Je me souviens d'une chanoinesse de Clai..., que l'on était bien plus sûr de trouver à Spa qu'à son chapitre.

> Par trente-six printemps sur sa tête amassés,
> Ses modestes appas n'étaient point effacés.

Déterminée à renoncer aux douceurs du mariage, elle s'était arrangée pour jouir des charmes du célibat. On la voyait arriver tous les ans à Spa avec la même dame de compagnie et un nouveau cousin, qu'on était convenu d'appeler le *cousin des Eaux*, pour éviter toute méprise et toute explication. Derfeuil, qui avait fait valoir ce droit de parenté pendant la saison que nous passâmes ensemble à Spa, voulut que je prisse date pour être de la famille l'année suivante. Cette aimable cousine est venue à mourir, dix ans après, dans ces mêmes lieux qu'elle a du moins peuplés de souvenirs agréables.

Tout le monde connaît, aux eaux, le baron de Ferlus, soi-disant banquier à Hambourg, où l'on ne trouverait pas un écu sur sa signature. Personne ne paraît s'entendre mieux aux grandes spéculations commerciales; il a des relations, il l'assure du moins, dans toutes les places de l'Europe; il a sans cesse à la bouche le nom des plus fameux négociants; c'est sans affectation qu'il parle des opérations immenses qu'il a faites aux dernières foires de Francfort et de Leipsick. La seule chose qu'on ne conçoive pas, après l'avoir bien écouté, c'est qu'aucun souverain de l'Europe ne lui ait encore confié ses finances, et qu'il soit obligé de venir aux eaux pour y chercher des dupes.

Il y a trois ou quatre ans qu'étant aux eaux de Bade, en Suisse, il trouva le moyen de persuader à un grand seigneur allemand, qu'il possédait, dans une de ses terres de la Lusace, des carrières de marbre dont l'exploitation devait rapporter plusieurs millions : ils passèrent ensemble un marché, que le baron céda quelques mois après pour la somme de quatre-vingt mille francs à un négociant de Neufchâtel, lequel a déjà dépensé deux ou trois cent mille francs à fouiller une carrière dont il n'a pas encore retiré de quoi faire une console ou un dessus de commode. Cet homme a déjà fait, refait, et perdu vingt fois sa fortune : en m'avouant un jour qu'il ne possédait pas, pour l'instant, dix louis au monde, il me proposa d'en parier mille qu'il reviendrait de Bath, où il allait passer la saison des eaux, avec cent mille francs dans sa bourse ou dans son portefeuille. Je me gardai bien de tenir un pari que j'aurais effectivement perdu.

Depuis trente ans, Villebrune n'a d'autre existence que celle qu'il tire de son talent pour le jeu, qu'il n'exerce jamais qu'aux rendez-vous des eaux les plus fréquentés. Son bonheur est si constant, qu'on serait tenté de croire qu'il y entre beaucoup d'adresse; mais la preuve de sa bonne foi est à la pointe de son épée; et Villebrune l'a tant de fois administrée avec succès, qu'il a fini par convaincre tout le monde, sans persuader personne.

De tout temps *les eaux* ont leurs poëtes ainsi que leurs médecins : cette troupe innocente (je parle de celle des poètes) possède, en commun, le fonds d'une vingtaine d'idées, qu'on voit reparaître, tous les ans, sur des rimes nouvelles : ce sont toujours *des flammes qui brûlent au sein des eaux, la mort que l'on trouve où l'on venait chercher la vie*, des variations sur le proverbe : *Fontaine, je ne boirai pas de ton eau,* et autres gentillesses de cette nature.

Le coryphée des poètes *thermals* était autrefois un petit abbé de la Roquette, dont la vogue était telle, qu'on s'informait des eaux où il devait se rendre, avant de se décider sur celles qu'on se ferait ordonner par son médecin. Ce prestolet, pâle et maigre, ressemblait à l'abbé de Voisenon, qu'il cherchait à imiter, en buvant, comme lui, de l'eau acidulée avec un bouquet de pimprenelle. L'abbé de la Roquette était, aux eaux, l'ordonnateur de toutes les fêtes, l'ame de tous les plaisirs.

Je me rappellerai toute ma vie la salle de spectacle qu'il construisit, en deux heures de temps, à Pyrmont où il avait fait venir une troupe de comédiens français : à défaut d'autre local pour y établir son théâtre, il avait jeté son dévolu sur le vaste hangar d'un sellier, qui permit qu'on en disposât, mais à condition de ne point déménager ses voitures. L'ingénieux la Roquette trouva le moyen de tout concilier : il fit démonter les caisses de dessus leurs trains, les fit ranger en demi-cercle, les unes à côté des autres, et composa de cette manière un rang de loges d'un genre tout-à-fait nouveau; un grand carrosse, à portières ouvertes, de l'évêque de Paderborn, formait la loge d'honneur, et deux belles diligences, aux extrémités de l'orchestre figuraient les loges d'avant-scène. Un second rang de loges de la même espèce s'élevait sur leurs trains; et toutes les selles disposées sur de longues perches perpendiculairement au théâtre, composaient un parterre où les spectateurs étaient à califourchon. Jamais spectacle plus grotesque n'a excité des ris plus immodérés.

J'ai eu l'occasion de m'assurer que les poètes des eaux ne sont ni moins nombreux aujourd'hui, ni moins fêtés qu'au temps de l'abbé de la Roquette : l'un d'eux cependant s'y est fait, l'année dernière, une réputation de malignité qui pourrait nuire à ses confrères : dans une pièce de vers intitulée *les Eaux de B****, il a prétendu que la fontaine de Ch... avait la même vertu que celle de *Salmacis*; et il a cité plusieurs exemples des unions androgynes qu'elle avait opérées.

Le doyen des eaux, le baron de F......, est mort à Barége, l'année dernière, à l'âge de quatre-vingt-quinze ans. Cet ennuyeux mortel, qu'on fuyait avec autant de soin qu'on recherchait l'abbé de la Roquette, avait trouvé le secret de rendre insipides les détails de la vie du maréchal de Saxe, à l'état-major duquel il avait fait ses premières armes. A l'entendre, c'est à lui qu'on avait été redevable des succès de *Lawfelt* et de *Rocoux*. Parvenu au grade de brigadier, il avait quitté le service après la défaite de *Minden*, et, depuis ce temps-là, il se croyait obligé, pour motiver sa retraite, de venir aux eaux tous les ans, raconter, à qui voulait l'entendre, pour la vingtième fois, « que le maréchal de Contades avait été battu pour n'avoir pas adopté son plan de campagne; que le duc de Fitz-James, en refusant d'attaquer sur un point qu'il avait indiqué, avait été cause de la perte de la bataille, et que sans lui la retraite eût été impossible. » Toutes les guerres que la France a soutenues depuis un demi-siècle ; tant de batailles, de faits mémorables, de victoires inouies, entassés, pour ainsi dire, sur les dernières pages de nos annales, étaient à ses yeux comme non avenus. Il en était resté à la guerre de *Sept-Ans*, et n'avait pas l'air de croire qu'il se fût tiré un coup de canon en Europe depuis ce temps-là.

Le pendant de cet éternel baron était un M. d'Ar..., admirateur exclusif et ridicule du grand Frédéric, depuis un voyage de quinze jours qu'il avait fait en 1776 à Berlin, d'où il n'avait rapporté, pour tout avantage, qu'une longue queue à la prussienne, une canne en forme de béquille, et la manie de prendre à tout moment du tabac dans la poche de sa veste.

J'aurais pu faire entrer dans cette galerie de portraits, celui de cette belle vaporeuse à qui les maux de nerfs siéent si bien, et dont les crises varient suivant l'âge et le sexe des témoins ; celui de cette jeune malade qui vient, sous la garde de sa mère, se guérir aux eaux, d'un mal dont elle aurait trouvé le remède par-tout ailleurs avec quelques mois de patience ; celui de telle coquette habile qui fait entrer pour beaucoup, dans le plaisir de faire des connaissances nouvelles, l'espoir de ne les revoir jamais; mais il y a des secrets qu'il faut savoir garder, et des vérités qu'il faut laisser vieillir.

Des gens qui veulent toujours que l'on conclue, me demanderont ce que je pense d'un usage devenu général en Europe : je réponds qu'il a, comme beaucoup d'autres, son utilité et ses inconvénients, ses motifs et ses prétextes ; que c'est un moyen de santé, par cela même que c'en est un de distraction et de plaisir ; et que s'il est plus gai d'en signaler les abus, il est tout aussi facile d'en montrer les avantages.

J'ai l'intention de faire quelque jour une visite dans tous les bains de la capitale. J'y trouverai l'occasion de parler avec quelque détail des bains de Tivoli, établissement qui n'a point de modèle en Europe, et qui, à plusieurs égards, mérite d'en servir.

N° C. [11 SEPTEMBRE 1813.]

UNE PARTIE DE CHASSE.

> . . . . . . *Tu cede potentis amici*
> *Lenibus imperiis; quotiesque educet in agros*
> *Ætolis onerata plagis jumenta canesque,*
> *Surge, et inhumanæ senium depone Camœnæ,*
> *Cœnes ut pariter pulmenta laboribus empta.*
> HOR., ep. XVIII, lib I.

Cédez aux sollicitations de votre ami; et, quand il faut sortir ses chiens, ses chevaux, ses piqueurs, quittez, pour le suivre, vos études sérieuses, et donnez-vous, comme les autres, le plaisir de souper avec votre gibier.

> *Hunting, it seems, was his delight,*
> *His joy by day, his dream by night.*
> SOMERVILLE.

La chasse fait ses délices; il s'en occupe le jour, il en rêve la nuit.

Après l'amour, la chasse est peut-être de tous les plaisirs de ce bas-monde celui dont on a dit le plus de bien et le plus de mal. Platon l'appelle un exercice divin; saint Augustin un amusement féroce; Lycurgue le recommande aux Grecs; Moïse le défend aux Juifs; Pline assure qu'il a donné naissance à l'état monarchique; Salluste veut qu'on l'abandonne aux esclaves; Buffon voudrait qu'on le réservât aux héros. Ces opinions contradictoires ne viendraient-elles pas de ce que, sous un même nom, chacun parle d'une chose différente? En effet, ne peut-on pas dire avec la même vérité:

« Il est nécessaire de préserver les troupeaux de la dent des loups, d'empêcher les bêtes fauves de ravager les moissons, il est naturel de se nourrir de la chair des uns, de se couvrir de la peau des autres: donc la chasse est une occupation utile.

« Parmi les animaux malfaisants, il en est à qui la nature a départi au plus haut degré la force, l'adresse, et le courage; pour les détruire il faut les combattre, et souvent exposer sa vie pour se rendre maître de la leur: donc la chasse est un noble amusement qui peut, à quelques égards, être considéré comme une école de vertus militaires.

«Mais la chasse n'a guère pour but, aujourd'hui, que de tourmenter de mille manières des animaux innocents, que l'on multiplie pour le seul plaisir de les détruire. Cet exercice, qui a toujours été l'apanage de quelques hommes privilégiés, est devenu la source d'une foule d'injustices et de vexations; le goût de la chasse dégénère presque toujours en passion; il devient trop souvent l'unique occupation de celui qui s'y livre. On a dit que cet exercice cultivait la santé; il fallait ajouter qu'il laisse presque toujours l'esprit en friche : donc la chasse est un amusement nuisible et condamnable. »

C'est ainsi qu'une action indifférente en elle-même, considérée séparément dans son principe, dans son usage ou dans ses abus, peut devenir un sujet éternel de satire ou d'éloge. Locke a raison : pour éviter de disputer sur les choses, il suffirait presque toujours de s'entendre sur les mots.

Quoi qu'il en soit de l'ancienneté, de la noblesse, et des inconvénients du plaisir de la chasse, c'est un de ceux que j'ai toujours eu le plus de peine à m'expliquer, lors même que je m'y livrais avec le plus d'ardeur, par fausse honte, par calcul ou par convenance.

Ce qui n'était d'abord qu'une simple répugnance a fini par devenir une véritable aversion, à dater de ma connaissance avec le baron de Roncerolles. Nous nous rencontrâmes, pour notre malheur commun, aux environs de Dreux, chez un de ses parents, il n'y a guère moins de trente ans.

Le gothique château de M. de Cériane, situé au milieu d'une des plus belles capitaineries du royaume, était, en automne, le rendez-vous de tous les chasseurs à trente lieues à la ronde : on faisait vœu, en y entrant, de n'avoir pas une pensée étrangère à la chasse ; et la conversation, même en présence des femmes, n'avait point d'autre objet. Le vieux commandeur, oncle de madame de Cériane, que l'âge et les infirmités confinaient toute la journée au salon, dans un grand fauteuil à crémaillère, ne connaissait pas d'autre plaisir que de disputer sur la supériorité de la *fauconnerie* (à laquelle il avait l'honneur d'avoir renoncé le dernier en France), contre Roucerolles, qui défendait la *vénerie*, de toute la puissance de ses habitudes et de ses poumons. Son érudition sur cette matière aurait défié celle de tous les *Dorante* et de tous les *Clainville*[1] du monde. Aussi long-temps qu'il avait la parole (et il s'en dessaisissait le moins possible) il n'était plus question que de *sole pleine*, de *pinces rondes*, de *biche bréhaigne*, de *dix-cors jeunement*, de *pied*, de *contrepied*, et de tous les termes barbares qui entrent dans la nomenclature de la chasse à *courre*.

S'il s'interrompait un moment, le vieux commandeur reprenait l'éloge et l'histoire de la fauconnerie, et ne manquait pas de déclarer, en finissant, que la décadence de la galanterie française remontait à l'invention du plomb de chasse. Je m'avisai un jour de rire de sa péroraison un peu plus haut qu'à l'ordinaire, en réparation de quoi il me fallut essuyer une description des plus belles chasses à l'oiseau, depuis François Ier jusqu'à la minorité de Louis XV. Il soutenait, de la meilleure foi du monde, que l'éducation de l'oiseau de proie et la guerre étaient les

---

[1] Personnages des *Fâcheux* et de *la Gageure*

seules occupations dignes d'un gentilhomme. Il ne parlait qu'en soupirant de ces temps heureux où, pour charmer toutes les beautés de la cour, il suffisait de savoir *donner l'escap* au faucon, le suivre à toutes jambes, le faire revenir au leurre, et le placer avec adresse sur le poing de sa dame.

Après François Ier, qu'il appelait *le père des chasseurs*, le roi que le commandeur avait placé le plus haut dans son estime était ce bon roi Jean, si passionné pour la chasse, qu'il ne trouva rien de mieux à faire pendant sa captivité à Helfort que de composer avec *Gacé de la Bigue,* son chapelain, un poëme sur l'art du chasseur, [1] *ad usum Delphini.* Le commandeur avait eu la patience d'en charger sa mémoire, et prenait plaisir à en citer des fragments.

Ce vieillard, dont la tête était meublée d'anecdotes, se faisait écouter du moins avec quelque intérêt, lorsqu'il ne racontait une histoire que pour la quatrième fois : quant à l'éternel baron, que l'on avait surnommé le *syndic des insupportables*, et qui ne vous parlait jamais que des différentes espèces de chiens *clairauds, mirauds, briffauds,* des mœurs du chenil, et de l'éducation des piqueurs (qu'il avait grand soin de prononcer *piqueux*); on ne pouvait échapper à l'ennui de sa société, à la persé-

---

[1] *Le Roman des Oiseaux,* que le roi fit faire pour l'instruction de son fils Philippe, duc de Bourgogne.

cution de ses discours, qu'en tenant avec lui une querelle constamment ouverte (précaution que j'avais eu soin de prendre dès le lendemain de mon arrrivée à Cériane, et qui n'empêchait pas que nous ne fussions ensemble dans les termes d'une bienveillance réciproque). De sa passion exclusive pour la chasse, le baron a retiré cet avantage, d'avoir eu moins qu'un autre à gémir de nos troubles domestiques : il n'a vu, dans la révolution, qu'un ordre d'aller chasser ailleurs, et ne s'est plaint, à son retour en France, que de l'abolition des anciennes ordonnances sur les eaux et forêts.

Après l'avoir perdu de vue si long-temps, je ne fus pas aussi surpris que j'aurais dû l'être de le rencontrer dans un petit voyage que j'ai fait dernièrement en Sologne. Ma vieille amie, madame de Lorys, est propriétaire, en ce pays, d'une terre magnifique, à quelques lieues de Chambord, où, tous les ans à l'ouverture des chasses, son fils rassemble une nombreuse et brillante compagnie d'amateurs des deux sexes. J'y arrivai dans la nuit du 4 septembre, et j'en repartis quarante-huit heures après, très content de la scène dont j'avais eu le temps d'être témoin, et que je vais essayer de décrire le plus laconiquement qu'il me sera possible.

La première personne que je rencontrai le matin, en sortant de ma chambre, était le baron de Roncerolles : il avait été prévenu de mon arrivée et m'attendait au passage. Nous nous revîmes comme d'anciennes connaissances : il trouva que je n'avais pas vieilli d'un an ; je l'assurai qu'il avait rajeuni de quinze. Pourquoi pas ? le temps n'y perd rien, et cela fait toujours plaisir. Le baron était en costume : la veste galonnée, les boutons à tête de cerf, la casquette grise, le petit couteau de chasse, rien n'y manquait ; il s'était chargé de tous les préparatifs de la cérémonie du lendemain, et venait de marquer les rendez-vous et les haltes. Il attachait, ajouta-t-il, d'autant plus d'importance au succès de cette journée, qu'il avait monté les équipages du jeune de L***, et que le général de Gr**, le plus grand chasseur de France, devait être de la partie.

Le pauvre baron eut, à déjeûner, une scène très vive à soutenir, pour s'être avisé de faire, avant midi, une répétition de cors sur la terrasse du château, sans respect pour le sommeil de ces dames qui avaient joué au boston jusqu'à deux heures du matin. Tout le reste du jour se passa, pour lui, dans un mouvement perpétuel ; il allait du chenil aux écuries, inscrivait le nom des chasseurs, donnait des ordres aux piqueurs, aux garde-chasses, et revenait au salon consulter le baromètre.

Le départ avait été fixé pour le lendemain, à sept heures ; à cinq, le baron était sur pied et avait éveillé tout le monde au château. Après avoir été lui-même *coupler* les chiens, séparer les relais, et placer la vieille meute à l'entrée de la forêt, il était revenu aux écuries faire seller les chevaux, atteler les calèches, et les avait fait amener au bas du perron : il rentra ensuite au château pour y commencer sa ronde des corridors.

Rien de plus amusant que de le voir courant de porte en porte, appelant chaque femme par son nom, disant à chacune, en particulier, qu'on n'attendait plus qu'elle, et ne se donnant pas un moment de repos jusqu'à ce que tout le monde fût réuni dans le vestibule. Il monta à cheval alors, et fit défiler devant lui sa troupe. J'accompagnai nos chasseurs jusqu'à la forêt; je les vis entrer dans le bois, au son du cor, au cri des chiens; et j'allai paisiblement attendre leur retour au château.

Vers trois heures, un grand bruit de chevaux et de voitures m'annonça le retour de la chasse; et je me hâtai de quitter la bibliothèque pour me trouver au débotté. Je ne voyais pas encore le baron, mais je l'entendais crier et se débattre, comme un énergumène, au milieu des valets et des piqueurs, tandis que ces dames descendaient de calèche, en répétant avec des éclats de rire immodérés : *Buisson creux! buisson creux!* A ce mot, dont elles saluèrent le baron à son entrée, celui-ci se mit dans la plus risible colère qu'il soit possible d'imaginer. « *Buisson creux!* (répétait-il en grinçant les dents et en essuyant son front, sans s'apercevoir que sa perruque était restée dans sa casquette.) Il fallait que je vinsse ici pour entendre prononcer ce mot!.... Riez tant qu'il vous plaira : l'affront n'est pas pour vous, mesdames ; mais moi, qui ai quarante ans de chasse et une réputation à conserver, j'aimerais mieux avoir reçu vingt coups d'andouiller à travers le corps que d'avoir éprouvé une semblable humiliation. Au surplus, ajouta-t-il en sortant, si ces Messieurs n'entendent rien à la chasse, il n'y a rien là de bien étonnant : *où diable l'auraient-ils apprise ?* » Chacun se retira chez soi pour se reposer et s'habiller.

Le dîner sonna, on se mit à table ; et la plus maligne de ces dames ramena la conversation sur le *buisson creux* du matin, en soutenant que cette équipée était la faute du baron.

« Ma faute, s'écria-t-il en se levant ; j'en fais juge le général : j'avais reconnu mon cerf la veille, c'était *un porte-six ;* je fais *fouler l'enceinte* par le limier ; la bête part ; M. Saint-Alphonse, ici présent, qui avait amené sa meute avec lui, me soutient, à la vue *du talon*, que c'est un cerf dix-cors ; je vis, dès ce moment, que j'avais affaire à un homme étranger aux premiers principes de l'art. C'est tout simple : *où les aurait-il appris ?* (On rit tout bas.) La meute du château *empaume la voie ;* elle est composée de quarante chiens de *haut nez, bien ensemble*, et chassant *à grand bruit :* j'étais sûr de mon fait. Le cerf se fait battre long-temps au bois, nous trouvons *les retours;* enfin nous *débuchons;* je m'aperçois d'un *défaut;* la meute de M. Saint-Alphonse avait pris le change; je veux rompre les chiens et les *enlever;* impossible! ces *clabauds* n'entendent rien à la chasse! — *Où l'auraient-ils apprise?»* ajoute la maîtresse de la maison; et l'on rit aux éclats. Le baron n'en continue pas moins : « Je veux *ramener:* monsieur me soutient que nous en *revoyons;* que sa meute est dans *le droit:* les chiens se partagent, j'appuie les *bons,* je crie *hourvari* sur les autres; deux coquins de piqueurs, aussi savants que leur maître, se mettent à sonner; la tête tourne à la meute entière, la voie est tout-à-fait perdue, et la chasse est au diable. Maintenant je demande à qui la faute du *buisson creux?* »

Après ce beau discours, où ces dames n'entendent rien, le baron, tout essoufflé, se rassoit. Saint-Alphonse, qui veut défendre ses piqueurs et ses chiens, étale à son tour son érudition de veneur; la querelle s'anime : ces dames, qu'elle amuse, l'échauffent du mieux qu'elles peuvent; et le général, pris pour juge, la termine en proposant deux nouvelles parties de chasse à chacune desquelles présideront alternativement l'un et l'autre adversaire. Je suis parti sans savoir à qui la victoire est restée.

CONTINUATION DU MÊME SUJET.

Je rentre en matière en transcrivant une des lettres que j'ai reçues à l'occasion de mon premier Discours sur la chasse : les seuls changements que je me suis permis d'y faire portent sur les éloges trop flatteurs que mon correspondant m'adresse.

Paris, le 13 septembre 1813.

« Monsieur l'Ermite,

«Vos observations sur les mœurs respirent une morale pure, une gaieté douce, et sont écrites d'un style naturel ; j'en aime beaucoup la lecture, et je regrette que vos chapitres se fassent si long-temps attendre ; je voudrais qu'à l'exemple de votre devancier Adisson vous fissiez paraître une feuille chaque jour, où l'on pût commenter et discuter vos propositions ; car un morceau piquant invite à y répondre, comme une conversation spirituelle invite à s'y mêler. J'aurais, par exemple, beaucoup de choses à vous dire à propos de votre petite diatribe contre la chasse. Sans en parler autant, je ne suis guère moins passionné pour cet exercice que votre baron de Roncerolles ; il est vrai que ce goût est fortifié chez moi par la reconnaissance, comme vous allez en juger par mon histoire.

« J'ai été élevé à la campagne, sous les yeux de mon père et de ma mère, par un gouverneur homme de mérite, dont le zèle fut récompensé par les progrès rapides de son élève ; mais, en approchant de ma seizième année, ma santé s'altéra ; j'avais des palpitations, des insomnies continuelles : ma mère, inquiète, consulta son médecin ; c'était un homme de sens. Après quelques questions, il demanda une plume et de l'encre pour écrire son ordonnance, qu'il composa d'*un fusil à deux coups, d'une poire à poudre, d'une carnassière et d'un chien d'arrêt; le tout à prendre, tous les matins, pendant quatre ou cinq heures.*

«Vous autres enfants des villes que les amusements les moins innocents viennent chercher au sortir du berceau, vous ne sauriez vous faire l'idée d'un premier plaisir parfaitement pur, goûté dans l'âge où l'on pourrait en connaître d'autres. Mon bonheur à la chasse tenait de la folie ; chaque arrêt de mon chien faisait battre mon cœur avec violence ; et je ne crois pas (que Dieu et le beau sexe me le pardonnent!) avoir jamais vu, depuis, arriver au rendez-vous la femme que j'ai le plus aimée, avec autant de trouble et d'ivresse que m'en faisait éprouver alors le lièvre ou le renard que je voyais débucher pour passer au lieu où je m'étais blotti. Je retrouvai le sommeil, l'appétit, et la gaieté ; j'achevai mes études, et je partis pour mon régiment.

« Nous étions en guerre : je fis trois campagnes ; je passai deux hivers en bonne garnison ; et, grace aux fatigues des unes et aux plaisirs des autres, je revins au manoir paternel si maigre et si changé, que mes parents eurent peine à me reconnaître. Le docteur fut mandé de nouveau, et me prescrivit la même ordonnance : « Votre santé n'est que légèrement altérée, me dit-il ; un exercice modéré la rétablira : il est également bon pour rendre les forces et pour en consumer l'excès. » Je suivis son conseil, et je retrouvai ma jeunesse.

« Je la retrouvai si bien, que je devins éperdument amoureux d'une jeune dame des environs ; je ne tardai pas à m'apercevoir que j'avais un rival : j'eus la sottise de me désespérer ; je devins taciturne, mélancolique ; je cessai de manger et de dormir : je passais les journées à écrire des lettres qu'on ne recevait pas, et les nuits à me promener à grands pas dans ma chambre, méditant des scènes de roman et des projets de vengeance. Tout aussi fou que *Roland*, c'en était fait de moi, d'*Angélique*, et de *Médor*, si le cher docteur ne fût encore venu à mon secours. « De l'amour ! de la jalousie ! me dit-il ; je ne connais qu'un remède à ces cruelles maladies. — La mort ! — La chasse, morbleu ! la chasse ! —

Mais je n'y trouverai aucun plaisir. — Il s'agit bien de plaisir; c'est de la fatigue qu'il vous faut: ne voyez-vous pas que le repos de votre corps nourrit l'activité de votre ame, unique source de tous vos maux? Lassez vos membres; c'est le moyen de reposer votre imagination, de ranimer votre appétit, et d'éteindre votre amour. » Je repris mon fusil, je déclarai de nouveau la guerre aux lapins; et, avant la fin de l'automne, j'étais si bien guéri de ma passion pour ma voisine, que je plaidai contre elle pour un droit de garenne.

« A quelque temps de là, mon père vint à bout de me marier avec une très riche et très noble héritière; ma femme était pleine de talents et de vertus; mais elle avait reçu du ciel, par compensation, une figure d'une laideur sévère, et un caractère excessivement difficile: je ne tardai pas à la prendre en aversion; et malheureusement elle prit pour moi un sentiment tout-à-fait contraire.

« Nous ne nous entendions sur rien, et cependant elle prétendait m'imiter en tout. Si je prenais un livre, elle lisait; si j'approchais du piano, elle me priait de l'accompagner; et comme elle avait l'habitude de ne point chanter juste, toute grande musicienne qu'elle était, elle me faisait un véritable supplice de ma passion pour la musique.

« Je crus lui échapper en montant à cheval; mais elle n'eut point de repos, et ne quitta pas le manége qu'elle ne se fût mise en état de me suivre. J'en étais au point de ne plus savoir à quel saint me vouer pour sortir de cet enfer conjugal, lorsque je me souvins du docteur et de sa panacée ; je me livrai sans réserve au seul exercice que ma femme ne pouvait pas partager avec moi : la chasse fut encore une fois mon salut. Les premiers jours elle voulut m'accompagner ; mais je la menai *si loin! si loin!* comme dans les contes de fées, que force lui fut de renoncer à de pareilles excursions. Quand j'avais couru toute la journée, j'avais une bonne excuse pour me taire et dormir : obligée de se passer de moi, elle s'est créé des occupations, sa tendresse s'est calmée ; et nous avons fini par vivre ensemble d'une manière tolérable.

« Vous conviendrez, M. l'Ermite, qu'avec de pareilles raisons d'aimer la chasse, je suis bien excusable d'en prendre la défense, et de chercher à vous faire revenir des préventions que vous paraissez avoir contre cet exercice.

« J'ai l'honneur d'être, etc.

Le baron de La Gibecière. »

Je me suis érigé un petit tribunal où je ne remplis d'autres fonctions que celles de rapporteur ; j'interroge les parties, j'expose les faits, et je donne mes conclusions ; l'opinion publique porte les arrêts. Mon correspondant plaide pour la chasse : il en a fort bien prouvé les avantages; je continue à en montrer les inconvénients et le ridicule.

Quelques uns de mes lecteurs se souviennent peut-être encore de l'abbé Vincent, chez qui le goût de la chasse avait pris le caractère d'une véritable manie. Après avoir cherché pendant long-temps le moyen d'allier le *decorum* de son état avec sa passion dominante, il l'avait trouvé avec le secours d'un habile armurier de la rue de la Harpe : celui-ci avait inventé, tout exprès pour l'abbé Vincent, un fusil dont la culasse se démontait et pouvait être mise en poche; au moyen d'une pomme d'ivoire qui s'adaptait à l'ouverture du canon, et d'un bout de cuivre qui se plaçait à l'autre extrémité, le fusil, recouvert d'un beau vernis du Japon, se trouvait transformé en canne.

L'abbé, sa canne à la main, son bréviaire sous le bras, sa perruque ronde, et en habit violet, sortait de Paris chaque matin dans la saison des chasses, bien sûr que, dans ce costume, on le prendrait pour quelque curé de la banlieue qui retournait pédestrement au presbytère. Dès qu'il approchait d'une fourrée, d'une bruyère, ou de tout autre endroit giboyeux, il remontait son fusil, et sortait de sa poche un très petit chien d'arrêt, d'une excellente espèce, qui se mettait au même instant en quête. Brusquet, le nez en terre et la queue frétillante, indiquait le gibier à son maître : la pièce partait, un coup de fusil la couchait par terre; le chien, qui la rapportait, était aussitôt remis en poche avec elle, et les garde-chasses, accourus au bruit, ne trouvaient qu'un abbé cheminant la canne à la main et lisant son bréviaire. Le braconnier ecclésiastique passait sur une autre terre, où il recommençait le même manège, jusqu'à ce qu'il eût rempli l'énorme poche qui lui servait de carnassière.

La rigueur des anciennes ordonnances restreignit le droit de chasse à la classe des nobles et des grands propriétaires; ce n'était qu'à leurs risques et périls que les paysans et les bourgeois osaient les enfreindre. Plus conforme à l'intérêt général et particulier, la législation actuelle permet à chacun, après la moisson, de faire la guerre au gibier sur son propre terrain. Dès les premiers jours du mois de septembre, les châteaux, les maisons de campagne, se remplissent de chasseurs; on s'éveille avant le jour; les fusils, les carnassières, les gibecières, sont arrangés sous le vestibule; on sort du village au bruit des chiens, et chacun se disperse dans la campagne, cherchant, au lever du soleil, à reconnaître le gîte des lièvres à la petite vapeur qui s'élève de l'endroit où ils ont passé la nuit. L'alarme est parmi les habitants des bois; les chiens sont à leur poursuite, les coups de fusil se succèdent, et les carnassières se remplissent. Le lieu du rendez-vous a été fixé; l'heure du déjeuner arrive:

tout en se partageant à la hâte le pain, la langue-fourrée, et le pâté de veau dont un domestique a eu soin de se munir, chacun donne et recueille sa part d'éloge et de critique. « Telle pièce a été manquée par la faute de celui-ci; celui-là donnerait son plus beau coup de fusil pour celui de son voisin, qu'il a vu abattre deux perdrix par un coup de *revers;* cet autre n'a fait que des gaucheries; il est *enguignonné* (car les chasseurs ont, comme les joueurs, leurs préjugés et leur superstition). » Le déjeuner fini, la bouteille d'osier, qui contient la petite provision de rhum, passe de main en main : c'est le signal du départ. On se met en campagne; le soleil est dans toute sa force, la chaleur est accablante : c'est un supplice que de courir la campagne; n'importe, on est convenu de *s'amuser* jusqu'à quatre heures. Il n'est encore que midi; le gibier se tapit au plus épais des buissons, le chasseur, exténué de fatigue, ne trouve plus rien, et cherche à son tour un abri commode; son fusil contre un arbre, où il suspend sa carnassière, son chien à ses pieds, il s'arrange pour faire la sieste, et s'endort; mais le soleil, qui lui tombe d'aplomb sur le nez, l'essaim de mouches qui se promènent sur sa figure, ne tardent pas à le réveiller : les yeux à moitié ouverts, il rentre en chasse; et le carnage des lapins et des perdreaux recommence. Enfin l'horloge du village a sonné quatre heures; on se rassemble pour faire une entrée triomphale : les dames, réunies dans la salle à manger autour d'une grande table, reçoivent les chasseurs, qui étalent devant elles avec orgueil des trophées de cailles, de perdrix, de lapins et de lièvres, dont ils leur font hommage. Là se font les distributions du gibier; les petites bourriches sont arrangées par les garde-chasses, les cadeaux envoyés à leur adresse, et le cuisinier de la maison vient s'emparer des pièces de choix pour le dîner du lendemain.

Buffon s'est déclaré l'apologiste de la chasse : à l'en croire, « *c'est le seul amusement qui fasse diversion aux affaires, le seul délassement sans mollesse, le seul qui donne un plaisir vif sans langueur, sans mélange et sans satiété.* » Les femmes ont, en France, une aversion très décidée pour ce genre d'amusement, qui leur paraît destructif de toute société, de toute conversation, de tout sentiment, et qui habitue les hommes à chercher loin d'elles des plaisirs qu'elles ne sont pas appelées à partager. Il n'y a, sur ce point, guère moins d'exagération dans leurs plaintes que dans les éloges du philosophe de Montbar : je serais pourtant moins embarrassé de motiver les unes que de justifier les autres.

Il n'y a point de défaut, point de qualité, point d'habitude en France qui n'ait sa parodie. La passion de la chasse est parodiée à Paris, de la manière la plus plaisante, par quelques petits bourgeois.

Connaissez-vous rien de plus grotesque que ce bon épicier de la rue de la Verrerie, dont le magasin est gardé par un chien de chasse, et qui, s'élevant au-dessus des goûts vulgaires de sa famille, attend le dimanche pour aller courir les champs, au risque de tuer une alouette ou un hochequeue? Comme il se pavane, en traversant Paris, le fusil sous le bras, la casquette en tête, avec ses guêtres de buffle et sa veste d'ordonnance faite aux dépens d'un vieil habit dont on a coupé les basques! comme il salue gracieusement chaque voisin! comme il appelle à haute voix *Diane* ou *Castor*, qui ne s'est pas éloigné d'un pas! Enfin, le voilà dans la plaine Saint-Denis, poursuivant de buisson en buisson le pivert, le bouvreuil, et jusqu'au tendre rossignol, que son plomb égaré atteint quelquefois par hasard. Le plus souvent, la matinée se passe sans qu'il ait à se reprocher la mort du moindre volatile. Cependant l'heure du dîner approche, et l'on compte à la maison sur le produit de sa chasse pour ajouter quelque chose au modeste pot-au-feu : c'est alors que le chasseur malencontreux prend le parti de se rendre au Palais-Royal, et d'y chasser, la bourse à la main, dans la boutique d'un marchand de comestibles, chez qui mon homme achète *deux perdrix* qu'il met dans sa carnassière, et dont il a grand soin de faire sortir les pates à travers les mailles du filet. L'épicier regagne son logis, et présente à sa femme, d'un air de triomphe, les perdrix qu'il apporte. Malheureusement, un gros cousin de campagne, qui vient tous les dimanches tenir compagnie à madame l'épicière, fait remarquer à celle-ci qu'une de ces perdrix a été prise au lacet, et que l'autre exhale une vapeur faisandée qui trahit la date ancienne de sa mort.

N° CI. [25 SEPTEMBRE 1813.]

LES COURSES DU CHAMP-DE-MARS.

Quadrupedante putrem sonitu quatit ungula campum.
VIRGILE

..*De leurs pas bruyants battant les champs poudreux,*
D'un tourbillon de sable obscurcissent les cieux.
DELILLE, *Énéide*, liv. VIII

Fas est et ab hoste doceri.
HORACE.

Il est quelquefois utile de recevoir des leçons de son ennemi.

Un des chapitres les plus remarquables de l'immortel ouvrage de M. de Buffon est celui du *Cheval*. Cet éloquent écrivain le représente comme *la plus belle conquête que l'homme ait faite sur la nature;* et personne, après avoir lu sa brillante description des mœurs de ce noble animal, ne s'étonne du rang que son historien lui assigne. « A toutes les époques, et chez toutes les nations du monde, dit un auteur anglais [1], les chevaux ont joui d'une très haute considération : tout le monde sait que Darius

---

[1] Adam Fitz-Adam, auteur d'un ouvrage intitulé : *The World* (le Monde).

fut redevable du trône de Perse aux hennissements de son cheval (ce qui, par parenthèse, a fait dire à quelques contempteurs des faits et gestes de l'antiquité, qu'autant valait laisser régner le faux Smerdis que de le remplacer de cette manière); Bucephale partagea avec Alexandre la gloire de ses conquêtes; il est bien prouvé qu'un empereur romain voulut nommer son cheval consul; et l'on est d'accord que cette dignité convenait tout aussi bien à cet animal que le diadème à son maître. » Mais, sans rechercher si loin et si haut les titres de ce beau quadrupède, examinons-le dans cet exercice où il déploie avec tant d'avantage les qualités brillantes dont il est pourvu.

Les Anglais sont incontestablement, de tous les peuples modernes, celui qui s'occupe des chevaux avec le plus de soin et de succès. S'il est douteux qu'ils en aient perfectionné la race, du moins est-il certain qu'ils en ont singulièrement amélioré l'espèce que l'on désigne sous le nom de *chevaux de course;* principalement sous le rapport de la vitesse. Deux grands moyens les ont conduits à ce résultat : l'attention scrupuleuse qu'ils ont mise à constater, de la manière la plus authentique, l'origine des chevaux de race, et l'établissement des jeux annuels de New-Market [1], etc. Les Anglais ont emprunté des

---

[1] M. Dubost, un de nos peintres les plus estimés, a publié, en

Arabes l'usage des généalogies des chevaux, à l'appui desquelles ils exigent des titres plus avérés, des preuves plus nombreuses qu'on n'en demandait autrefois pour la réception d'un chanoine de Lyon ou d'un chevalier de Malte.

Le goût, ou plutôt la passion des chevaux, qui s'était éteinte en France avec l'usage des tournois, s'y ranima vers la moitié du dernier siècle; et c'est de cette époque que date le premier essai des courses en règle qu'on voulait établir à l'imitation de celles qui se pratiquent en Angleterre. Cette tentative vint à la suite d'une gageure qu'avait faite à Fontainebleau, pendant un voyage de la cour, un gentilhomme anglais, dont le nom m'échappe en ce moment. Il avait parié mille louis qu'il ferait, en deux heures, le trajet de Fontainebleau à la barrière des Gobelins, et il gagna de quelques minutes. L'année suivante, un grand seigneur français, de retour d'Angleterre (où Louis XV prétendait qu'il avait été apprendre à *panser*... les chevaux), fit exécuter plusieurs courses dans la plaine des Sablons : il essaya d'en fixer dès-lors le retour périodique ; mais ce projet n'eut son exécution que quelques années après, à l'époque où s'organisèrent les courses du bois de Vincennes, lesquelles n'avaient d'ailleurs

1820, sous le titre de *Newmarquet*, un magnifique ouvrage sur l'éducation des chevaux de course en Angleterre.

aucun but d'utilité publique ni de gloire nationale, puisqu'on faisait venir d'Angleterre tous les chevaux qu'on y faisait courir.

En instituant des courses annuelles, où ne sont admis que des chevaux de race indigène, où des prix sont accordés aux vainqueurs en indemnité de leurs frais et de leurs soins, le gouvernement s'est promis d'exciter l'émulation des propriétaires et de perfectionner la race excellente des chevaux français : les progrès obtenus en si peu de temps ne permettent point de douter qu'on n'atteigne bientôt le but qu'on se propose, et que peut-être nos voisins ont dépassé.

Chaque nation civilisée a sur les autres un degré de supériorité qui la distingue en quelque chose; et, parmi beaucoup d'avantages dont les Anglais se vantent gratuitement, ils peuvent se prévaloir, à juste titre, de l'excellence de leurs haras : c'est une concession que je faisais dernièrement à M. de Mairieux vieil anglomane de ma connaissance, qui ne tarissait pas sur l'habileté de leurs *grooms* (palefreniers), sur la propreté, la commodité, même sur l'élégance de leurs écuries, sur tous les détails des soins industrieux dont l'éducation des chevaux est l'objet en Angleterre.

Il me fallut, à ce sujet, entendre le récit d'un voyage de trois mois que mon homme a fait de l'autre côté de la Manche, et durant lequel « il a acheté, dans le Devonshire, un vieil étalon qu'il est parvenu à exporter en contrebande, et dont il aurait tiré des poulains superbes huit ou dix ans plus tôt; il a assisté aux courses de New-Market, où il a parié dix guinées avec le sommelier du lord-maire; il a visité le haras de M. Brindley, monté un cheval du prince de Galles, et fait connaissance avec un écuyer du duc d'Yorck. » On conçoit qu'avec de telles connaissances et de pareilles préventions M. de Mairieux eut bien de la peine à se décider à m'accompagner, dimanche dernier, aux courses du Champ-de-Mars. « Que peut-on voir dans ce genre là, me répétait-il à tout propos, quand on a passé sa vie *là-bas?* » Il faisait un temps superbe; autant valait se promener là qu'ailleurs: il se laissa donc persuader, et nous partîmes du café Tortoni, où nous avions déjeuné ensemble, pour nous rendre au Champ-de-Mars, au milieu d'une foule innombrable qui s'acheminait du même côté, et dont une partie se rendait à Saint-Cloud.

Nous traversâmes, pour la première fois, la rivière sur le pont d'Iéna, chef-d'œuvre de l'art, dont les bons Parisiens jouissent avec indifférence,

Et comme accoutumés à de pareils présents.

Je ne crois pas qu'on puisse se faire l'idée d'un tableau plus magnifique, plus animé, que celui de cette superbe esplanade de l'École-Militaire, au moment où un peuple immense y afflue de tous côtés, et vient prendre place sur la terrasse circulaire qui en détermine l'enceinte. Quelqu'un (mal informé, je l'espère,) disait à côté de moi qu'il était question de remettre le terrain de niveau, et de détruire ce vaste amphithéâtre qui fut élevé en huit jours de temps pour la mémorable fédération de 1790, et auquel la population entière de Paris a travaillé. On a si souvent l'occasion d'apprécier les avantages d'un lieu merveilleusement disposé pour des fêtes nationales, que ce projet de nivellement ne me semble nullement probable.

Tandis que la foule se distribuait sur le pourtour, les calèches, les carricles, les bogueys, les voitures de toute espèce, se rangeaient avec ordre le long des avenues dont le Champ-de-Mars est bordé extérieurement : l'espace spécialement réservé pour la course était marqué, de distance en distance, par des poteaux liés entre eux par des cordes, en forme de barrière; le centre était occupé par les spectateurs à cheval; deux pavillons étaient ouverts aux personnes invitées par billets; un troisième, plus élégamment décoré, était destiné à Son Excellence le ministre de l'intérieur, aux juges des courses, aux inspecteurs des haras, et au jury d'admission.

L'ami Mairieux, tout ébahi de la beauté de ce premier coup d'œil, m'avoua en hochant la tête que New-Market était loin d'offrir un aspect aussi imposant; mais, forcé d'admirer l'ensemble, il se dédommagea sur les détails, et ne fit grace, tout au plus, qu'à cinq ou six cavaliers, dans le nombre de ceux qui parcouraient l'enceinte, et qui devinrent tour-à-tour l'objet de ses critiques.

« L'un montait un cheval *courte-queue*, équipé à la hussarde; l'autre trottait à l'anglaise sur une selle rase, avec un chasse-mouches, une chabraque en velours cramoisi, et une rosette sur la queue de son cheval; celui-ci se pavanait sur une selle anglaise, ornée de têtière, de croupière, et de martingale; cet autre galopait à contre-pied avec une imperturbable assurance. » Tous ces contre-sens de costume égayaient beaucoup mon compagnon, qui se moquait également et des maîtres et des chevaux : « Ceux-ci manquaient de forme, ceux-là manquaient d'allure, tous manquaient de race. Il était aisé de s'apercevoir, au trot de quelques uns, que ces modestes animaux venaient de quitter le timon d'une voiture ou le brancard d'une demi-fortune, pour venir figurer à la course en qualité de chevaux de main; et l'on voyait que d'autres, en prenant le galop, cherchaient à se rappeler un souvenir de jeunesse. »

Il était quatre heures; le moment de la course approchait : les chevaux avaient été présentés aux inspecteurs et reconnus pour indigènes; les jockeys, la selle sous le bras, en toque et en veste de satin, après avoir été pesés, selon l'usage, achevaient de seller leurs chevaux et de visiter chaque partie du harnais; enfin l'ordre du départ fut donné, et nous nous hâtâmes d'aller prendre place sur un tertre, à cent toises environ du point du départ, au milieu d'une famille de bonnes gens qui s'y était établie depuis le matin, et dont le chef s'empressa de m'apprendre qu'il avait été, pendant trente ans, limonadier sur le boulevard Beaumarchais.

La manie de ce brave homme, qui n'avait probablement vu de près, dans le cours de sa vie, que les chevaux du brasseur qui lui apportaient toutes les semaines son quartaut de bière; sa manie, dis-je, était de parler de courses, d'équitation, en termes techniques dont il ne soupçonnait pas la valeur, avec une assurance extrêmement comique pour tout autre que Mairieux, qui n'était occupé qu'à lui fournir le mot propre : il est probable que le limonadier aurait fini, comme *Larissole*, par envoyer promener son instituteur; heureusement, un cri général donna le signal du départ des coureurs.

Deux beaux chevaux entiers, montés par des jockeys vêtus, l'un en bleu, l'autre en jaune, parcoururent le premier tour avec une rapidité dont mon compagnon lui-même fut surpris : le second tour s'acheva beaucoup moins vite; ce qui lui donna l'occasion de dire que nos jockeys ne savaient pas leur métier, et que ceux de *là-bas* avaient grand soin de ménager les forces de leurs chevaux pour le moment où ils arrivent au but. Quoi qu'il en soit, le jockey jaune fournit la carrière en 4 minutes 48 secondes; il devança son concurrent de 12 secondes, et fut proclamé vainqueur de la première course.

Dans la seconde, entre deux juments, celle que montait le jockey bleu parvint également au but 12 secondes avant l'autre

La troisième course, entre plusieurs chevaux, fixa plus particulièrement mon attention. J'examinais avec un plaisir extrême quelques uns des plus beaux animaux de la création, déployant toute la souplesse de leurs muscles, toute la vigueur de leurs nerfs, pour constater leur supériorité, dont ils semblent apprécier l'avantage.

J'observais l'adresse, l'habileté de ceux qui les montent, et qui ont tant de part à leurs succès; mais quelque attention que je donnasse au spectacle que j'avais sous les yeux, j'étais bien loin d'y prendre autant d'intérêt que la fille du limonadier auprès de qui je me trouvais, et dont j'avais déja remarqué la jolie figure et l'inquiétude. Cette jeune personne, les yeux fixés sur l'arène, ne put s'empêcher de s'écrier d'une voix très émue: *Le voilà, mon père, le voilà !* en voyant passer, comme un éclair, auprès d'elle, un jeune homme en veste de couleur orange, monté sur une jument dont l'ardeur était de bien bon augure. «Ah ! oui, c'est Francisque, dit le père avec indifférence ; c'est l'ami Francisque répéta plus bas la mère en prenant la main de sa fille ; » et le petit fichu de mademoiselle Louison était bien agité, et la rougeur couvrait ses joues, et des larmes roulaient dans ses yeux.

A la fin du premier tour, Francisque était dépassé de quelques toises par un de ses rivaux : ma jolie voisine respirait à peine ; son père déclarait, avec un gros rire qui voulait être malin, que l'ami ne gagnerait pas la course ; madame Hébert, sa femme, disait qu'il fallait voir ; et mon compagnon offrait, à haute voix, de parier deux contre un pour le jockey à la veste orange. Ce mot lui fut payé d'un regard dont l'ami Francisque aurait été jaloux. Mairieux avait raison : à la moitié du second tour, notre jeune homme avait regagné le terrain perdu ; et, rassemblant pour un dernier effort toutes les forces de sa jument qu'il avait habilement ménagée, il la lança pour ainsi dire au but, où il parvint trois secondes avant celui de ses rivaux qui le serrait de plus près. Je laisse à penser avec quel plaisir mademoiselle Louison entendit proclamer le nom du vainqueur.

Je ne quittai point la famille Hébert sans avoir

appris de quelle nature était l'intérêt qu'on y prenait à M. Francisque, ni sans faire compliment à sa fille d'une victoire dont on m'avoua qu'elle devait être le prix.

En quittant ces bonnes gens, nous sommes allés dîner chez un traiteur du Gros-Caillou, où j'ai pris des notes et recueilli des observations qui pourront trouver leur place ailleurs.

N° CII. [30 SEPTEMBRE 1813.]

LE PALAIS.

> . . . . *Avidos vicinum funus ut ægros*
> *Exanimat, mortisque metu sibi parcere cogit;*
> *Sic teneros animos aliena opprobria sæpè*
> *Absterrent vitiis*
> HOR , lib. I, sat. IV
>
> La mort du voisin fait trembler le malade indocile, et le force, par la crainte, à se ménager davantage; de même les jeunes gens sont avertis par certains exemples à éviter le vice dont ils ont vu les conséquences.

Le cri des Romains, *du pain et des spectacles*, est également celui des Français, en changeant l'ordre des mots: *Des spectacles et du pain;* telle est l'expression de leurs besoins par rang d'importance. Satisfaits du nombre, ils ne disputent pas sur le goût; tout leur convient, depuis les tragédies de Corneille jusqu'aux quolibets de Paillasse ; depuis l'Opéra jusqu'aux scènes du café d'Apollon, depuis les disputes du port ou de la halle jusqu'aux exécutions de la Grève.

Les Parisiens sont, à cet égard comme à beaucoup d'autres, les Français par excellence. Cette avidité de spectacle, que tout entretient et que rien ne peut satisfaire, s'exerce indifféremment sur les objets les plus frivoles et les plus graves: on attend ici avec une égale impatience une première représentation au Théâtre-Français et à celui des Variétés; on court avec le même empressement aux exercices des sourds-muets et aux séances de l'abbé Faria; aux expériences de physique du plus habile professeur, et aux tours de gibecière de Bernardi ou d'Olivier. Cependant, s'il fallait assigner le degré d'estime que les Parisiens portent aux différents spectacles qui leur sont offerts, je ne serais pas éloigné de croire qu'après les représentations du théâtre, celles qu'ils préfèrent, par raison d'analogie sans doute, sont les assises des tribunaux criminels.

Au moment où j'écris, le Palais est le théâtre en vogue; et le drame qu'on y représente attire chaque matin la foule des spectateurs. Rien de plus simple que le sujet (il s'agit d'une accusation de faux en écriture privée); mais la fable se complique de tant de faits accessoires, les scènes épisodiques y sont si variées, les caractères principaux si fortement prononcés, les personnages si nombreux, et le dénouement, quel qu'il soit, d'un tel intérêt, qu'on peut expliquer, jusqu'à un certain point, la curiosité scandaleuse qu'excite une semblable affaire. Paris tout entier s'en occupe, et l'opinion publique se partage, d'une manière très inégale, il est vrai, entre l'accusateur et les accusés.

Les journaux rendent compte chaque matin des progrès de la procédure; on les compare, on les oppose les uns aux autres, moins pour éclairer son jugement que pour motiver l'opinion qu'on s'est formée d'avance, et dont on est bien résolu de ne se point départir. Quelque part que vous alliez, vous trouvez la discussion ouverte sur l'affaire *Reynier-Michel*: vous êtes interpellé et forcé d'avoir un avis; on ne vous permet point de rester neutre; il faut prendre *couleur* pour ou contre la partie civile, et sur-tout vous défendre de la modération, dont les femmes sont ennemies jurées dans cette affaire [1].

Les avenues du Palais de Justice sont assiégées dès huit heures du matin par la foule des curieux de toutes les classes. Les heureux du jour, ceux qui ont obtenu des cartes d'entrée, s'avancent la tête haute, et jouissent intérieurement de l'envie que leur portent ceux qui n'ont d'autre espoir que de fléchir une sentinelle ou d'attendrir un huissier. Les

---

[1] Il n'est pas inutile d'observer que c'est à l'époque, et au moment où les débris de nos glorieuses armées arrêtaient, aux bords du Rhin, l'invasion des puissances européennes, prêtes à fondre sur la France, que les frivoles habitants de Paris s'occupaient exclusivement de ce procès honteux.

uns se réclament d'un avoué, à l'aide duquel ils pénètrent jusque dans la salle des Pas-Perdus ; les autres sont introduits par les couloirs, sur les pas d'un garçon de salle, qu'ils ont régalé à la Buvette ; et les moins chanceux, c'est-à-dire le plus grand nombre, après avoir resté pendant quatre heures à la porte, se retirent avec l'espérance d'être plus heureux le lendemain.

Il y a long-temps qu'on a observé l'influence des lieux sur les hommes qui les habitent ou qui les fréquentent ; nulle part cette influence n'est aussi sensible qu'au Palais, dont chacune des salles présente un aspect et des caractères particuliers.

Je ne sais pourquoi ces vastes galeries voûtées, malgré la variété des boutiques qui les décorent, n'offrent aux yeux qu'un tableau triste et monotone. Les successeurs de *Barbin* sont les premiers qu'on y remarque. Vous chercheriez en vain, sur l'étalage antique de ces libraires, le roman du jour ou la brochure nouvelle. Enfoncé dans son échoppe, comme un limaçon dans sa coquille, le vénérable bouquiniste se dérobe aux yeux du chaland, derrière un triple rempart d'in-folio vermoulus. Les *Trévoux* et les *Moréri* sont au premier rang ; les dix énormes volumes de *Cujas* servent de renfort aux *Loiseau*, aux *Bacquet*, aux *Desmoulins*, contre lesquels s'appuie

.... le vieil Infortiat,
Grossi des visions d'Accurse et d'Alciat.

Cette galerie de libraires anté-diluviens est égayée par quelques marchands de bonnets carrés et de rabats, qui étalent avec beaucoup de goût la riante friperie des suppôts de Thémis....

Mais il est déja neuf heures, et le Palais commence à se peupler. Les huissiers-audienciers se rendent à leur poste, les avocats-généraux donnent audience aux avoués, et reçoivent les *productions;* le client vient attendre son avocat dans la grande salle, et rencontre son adversaire, avec lequel il se dispute pour passer le temps ; enfin les avocats arrivent, et les plaideurs en foule se groupent autour d'eux. Nos Cicérons, nos Démosthènes, en cheveux flottants, s'applaudissent, en entrant à l'audience, de la nombreuse clientelle qu'ils traînent après eux. Avec quelle gravité comique Me N*** prend place au bureau ! avec quelle importance il dispose ses papiers ! avec quel air de protection il parle à ses clients, dont l'agitation contraste si singulièrement avec le sang-froid de celui qu'ils ont chargé souvent de leurs plus chers intérêts.

Quel que soit le talent des orateurs, il est rare que les débats, en matière civile, aient un auditoire bien nombreux. Ce sont des émotions qu'on vient chercher au Palais comme au théâtre ; et l'on n'en saurait attendre de bien vives d'une discussion qui a pour objet un mur mitoyen, des loyers arriérés, ou la validité d'une donation *entre-vifs.*

C'est-à la cour d'assises que les spectateurs affluent : les places, depuis quinze jours, s'y seraient vendues (s'il eût été permis de les acheter) plus cher qu'elles ne l'ont jamais été à la plus belle représentation à bénéfice. Depuis long-temps le tribunal criminel n'avait réuni un aussi brillant auditoire. Les femmes les plus élégantes viennent assidûment y prendre place; des hommes de distinction se sont fait remarquer plus d'une fois au nombre des spectateurs. Cet étrange empressement a plusieurs causes : la plus générale est le rang que les accusés et les accusateurs tiennent dans la société, et la triste célébrité qu'ils ont acquise. L'un a fixé tous les yeux sur lui, plus encore par la rapidité que par l'immensité d'une fortune sans aucune proportion avec ses moyens personnels.

Le principal accusé a, pendant long-temps, étonné la place et la Bourse par la hardiesse de ses spéculations, dont on connaît les funestes résultats. Quelques circonstances de ce procès en ont rappelé un beaucoup plus justement célèbre. On a voulu établir une sorte de parallèle entre Reynier et Beaumarchais; quelques traits des caractères de Bertrand, Marin et Malbête, ont paru convenir à la partie civile; et une femme charmante, de vingt-six ans *moins un mois,* a fourni aussi quelques traits à la comparaison. Ce rapprochement forcé ne souffre pas le moindre examen.

Jamais cause plus insignifiante, au fond, que celle de Beaumarchais, n'attira l'attention publique : il s'agissait de savoir « si les héritiers de Pâris-Duverney étaient ou non redevables, à l'auteur du *Barbier de Séville*, d'une somme qu'il réclamait. » Cette affaire n'était point de nature à occuper le parlement pendant trois heures ; Beaumarchais, en plaidant lui-même, en transportant la comédie au barreau, comme il a depuis transporté le barreau à la comédie, occupa la France, pendant une année entière, d'un procès qui devint et qui reste encore le fondement le plus solide de sa brillante réputation.

Pour obtenir un aussi grand résultat d'une cause aussi mince, il fallait parvenir à la célébrité ; et, dans une pareille affaire, on ne pouvait y arriver que par le scandale. Beaumarchais ne l'épargna pas : persuadé qu'en France on est tout près d'avoir raison quand on a mis les rieurs de son côté, et surtout quand on a fait rire aux dépens de ceux que l'on hait, il força d'entrer en instance l'un des magistrats d'un parlement détesté, qu'il couvrit de ridicule dans la personne du conseiller Goësman ; le dénouement de cette comédie juridique fut une sentence de *blâme*, dont Beaumarchais se fit dans le monde un titre honorable. Cet homme, d'un esprit très distingué, et dont la réputation, si souvent attaquée pendant sa vie, a trouvé et trouve encore dans ses amis, de zélés défenseurs, avait pris pour devise un tambour avec ces mots : *Silet nisi percussus*. Au bruit qu'il a fait on peut juger des coups qu'il a reçus ; il a dit lui-même que *sa vie était un combat*.

Mais laissons là Goesman, Beaumarchais, et le parlement Maupeou ; revenons à la cour d'assises, et voyons à quoi tient la curiosité publique. Si la cause dont il s'agit se plaidait au tribunal de commerce ; si l'alternative d'une peine infamante ou d'une fortune de deux millions n'était pas pour les accusés la conséquence de la perte ou du gain de leur procès, personne ne penserait à s'en occuper : les plus jolies femmes de Paris ne feraient pas violence à leur plus douce habitude, pour venir, avant neuf heures, prendre place au parquet et jusque sur le banc des accusés ; les portes de la salle d'audience ne seraient pas incessamment assiégées par les flots tumultueux des spectateurs ; l'engouement ne serait pas arrivé au point de déranger presque tous les cerveaux parisiens ; et la basoche elle-même ne serait pas divisée d'opinions sur cette grande querelle. Le défaut d'autres spectacles contribue encore à la vogue de celui du Palais : les grands acteurs du Théâtre-Français sont absents, l'Opéra se suffit à lui-même et prend le parti de se passer de spectateurs ; Feydeau languit, et l'Odéon n'est point assez récompensé de son zéle.

Le tribunal de police correctionnelle est, après

la cour d'assises, celui dont les séances sont les plus suivies ; et je connais des amateurs qui soutiennent qu'il a sur cette dernière l'avantage d'une plus grande variété. On ne se doute pas combien il existe à Paris d'honnêtes bourgeois qui ne connaissent d'autre passe-temps que d'assister aux séances des tribunaux : c'est pour eux, tout à-la-fois, un plaisir et un avantage inappréciable que d'aller, en hiver surtout, s'asseoir gratis sur de bonnes banquettes rembourrées, dans une salle chauffée à point, où des avocats viennent, avec plus ou moins de talent, représenter devant eux un drame qui a nécessairement, comme un autre, son exposition, son nœud, ses péripéties, son dénouement, et sa catastrophe. En sortant de là, le cœur et la tête remplis de ce qu'ils viennent de voir et d'entendre, ces auditeurs se rendent à la Buvette, où ils révisent entre eux le procès auquel ils ont assisté, et dont ils confirment assez ordinairement la sentence.

Je me suis contenté, dans cet article, d'esquisser quelques traits d'un vaste tableau, sur lequel je me propose de revenir.

N° CIII. [9 OCTOBRE 1813].

LES OBSÈQUES DE GRÉTRY.

> ... *Mixtoque insania luctu.*
> VIRGILE
> La folie se mêle à la douleur.

« On ne ferait jamais tout ce que l'on peut, a dit Bacon, sans l'espoir de faire plus qu'on ne pourra. » Il doit donc être permis à tout homme qui écrit pour le public d'adresser mentalement son ouvrage à la postérité, dût-il avoir le sort que Voltaire prédit à l'épître de J.-B. Rousseau, *de ne point arriver à son adresse*. Je cherche aussi quelquefois à me bercer de cette chimère encourageante; et pour savoir dès aujourd'hui ce que la postérité pensera de mes feuilles (supposé qu'elles lui parviennent), je fais une hypothèse (comme M. Frélon dans la comédie de l'*Ecossaise*): je suppose que dans les fouilles d'Herculanum ou de Pompeia on vienne à découvrir le manuscrit de quelque *Ermite du Janicule, du mont Aventin*, qui se serait, comme moi, occupé de son vivant à recueillir et à publier ses observations sur les mœurs des habitants de Rome : de quel intérêt, de quelle utilité même, un pareil recueil ne serait-il pas aujourd'hui pour nous ? Quel plaisir n'aurions-nous pas à connaître, pour ainsi dire en détail, ce peuple-roi que les historiens ne nous montrent qu'en masse ; à observer ces maîtres du monde dans l'intérieur de la vie privée ; à les suivre aux bains, au forum, à table, au théâtre ; à étudier dans leurs moindres actions les mœurs domestiques que les historiens contemporains ont négligé de peindre, et dont les poëtes ont fait la satire et non pas le tableau ?

Cet accueil, qu'un pareil livre recevrait de nous aujourd'hui, pourquoi me serait-il interdit de l'espérer, dans l'avenir, pour des feuilles qui auront, aux yeux de la postérité, le même intérêt et les mêmes avantages ? Telle est la question ; disons tout, telle est la promesse que je me fais à moi-même pour m'encourager dans l'exécution de la tâche que j'ai entreprise : la course journalière paraît moins longue à celui qui se propose un but très important et très éloigné.

Je ne tiens point note des événements, avec l'intention d'en rendre fidèlement compte ; ce travail est celui des historiens, des auteurs de mémoires et d'anecdotes ; les faits sont pour moi ce qu'est l'intrigue dans un ouvrage dramatique ; ils me servent à exposer les mœurs, à développer les caractères, à mettre la morale en action, au lieu de la réduire en préceptes. En parlant aujourd'hui de la perte récente que la France a faite dans la personne de Grétry, je ne me propose donc pas d'apprécier toute l'étendue de cette perte si généralement sentie, mais de décrire et de discuter les honneurs funèbres qui lui ont été rendus.

Je ne disputerai pas sur la propriété plus ou moins rigoureuse des expressions de *génie sublime*, de *Molière de la musique*, de *créateur de l'opéra-comique*, qui ont été prodiguées à Grétry; je n'examinerai pas si Duni, Pergolèse, Philidor, Monsigny, ne l'ont point précédé dans la carrière qu'il a parcourue avec tant de gloire et de succès; si ce dernier, que nous avons le bonheur de posséder encore [1], n'a pas fait preuve, dans les deux opéras du *Déserteur* et de *Félix*, d'une sensibilité plus profonde; je ne chercherai point à prouver que dans ces ouvrages et dans quelques autres plus modernes (dont je ne nommerai pas les auteurs, parceque, en fait de réputation, il faut prendre son temps à Paris pour demander et pour obtenir justice); je ne chercherai point, dis-je, à prouver que dans ces ouvrages on trouve une connaissance plus étendue de l'art et de ses ressources que dans les productions de l'auteur de *Syl-*

---

[1] Peu de mois après, la France avait perdu ce compositeur plein de grace.

vain et de la *Fausse Magie*. J'admire trop sincèrement ce grand compositeur, pour ne pas admettre sans restriction les éloges dont il est l'objet, et pour chercher à refroidir un enthousiasme que je partage ; mais l'expression de la douleur publique a ses bornes ainsi que ses droits, et le ridicule est plus près qu'on ne croit de l'oubli des convenances.

Les honneurs décernés par la reconnaissance publique à la personne, ou même à la dépouille mortelle d'un grand homme, sont un puissant motif d'émulation et un vif aiguillon de gloire pour ceux qui lui survivent ; il est fâcheux que cet encouragement soit si rare : c'est une dette sacrée que les contemporains contractent, et qu'ordinairement la postérité acquitte :

> La mémoire est reconnaissante,
> Les yeux sont ingrats et jaloux.

Grétry, par une heureuse exception, a joui, vivant, de toute sa renommée. Arrivé très jeune à Paris, à peine a-t-il lutté deux ans contre l'obscurité de son nom ; chose assez ordinaire, son premier triomphe lui a fait un grand nombre de partisans ; chose étonnante, ses autres succès ne les lui ont pas fait perdre. Il a trouvé des gens en crédit qui se sont déclarés ses protecteurs, et qui, par hasard cette fois, ont bien placé leur protection. Recherché par les grands, chéri des gens de lettres, estimé de ses rivaux, Grétry a compté, pendant un demi-siècle, ses succès par ses ouvrages; ses airs, devenus *proverbes,* si j'ose m'exprimer ainsi, ont été répétés par trois générations consécutives; et, pour comble de gloire, il a partagé avec Voltaire seul l'honneur d'avoir vu élever sa statue.

Maintenant, si l'on compare cette existence heureuse et brillante du *Molière* de *l'opéra-comique*, et celle du Molière de la comédie, on trouvera que le sort dispense encore plus inégalement ses faveurs que la nature ne distribue ses dons.

L'auteur de *Sylvain* jouissait paisiblement d'une gloire acquise par ses heureux travaux; la protection de Louis XIV suffisait à peine pour rassurer l'auteur du *Tartuffe* contre la haine de ses ennemis. Chaque ouvrage de Grétry augmentait le nombre de ses admirateurs; Molière, à chacun de ses nouveaux chefs-d'œuvre, voyait se grossir la cabale de ses envieux et de ses détracteurs. C'est sur-tout à leur mort que leurs destinées diffèrent davantage. Celui-ci meurt en butte à toutes les fureurs du fanatisme (dont la sottise, la haine et la jalousie avaient emprunté le masque); et il ne fallut rien moins qu'un ordre du roi, pour obtenir ce *peu de terre* où furent déposés honteusement les restes du plus grand homme du grand siècle : l'autre obtient des honneurs funèbres dont les annales des arts n'offrent, je crois, aucun exemple; sa mort est pour Paris un jour de deuil ; tout ce que cette capitale renferme de gens de lettres, d'hommes à talents, d'artistes dans tous les genres, se fait un devoir de rendre un hommage public au célèbre compositeur, en se joignant à sa famille pour l'accompagner jusqu'à son dernier asile.

Pourquoi faut-il qu'une si noble et si touchante cérémonie ait été dénaturée par un zèle indiscret, ou par les conseils d'une puérile ostentation ? Quel est l'homme raisonnable qui n'a pas été affecté péniblement de retrouver dans un convoi funèbre tous les caractères d'une fête triomphale ? Par quel étrange oubli de toutes les convenances a-t-on forcé des parents en pleurs, des amis affligés, à promener de rue en rue leur douleur ?

Il est trop vrai qu'on a trouvé le moyen, dans cette journée, d'associer les idées si disparates de la mort et du ridicule, en faisant stationner un corbillard devant des théâtres *drapés;* en prononçant une oraison funèbre à la porte de l'Opéra-Comique ; et en déposant sur une bière, humide de larmes, une couronne traînée dans les coulisses.

Après une pareille momerie, quel respect était-on en droit d'attendre du peuple qui venait d'en être témoin ? Aussi dès ce moment toute idée de recueillement a disparu ; et l'on n'a vu, même dans la cérémonie religieuse qui s'est faite à Saint-Roch au milieu du tumulte, que la continuation d'une scène dramatique dont la décoration était changée.

Ce ne fut qu'au moment où le cortége arriva au cimetière, lorsque le digne émule de Grétry [1], et son collègue à l'Institut national, adressa les derniers adieux à l'homme célèbre dont la terre allait recevoir les dépouilles, que cette pieuse cérémonie reprit le caractère qui lui convenait, et qu'elle n'aurait pas dû perdre. L'éloquent orateur prononça, d'une voix émue, un discours dicté par un sentiment si vrai, par une impression si profonde, qu'il rappela dans tous les yeux les larmes qu'une pompe vaine semblait avoir taries.

En m'éloignant encore une fois de ce lieu d'éternel repos (comme un homme s'éloigne d'un écueil en passant à l'autre extrémité du vaisseau que les courants y entraînent), je fis la triste observation, que, dans l'espace d'un an, la mort y avait rassemblé le plus grand géomètre, le plus grand poëte, le plus grand musicien et la plus grande actrice [2] dont s'honorât la France.

La véritable manière de rendre hommage à la mémoire de Grétry, la seule qui convînt aux comédiens, était sans doute de représenter ses meilleurs ouvrages; et si je fus surpris de ne pas voir le théâtre de l'Opéra-Comique fermé le jour même de sa mort, je vis avec plaisir qu'on afficha le lendemain, l'*A-*

[1] Méhul, déjà atteint de la maladie funeste qui devait le conduire au tombeau quatre ans après.
[2] Lagrange, Delille, Grétry, et mademoiselle Contat.

mant *Jaloux* et *Zémire et Azor*, lesquelles pièces devaient être jouées *par les premiers sujets* (ce qui, par parenthèse, me donnait, ainsi qu'au public, l'espoir que le magnifique trio du second acte de *Zémire* serait exécuté par mesdames Duret, Regnault et Boulanger); mais j'avais trop compté sur l'affiche : en continuant de la lire, je vis qu'on nous promettait, par supplément, l'ouverture de l'opéra d'*Élisca* et la marche des *Mariages Samnites*, où TOUTE LA COMÉDIE DEVAIT PARAÎTRE. Cette dernière partie de l'annonce me déplut, par cela seul qu'elle me rappela la marche *des apothicaires* du *Malade Imaginaire*, et celles du *mamamouchy* du *Bourgeois-Gentilhomme*, dans lesquelles il est d'usage aussi que *toute la comédie paraisse*. Je n'en courus pas avec moins d'empressement au théâtre de l'Opéra-Comique, dont une foule immense assiégeait toutes les issues. J'éprouvai un serrement de cœur, en entrant dans la salle, à la vue des deux balcons entièrement occupés par des artistes et des gens de lettres en deuil; mais cette vive émotion ne dura qu'autant de temps qu'il en fallut pour me rappeler que j'étais dans le pays des fictions, et que les acteurs aussi allaient jouer, *en noir*, une comédie où j'étais fâché que les auteurs eussent l'air d'avoir pris un rôle. Chacun doit faire son métier, comme dit Horace :

Quam scit uterque, lubens censebo exerceat artem.

On n'avait point attendu la mort de Grétry pour apprécier ses chefs-d'œuvre. Je doute cependant que la musique enchanteresse de l'*Amant Jaloux* et de *Zémire et Azor* ait jamais été entendue avec autant de plaisir, applaudie avec de pareils transports, et chantée (ceci ne s'adresse qu'à madame Duret) avec une aussi étonnante perfection.

L'intermède, dans lequel *toute la comédie parut* en habits de deuil, et vint se grouper autour d'un buste de Grétry en chantant le trio : *Ah! laissez-nous le pleurer!* ne fit point et ne devait pas faire l'effet qu'on s'en était promis. On ne vient chercher au théâtre que des illusions ; on ne s'attend à y trouver qu'une imitation de la nature, et non la nature elle-même; une douleur réelle n'y semble pas moins déplacée que ne le seraient un arbre, une maison, un ruisseau véritable.

« Tous les acteurs de Feydeau, me disait un de mes voisins, ne composent en ce moment qu'une famille qui gémit sur la perte qu'elle vient de faire d'un père adoré. » A cela je réponds que les enfants ont très mauvaise grace à venir pleurer leur père sur un théâtre ; et que, malgré moi, je vois toujours une comédie où je vois des loges, un parterre, et des décorations.

Une allégorie ingénieuse, dans le genre des *Muses rivales*, où chaque acteur aurait été l'interprète de la douleur publique, et non de la sienne, eût sans doute été plus convenable, mais non pas plus productive. En comptant les 5,200 francs, produit de cette triste soirée, la famille en larmes, dans l'élan d'une sensibilité bien naturelle, arrêta qu'on *improviserait* le surlendemain *le même hommage à Grétry*, attendu qu'un seul jour de deuil ne suffisait pas à une douleur si forte.

Le public a montré le même empressement, et les comédiens une tristesse tout aussi vive; on a même remarqué que les rôles de l'intermède étaient mieux sus; que chacun des affligés avait plus d'aplomb dans son abattement; que la poitrine de ces dames s'élevait et s'abaissait avec un mouvement plus régulier; et que les deux petites filles, placées aux deux coins du buste, sanglotaient avec beaucoup plus de grace. La recette ne diminuait pas; les regrets allaient croissant, et les comédiens étaient en fonds pour dix représentations de larmes et de soupirs. Il est fâcheux que de mauvais plaisants se soient avisés de tourner en ridicule et en vaudevilles cette affliction lucrative, et qu'ils aient forcé messieurs de l'Opéra-Comique à remettre du rouge et à se consoler.

N° CIV [11 NOVEMBRE 1813.]

UNE EXÉCUTION EN GRÈVE.

> D'un spectacle cruel indignement avide,
> Turbulent, curieux avec compassion,
> Tout un peuple s'agite autour de la prison :
> Étrange empressement de voir des misérables !
> On hâte, en gémissant, ces moments formidables.
> VOLT., *Tancrède*, act. III, sc. III.

J'ai eu l'ocasion de faire remarquer, dans un de mes précédents Discours, ce contraste, particulier au caractère français, de l'amour de la nouveauté et de l'attachement à la routine. Cette étrange contradiction, sans être moins forte, est pourtant moins choquante au premier coup d'œil, que celle d'une extrême politesse et d'une curiosité féroce, dont le peuple, et principalement celui de cette capitale, offre à tout moment l'exemple. En effet, quelle idée différente emporteraient de nous deux étrangers, dont l'un n'aurait vu les Parisiens qu'à l'Opéra, et l'autre qu'en traversant la ville, le long des quais, un jour d'exécution en place de Grève !

Que devrait penser ce dernier, en voyant sa voiture arrêtée à chaque pas au milieu d'une foule immense qui se presse autour de l'Hôtel-de-Ville et du Palais de Justice; en écoutant ces bruits confus et tumultueux de la populace, dont l'effet matériel est à-peu-près le même, quelle que soit la circonstance qui les occasione?

Cet étranger, qui verrait sur son chemin l'artisan quitter sa boutique; le bourgeois oublier l'heure du dîner, les femmes prendre place aux fenêtres; d'autres mêlées dans la foule dont les quais et les ponts sont couverts; les cafés, les cabarets se remplir de buveurs; cet étranger, dis-je, ne se croirait-il pas arrivé à Paris le jour d'une grande solennité? Supposons maintenant qu'il questionne son postillon, et qu'il apprenne que ce concours de monde, que tout ce mouvement, a pour but de jouir des dernières angoisses d'un malheureux condamné au supplice : notre voyageur, pour concilier les traces de civilisation qu'il aurait pu remarquer avec d'aussi cruelles habitudes, ne serait-il pas autorisé à croire qu'il est au milieu d'une horde de sauvages, récemment établie dans la capitale d'une nation civilisée? Curieux d'observer de plus près cette peuplade des bords de la Seine, il descend, se mêle dans la foule, et, s'adressant à un des habitués de la Grève, il demande: « Quel était l'usage de ces masses de charpente qu'on abat en ce moment, et qui semblent avoir appartenu à quelque grande construction? »

Celui-ci répond que ces restes faisaient partie d'un vaste édifice en bois que l'on avait élevé, quinze jours auparavant, pour servir à des réjouissances publiques. — Et cette autre construction, d'une moindre étendue, que l'on dresse sur le même emplacement? — C'est un échafaud où va monter, à quatre heures précises, *un particulier très connu*, atteint et convaincu d'assassinat. » J'imagine qu'à cette réponse mon étranger doit se dire en lui-même : « Comment! les habitants de cette bonne ville dressent sur la même place des salles de bal et des échafauds! ils mêlent, en idée du moins, les sons du violon et les cris du patient! ils ordonnent, au même lieu et presque en même temps, des fêtes et des supplices!... Je me suis trompé; ces gens-là ne sont pas des sauvages, ce sont des fous. » J'ai fait souvent la réflexion que je prête à mon voyageur; et jamais je ne suis passé sur la place de Grève sans frémir de cet affligeant contraste, dont j'y retrouve toujours l'image.

Cette place, dont le nom réveille tant d'odieux souvenirs, fut, dès le commencement du 14ᵉ siècle, destinée aux exécutions criminelles. Il est pénible d'apprendre que le sang innocent fut le premier qu'on y versa. Une malheureuse femme, hérétique, nommée Marguerite Porette, à peine âgée de trente ans, y fut brûlée vive en 1310, pour avoir écrit *que l'ame abymée en Dieu est au-dessus des vertus, et n'en a plus que faire; et que, quand on est parvenu à un certain degré de vertu, on ne saurait aller au-delà.* Quatre cents ans plus tard, une autre femme a pu dire impunément à-peu-près les mêmes sottises. Encore quatre siècles, et peut-être courra-t-on le risque d'être brûlé pour nier l'évidence de ces mêmes propositions : tant l'esprit humain est conséquent ! tant la justice des hommes est infaillible !

Antérieurement à cette exécution, les criminels étaient mis à mort aux Halles, lesquelles partagèrent encore, pendant plus d'un siècle, avec la Grève, le triste privilége des échafauds. C'est dans ce dernier lieu que furent décapités, en 1398, les deux religieux augustins qui s'étaient engagés à prix d'or, et sous peine de la vie, à guérir Charles VI du mal incurable dont il était atteint. Les deux moines perdirent la tête, et le roi ne recouvra pas sa raison. La dernière exécution qui fut faite aux Halles, en 1477, fut celle du malheureux duc de Nemours, dont les enfants, placés sous l'échafaud par ordre du cruel Louis XI, furent couverts du sang de leur père. Cet infortuné fut conduit de la Bastille au lieu de son supplice, sur un cheval caparaçonné de noir. Depuis cette époque, tous les arrêts de mort rendus à Paris s'exécutèrent sur la place de Grève [1].

---

[1] Cette observation est inexacte, les arrêts du tribunal révolu-

UNE EXÉCUTION EN GRÈVE. 303

Il y a quelques jours qu'en sortant de l'Hôtel-de-Ville je m'arrêtai quelques moments sur le perron, où je me trouvai tout-à-coup assailli par une foule d'idées et de souvenirs cruels. Je croyais avoir sous les yeux l'échafaud où périt si misérablement un brave général, au milieu du beau monde, qui vint *acheter le plaisir de voir tomber sa tête ;* cette énorme potence où le malheureux Favras fut le premier à payer de sa vie son inaltérable fidélité. Je contemplais, en tressaillant, cet Hôtel-de-Ville, témoin de tant de crimes et de tant de supplices ; je parcourais en idée les fastes sanglants de la Grève, où je lisais avec effroi les noms des Ravaillac, des Brinvilliers, des Damiens, des Cartouche, et l'effroyable série de toutes les atrocités humaines. Chaque espèce de forfaits, vols, assassinats, empoisonnements, parricides, sacrilèges, trouve là sa honteuse illustration ; et, comme le remarque le judicieux auteur des *Essais sur Paris*, « Tous les monstres qui ont figuré sur cette place y formeraient une assemblée plus nombreuse qu'aucune de celles qui ont assisté à leur supplice. »

Ces tristes idées, sur lesquelles mon esprit travailla involontairement pendant le reste du jour,

---

tionnaire, qui étaient bien aussi des arrêts de mort, s'exécutèrent sur la place Louis XV, dite alors *de la Révolution*, jusque vers la fin du règne de la terreur, où ces assassinats juridiques se commirent à la barrière du Trône.

m'occupaient encore le soir, lorsque je rencontrai le docteur M***, un de ces hommes dont parle Sterne, *qui cherchent un passage dans le nord-ouest du monde intellectuel, pour arriver plus tôt au pays de la science.* Cet habile médecin, grand ennemi des systèmes et des théories spéculatives, s'occupe depuis dix ans d'un ouvrage *sur les rapports de la Physiologie et de la Morale*, pour l'exécution duquel il passe une partie de sa vie, dans les prisons, à rassembler des faits et à multiplier les observations et les expériences.

L'intérêt de la science et la préoccupation continuelle d'une seule idée lui dérobent ce qu'il y a de pénible, et même d'un peu ridicule, aux soins qu'il prend de se tenir à l'affût des grands criminels, de les suivre devant les tribunaux, dans les prisons, et jusqu'au pied de l'échafaud, au risque de se voir confondu avec ces désœuvrés inhumains qui cherchent indifféremment un spectacle à la Grève ou à Tivoli.

Les gens qui sont habitués à confondre les idées et les mots de sensation et de sentiment, qui ne tiennent aucun compte de la force de la volonté et de la puissance de l'habitude, auront de la peine à croire à la sensibilité d'un homme qui s'impose la tâche d'épier, dans le cœur d'un condamné, les derniers soupirs de l'espérance, et d'observer la nature humaine aux prises avec la pensée de la destruction. Le docteur explique fort bien, et prouve encore mieux par son exemple, que les opérations de l'esprit et les mouvements de l'ame n'ont point le même principe, et ne doivent pas se juger sur les mêmes résultats.

Tout en causant, M. M*** finit par me faire prendre l'engagement de le suivre le lendemain à la Conciergerie, pour y voir l'assassin Lomont [1] avant l'heure où il devait en sortir pour marcher au supplice.

Le docteur fut exact; mais, au moment de partir, j'éprouvai un serrement de cœur qui m'aurait fait renoncer à mon projet, si je n'avais pas eu honte de montrer toute ma faiblesse à un homme qui n'en aurait pas fait honneur à ma sensibilité. Nous partîmes. Chemin faisant, il me raconta les affreux détails de l'assassinat commis sur la fruitière de la rue de Verneuil. « Le misérable que vous allez voir, me dit-il en achevant sa narration, est une nouvelle preuve à l'appui d'une vérité que je mettrai dans tout son jour : c'est que l'entrée d'une maison de jeu est une des portes de la Grève. Il y a quinze ans que j'étudie, que j'observe les grands criminels; et j'en ai vu bien peu que le bourreau n'ait pas saisis les dés ou les cartes à la main. »

Sans me donner le temps de me récrier contre ce qu'il pouvait y avoir d'exagéré dans cette asser-

---

[1] Arrêt du 12 octobre 1813, portant peine capitale contre Louis Lomont, natif de Goncourt (Haute-Marne), âgé de 27 ans, tenant l'hôtel garni de Russie, demeurant rue Tiquetonne, n° 11.

tion, il fit l'application du principe à la vie entière de ce Lomont, qu'il me montra livré, dès son enfance, à cet amour du jeu qui le retenait des journées entières sur les places publiques, parmi des enfants de son âge, lesquels préludaient aux mêmes vices en se livrant aux mêmes penchants.

« Tour-à-tour mauvais fils, mauvais époux, mauvais père, sur les seuls détails de sa vie privée j'aurais parié, continua le docteur, que la tête d'un pareil homme devait être dévolue au bourreau avant l'âge de trente ans. Une seule chose m'étonne, ajouta-t-il, c'est qu'un misérable, dont le crime annonce tant de lâcheté, ait eu le courage de ne point se pourvoir en cassation, pour disputer à la justice ces jours d'agonie que le pourvoi nécessite, et que la loi accorde au criminel : à peine trouve-t-on un condamné sur mille qui ait la force de repousser un si cruel bienfait. »

Nous arrivâmes au Palais, et nous eûmes beaucoup de peine à traverser la cour, où vingt mille personnes attendaient avec impatience le moment du supplice. L'entrée de la Conciergerie n'a de sinistre que l'idée qu'on y attache. Après avoir passé sous le fatal arceau, gardé par un piquet de gendarmerie qui devait servir d'escorte au criminel, nous nous présentâmes au guichet qui s'ouvrit à la voix du docteur.

Le silence de la mort régnait déjà sous ces voûtes élevées sur l'emplacement de l'ancien palais de nos rois : les affreux cachots dont nous étions entourés avaient jadis fait partie des appartements que saint Louis habitait. Ce préau où les criminels vont promener leurs remords, où quelque innocent, peut-être, verse en secret des larmes, est la même enceinte où le roi Charles V assemblait son conseil, où les princes du sang et les grands du royaume venaient discuter les intérêts du peuple et les besoins de l'État.

Nous étions entre les deux guichets, dans la salle de l'avant-greffe où le criminel allait être amené.

A trois heures et demie, au moment où l'huissier de la cour d'assises sort pour se rendre au lieu de l'exécution, la porte d'un long corridor obscur s'ouvre avec fracas, et l'assassin Lomont paraît au milieu des bourreaux, n'ayant sur la terre, d'où il va disparaître, d'autre créature qui s'intéresse à son sort que le vertueux ecclésiastique dont l'auguste ministère est de donner des consolations au désespoir, et de présenter des espérances au repentir.

Il est des émotions dont on ne se fait pas d'idée, même après les avoir senties : telle est celle que produit la vue d'un être qui respire, qui pense, qui se meut, qui jouit de l'intégrité de ses facultés physiques et morales; et qui, dans quelques minutes, n'offrira plus que l'image de la mort, ne sera plus qu'un cadavre.

Je voudrais en vain pouvoir exprimer ce qui se passait en moi à l'aspect de ce malheureux, dont les cheveux tombaient sous le fatal ciseau, et que les bourreaux déshabillaient après lui avoir lié les mains. En le contemplant sur une escabelle, les yeux hagards, la tête affaissée sur la poitrine, tous les muscles de son corps dans une agitation convulsive, l'assassin disparaissait ; je ne voyais plus que l'homme ; et les sentiments de l'horreur faisaient place à ceux de la pitié.... Quatre heures sonnent.

A ce signal de mort les grilles s'ouvrent : il revoit le ciel ; il se retrouve, pour un moment encore, au milieu des hommes, du nombre desquels il est déjà rayé. Il monte sur ce tombereau de l'infamie, au bruit des imprécations que sa vue inspire à la multitude, et qui l'accompagnent jusqu'à l'échafaud dressé dans cette place de Grève qu'il a plus d'une fois traversée, en méditant peut-être le crime qui devait y recevoir sa juste punition.

Après le départ du condamné, le docteur me conduisit au logement du concierge, où nous trouvâmes, dans un salon agréablement décoré, une jeune personne qui prenait sa leçon de musique, et chantait d'une voix douce, en s'accompagnant sur le piano, la romance *du beau pays de l'Ibérie.*

Ce rapprochement d'objets si disparates, d'un vil assassin et d'une jeune fille pleine de graces et d'innocence, d'un cachot obscur et d'une salle de musique, du bruit des chaînes et d'un chant d'amour, fut pour moi une source de réflexions qu'il me suffit d'indiquer à mes lecteurs, pour qu'elles se présentent aussitôt à leur esprit.

UNE VISITE D'HOPITAL.

N° CV. [17 NOVEMBRE 1813.]

UNE VISITE D'HOPITAL.

> Aurengzeb, à qui l'on demandait pourquoi il ne bâtissait pas d'hôpitaux, dit : « Je rendrai mon empire si riche, qu'il n'aura pas besoin d'hôpitaux. » Il aurait fallu dire : Je commencerai par rendre mon empire riche, et je bâtirai des hôpitaux.
> MONTESQ., *Esprit des Lois*, ch. XXIX.

Je suis triste, le temps est sombre, l'hiver approche, et j'ai quelques raisons de croire que mes lecteurs ne sont pas plus en train d'écouter des sornettes que je ne le suis moi-même de leur en conter ; ainsi donc, sans égard à la règle que je me suis faite de varier mes petites compositions, et de faire succéder, autant que je puis, une esquisse légère de nos goûts, de nos plaisirs, de nos travers, ou de nos ridicules, à la peinture plus sérieuse de nos vertus, de nos malheurs, ou de nos vices; sans égard, dis-je, à cette règle que Boileau recommande, et que j'observe le moins mal qu'il m'est possible, je me décide, après avoir conduit mes lecteurs dans le repaire du crime, à leur faire parcourir avec moi l'asile de la douleur.

Je reviens d'abord sur une observation que je crois avoir déja faite, et que je voudrais bien ne pas répéter sans profit : c'est que la curiosité des étrangers et des provinciaux qui visitent cette capitale, est tout juste en raison inverse de l'importance et de l'utilité des objets qui l'excitent : on commence par voir le *théâtre de Brunet* et le *café d'Apollon;* on finit par les *Invalides* et les *Hôpitaux*. La plupart des hommes sont maintenant trop sensibles pour s'intéresser à des malheurs réels : on pleure au spectacle, à la lecture d'un roman ; on s'évanouirait à la vue des maux dont la supposition fait verser tant de larmes ; et la seule différence à établir aujourd'hui entre les gens sensibles et ceux qui ne le sont pas, c'est que les uns s'éloignent du malheur pour ne point le partager, et les autres pour ne pas le soulager. Voyez ce riche compatissant, qui laisse, par hasard, tomber du haut de sa voiture un regard sur la civière où l'on porte à l'hôpital une malheureuse mère de famille en proie aux dernières atteintes d'une maladie mortelle : comme il se rejette avec pitié au fond de son carrosse ! comme il détourne la tête avec un sentiment pénible, dont l'expression va jusqu'au dégoût ! Exigerez-vous d'un être aussi humain, aussi facile à émouvoir, qu'il quitte ses lambris dorés pour venir contempler, dans un hospice, l'infortuné luttant contre la souffrance et la mort? Il s'en défendra en vous citant les beaux vers de Theveneau :

> La mort, dans ce séjour, théâtre de sa rage,
> Sous mille traits hideux répète son image :
> Ici le vieux guerrier, le vieux cultivateur,
> De sa faux suspendue accuse la lenteur,
> Maudissant à-la-fois leur ingrate patrie,
> Que l'un a défendue et que l'autre a nourrie.
> . . . .
> . . . .
> L'un fait gémir les airs de ses longs hurlements,
> Interprètes affreux de ses affreux tourments;
> L'autre, dans les efforts d'une horrible agonie,
> Dispute, mais en vain, les restes de sa vie.

Vainement lui objecterez-vous que les abus contre lesquels ces vers sont dirigés n'existent plus; que les améliorations réclamées par la philosophie avec tant de zèle et de persévérance sont en grande partie effectuées; et que le spectacle des hôpitaux à Paris, loin d'être, comme autrefois, un objet d'épouvante et d'horreur, ne peut éveiller dans l'ame que les émotions d'une pitié douce et tendre où se complaisent les cœurs bienfaisants : vous ne vaincrez pas une répugnance qui prend pour excuse la sensibilité même avec laquelle on cherche à la combattre.

De tous les établissements consacrés aux pauvres

malades, chez toutes les nations de l'Europe, le plus ancien est *l'Hôtel-Dieu* de Paris. Sa fondation remonte presque à l'origine de la monarchie : la tradition la plus commune l'attribue à saint Landry, évêque de Paris sous Clovis II, vers l'an 608. Dans ces siècles voisins de la primitive Église, où les maximes évangéliques régnaient encore dans toute leur pureté, une partie des revenus affectés aux sièges épiscopaux était le patrimoine des pauvres; à cette époque, où *les princes de l'Église portaient une croix de bois, se souvenant* (d'après l'expression d'un célèbre orateur) *qu'une croix de bois avait sauvé le monde*, plusieurs évêques se firent un devoir d'enrichir un établissement que le saint prélat avait formé dans sa propre maison. Dans le siècle suivant, Erchinoald, comte de Paris, agrandit beaucoup l'Hôtel-Dieu, auquel il annexa quelques dépendances de son palais, et qu'il dota, par testament, d'une partie de ses biens. L'évêque Maurice, vers le milieu du XIIe siècle, fit un règlement, confirmé depuis par un édit royal, dans lequel il fut statué qu'à sa mort, comme à celle de chacun des chanoines de son chapitre, leur lit appartiendrait de droit à l'Hôtel-Dieu. Trois cents ans après, messieurs du chapitre rachetèrent, au moyen de cent livres payables à l'Hospice (somme exorbitante alors), la faculté de conserver leur lit. Les personnes qui voudront s'amuser à comparer la valeur de l'argent à cette époque avec le prix des objets, pourront fort bien acquérir la preuve que dès-lors les chanoines étaient fort bien couchés, et que l'ameublement de leur alcove ne différait guère de la description que Boileau nous en fait dans son *Lutrin*. Il est probable que ce genre de luxe alla toujours croissant, puisque les administrateurs des pauvres réclamèrent contre le rachat de cette redevance, et qu'en 1654 le parlement condamna les héritiers de M. de Gondi, oncle du coadjuteur de Retz, à livrer à l'Hôtel-Dieu le lit de l'archevêque, *tel qu'il se comportait au décès du prélat*.

Cet hôpital a toujours été richement doté; il ne pouvait échapper à la piété de saint Louis, qui tient le premier rang parmi ses donateurs. En 1385, un traitant, qui n'était pas sans quelques scrupules sur ses richesses, crut en légitimer la source en faisant quelques libéralités à l'Hôtel-Dieu; et, pour que la postérité n'en doutât pas, il eut soin de consigner une si belle action sur une plaque de cuivre que j'ai vue autrefois dans la chapelle, mais que je n'ai point retrouvée à ma dernière visite. Si l'exemple d'*Oudard de Mocieux* eût été suivi par tous ceux de ses confrères chez qui le même examen pouvait faire naître les mêmes inquiétudes, l'Hôtel-Dieu de Paris serait maintenant en état de recevoir, ou du moins de secourir tous les pauvres de France. Un magistrat qui n'occupe pas une place très honorable dans l'histoire, le chancelier Duprat, est compté parmi les bienfaiteurs de l'Hôtel-Dieu. Il espérait, en sa qualité de légat du pape, compenser ses intrigues par ses aumônes : je ne sais ce que la justice divine en aura ordonné, mais la justice humaine n'a point admis la compensation.

Je me souviens d'avoir vu l'Hôtel-Dieu dans ma jeunesse ; et je l'ai vu tel que le dépeignaient les administrateurs eux-mêmes dans le rapport qu'ils présentèrent à cette époque au gouvernement :

« Une immense sentine où l'on rassemblait des malades de toute espèce, entassés, le plus souvent, quatre, cinq, et jusqu'à six dans le même lit; où les vivants reposaient à côté des moribonds et des morts; où l'air, infecté par les exhalaisons de tant de corps malsains, portait des uns aux autres les germes pestilentiels dont chacun était infecté; » voilà ce que j'ai vu, il y a quarante ans : voyons ce qui existe aujourd'hui ; on ne juge bien qu'autant que l'on compare.

En toute chose j'aime l'harmonie ; et conséquemment je regrette cette façade gothique de l'Hôtel-Dieu, qui se trouvait en rapport d'antiquité, de goût, et d'architecture avec l'église de Notre-Dame, dans le parvis de laquelle cet hospice est placé. Peut-être son entrée est-elle maintenant plus imposante; mais elle a perdu cet intérêt des souvenirs, ces empreintes du temps, dont le charme, pour être indéfinissable, n'en est pas moins réel. Les colonnes *posthumnienes* qui décorent maintenant le péristyle de cet édifice donnent l'idée d'un monument profane : c'était autrefois *l'Hôtel-Dieu*, c'est aujourd'hui *le Temple de la Charité* ; mais l'illusion du style grec ne va pas au-delà du vestibule : on rentre bientôt dans les anciennes constructions ; et les voûtes en ogives, les longs corridors cintrés, les piliers minces, les fenêtres en roses, les murailles découpées, vous reportent au milieu des siècles gothiques.

Dans aucun temps cet immense hôpital n'a présenté les résultats d'une administration aussi sage ; jamais tant de secours n'y furent prodigués avec autant d'ordre et d'économie. Dans cet asile, où quinze cents malades luttent contre tous les maux dont la nature humaine est assiégée, on voit, avec autant de surprise que de satisfaction, régner le calme le plus parfait, la résignation la plus entière : la facilité des secours et l'abondance des soins semblent diminuer les souffrances. J'ai parcouru douze ou quinze salles de l'Hôtel-Dieu ; j'ai passé près du lit de sept ou huit cents malades ; et le cri, la plainte même de la douleur, n'a frappé qu'une seule fois et un seul instant mon oreille. J'étais arrivé à l'heure de la visite des médecins et des chirurgiens en chef ; et je me plaisais à voir cette foule de jeunes élèves dont ils étaient accompagnés, et qui venaient, sous leurs yeux, mettre en pratique, auprès du lit des malades, les savantes leçons des Husson, des Pelletan, des Alibert, des Recamier, de ces maîtres de l'art, trop habiles pour n'être pas convaincus qu'on ne professe utilement la médecine que dans les hôpitaux.

Tous les malades admis à l'hôtel-Dieu appartiennent à la classe indigente de la société, tous s'y rencontrent à-peu-près au même degré d'infortune; mais qu'il serait utile pour le moraliste, qu'il serait important pour le philosophe, de connaître par quel chemin chacun y est arrivé! L'inconduite et le malheur se trouvent souvent au même but; mais ils ne sont pas partis du même point, et n'ont pas suivi la même route. C'est en vain que je cherchais, sur l'inspection du visage, à me faire une idée des mœurs et du caractère de la personne; l'uniformité de ses traits défigurés par la souffrance, dénaturés par la maladie, mettrait en défaut toutes les combinaisons de l'art de Lavater, que je crois avoir étudié avec quelque succès.

Une règle fort sage, établie dans cet hospice, me fournit quelques uns des renseignements que je cherchais : au pied de chaque lit occupé, se trouve un bulletin sur lequel sont inscrits le nom du malade, le lieu de sa naissance, sa profession, la date de son entrée à l'hospice, la nature et les progrès de sa maladie. Ces indications dirigèrent les témoignages d'intérêt particulier que je donnai à quelques malades.

La première personne auprès du lit de laquelle je m'arrêtai était une jeune femme d'une petite ville de la Touraine, d'une figure douce, à laquelle une extrême pâleur donnait une expression touchante, dont elle était peut-être dépourvue en état de santé ; elle était assise sur son lit, où elle lisait, en remuant les lèvres, un chapitre de l'*Imitation de Jésus-Christ*, qu'une des sœurs hospitalières lui avait prêtée pour dissiper l'ennui de sa convalescence. Sa maladie était une suite de couches, et ses couches une suite de malheurs ; elle avait épousé, c'est-à-dire elle avait été à la veille d'épouser un garçon orfévre, qui partit, pour rejoindre ses drapeaux, un jour trop tôt ou trop tard. Forcée de quitter la petite ville qu'elle habitait, pour éviter des questions et des remarques embarrassantes, elle était venue à Paris. Placée chez un bourgeois, sa femme avait pris de l'ombrage de son état, qu'elle n'avait point déclaré en entrant dans cette maison ; elle était entrée dans une autre en qualité de bonne d'enfant ; mais elle n'y demeura qu'autant de temps qu'il en fallut pour prouver à l'homme veuf chez qui elle servait qu'on peut être à-la-fois honnête et malheureuse. Restée à Paris sans ressource et sans secours au moment où elle en avait le plus besoin, elle avait été obligée de se confier aux soins d'une jeune sage-femme qui avait fait sur elle un funeste apprentissage : son enfant n'avait point vécu ; et, trois semaines après ses couches, elle avait reçu la nouvelle de la mort de son futur : la révolution qu'elle éprouva fut la cause de la maladie qui la conduisit à l'Hôtel-Dieu, et qui l'y retenait encore.

En traversant la salle dite de *la Clinique,* je fus frappé de la beauté des traits d'un homme, dont la barbe noire couvrait la poitrine. Il s'aperçut que je le regardais avec attention : « Passez votre chemin, ou payez, me dit-il; on ne me regarde pas *gratis.* » Je crus d'abord qu'il avait le délire; mais son bulletin me mit au fait en m'apprenant que par état il servait de *modèle* aux peintres. Après avoir acquis le droit d'arrêter les yeux sur lui, j'adressai à cet homme quelques questions auxquelles il s'empressa de répondre. « Comment se fait-il, lui dis-je, que le prix où vous mettez vos séances, et l'empressement des artistes à se les procurer, ne vous laissent d'autres ressources, dans vos maladies, que de venir chercher un asile à l'hôpital? — C'est que j'ai un défaut qui dépense encore plus que je ne gagne : j'aime le vin, j'en bois beaucoup; et les médecins prétendent qu'il est la cause de la maladie cruelle qui me ramène ici tous les deux ou trois ans : j'y resterai quelqu'un de ces jours, je le sens bien; mais la volonté de Dieu soit faite. En attendant, je refais ici ma bourse et ma santé. Vous allez entendre cela : les peintres ont découvert que je n'étais jamais plus beau que lorsque j'étais bien souffrant; en conséquence, je fais payer double les séances que je donne dans mon lit; et, comme on ne me laisse boire ici que de la tisane, j'économise par force, et je sors toujours de l'Hôtel-Dieu plus riche que je n'y suis entré. » Cet homme est peut-être le premier pour qui le chemin de l'hôpital ait été celui de la fortune.

Paris renferme un grand nombre d'hospices; j'aurai probablement l'occasion d'en visiter quelques autres, et de revenir sur cet intéressant sujet; mais je ne terminerai pas ce Discours sans payer un juste tribut de vénération à ces sœurs hospitalières, aux vertus desquelles je ne connais rien de comparable, et dont l'institution seule suffirait pour prouver l'excellence d'une religion qui prescrit et qui récompense de pareils sacrifices.

N° CVI. [11 décembre 1813.]

L'ERMITE DE LA GUIANE.

> *Duc me, parens celsique dominator poli*
> *Quocumque placuit, nulla parendi mora est,*
> *Adsum impiger. Fac nolle; comitabor gemens,*
> *Malusque patior, quod bono licuit pati.*
>   SENECA, *Cleanthes.*
>
> Souverain maître du monde, en quelque lieu que ta volonté me conduise, j'y marcherai sans crainte et sans délai. De quoi me servirait la résistance? j'obéirais à regret; je n'en serais pas moins forcé d'obéir.

L'année touche à sa fin. J'ai avec le temps un compte ouvert que je solde régulièrement à la même époque, en récapitulant les faits et les événements de quelque importance qui ont marqué autour de moi le cours de l'année qui s'achève. Ce résumé, très succinct, semblable à celui que j'ai présenté l'année dernière à mes lecteurs, est le texte d'une correspondance que j'entretiens, depuis vingt ans, avec le plus vieux et le plus ancien de mes amis, qu'une suite d'événements extraordinaires a conduit et fixé dans un désert de l'Amérique méridionale. Comme c'est à lui que j'adresse la *Revue de cette Année* 1813, et que j'aurai probablement occasion, par la suite, de publier quelques unes de ses lettres, j'ai pensé qu'un Précis de ses aventures pourrait servir d'instruction et de recommandation à ce singulier personnage.

J'ai eu pour compagnon d'enfance et pour camarade d'études le fils d'un ami de mon père. Le chevalier de Pageville était le cadet d'une bonne famille de Normandie, laquelle, pour faire un apanage à son aîné, ne lui laissa que le choix d'une abbaye ou d'une croix de Malte : il n'hésita pas. Dès ses plus jeunes ans, le chevalier s'était fait remarquer par un caractère aventureux, par un amour de l'indépendance, qui ne s'accordent guère avec l'état ecclésiastique. Ses études achevées, il alla se faire recevoir garde-marine à Brest. Nous nous séparâmes avec une peine extrême; et j'aurais été inconsolable de le voir partir avec son habit bleu, ses boutons à l'ancre, son chapeau bordé, sa veste, sa culotte, et ses bas rouges, si je n'avais eu l'espoir d'être bientôt moi-même revêtu d'un habit uniforme.

Le chevalier s'embarqua sur *le Majestueux*, commandé par M. de Forbin. Trois ans après, nous nous retrouvâmes à Minorque. Celui que j'avais connu au collége, ne lisant que les aventures de *Robinson Crusoé*, du *Chevalier Desgatines*, du *Capitaine Viaud*, ne rêvant que naufrages, qu'îles désertes, avait dû être une des premières victimes des sophismes de Rousseau, et je ne fus pas surpris de l'enthousiasme avec lequel il me parla du fameux discours anti-social qui venait de remporter le prix à l'académie de Dijon. Nous revînmes ensemble à Paris : pendant les trois mois qu'il y passa, il se prit de la passion la plus extravagante pour la petite Nanine, danseuse de la foire Saint-Germain, qu'il ensorcela au point de la faire consentir à prendre un habit de mousse et à le suivre à Rochefort, où il s'embarqua de nouveau sur le vaisseau *l'Apollon*, qui faisait partie de l'escadre destinée à la station des mers de l'Inde.

Six ans s'étaient écoulés sans que j'eusse entendu parler de lui : je m'embarquai moi-même avec un bataillon du régiment où je servais pour me rendre à Pondichéry. Un des officiers de notre vaisseau, qui avait servi sur *l'Apollon* avec Pageville, m'apprit que, dans une relâche à la côte du Malabar, le chevalier était descendu à terre avec son mousse, et qu'il n'avait plus reparu. Celui qui me faisait ce récit ne doutait pas, et je ne doutais pas moi-même, que la mort ne l'eût arrêté dans cette carrière d'aventures, hors de laquelle il ne voyait que préjugés et qu'ennui dans ce monde.

La chance des événements de la guerre où nous étions alors engagés me conduisit, quatre ans après, sur la côte d'Orixa, où le détachement des Cipayes, que je commandais, fut attaqué, tout auprès d'Ianon, par une troupe de Marattes; l'engagement qui s'ensuivit se termina à notre avantage, et fit tomber entre nos mains le chef de la troupe ennemie, dont le cheval avait été tué : on l'amena dans ma tante; je lui adressai quelques mots en langage *talinga* que je commençais à balbutier. On peut juger de ma surprise, lorsque, pour toute réponse, il me sauta au cou en m'appelant par mon nom; c'était le chevalier de Pageville. Obligé de resserrer en peu de mots des événements qui se sont passés dans un demi-siècle, je supprime tous les détails; et, pour rendre ma narration plus vive, je cède la parole à mon prisonnier.

« Vous avez su que Nanine m'avait suivi à bord de *l'Apollon;* le secret de son sexe ne tarda pas à être découvert. M. de Saint-Hilaire, notre capitaine, me fit à ce sujet des reproches que je reçus assez mal, et poussa la sévérité jusqu'à m'obliger de mettre à terre, dans le premier établissement français où nous relâchâmes après une traversée de six mois, cette jeune et tendre fille qui s'était si généreusement attachée à mon sort, et que j'aimais avec idolâtrie.

Mais l'eussé-je *aimée* moins, comment l'abandonner?

« Je pris sur-le-champ mon parti : je quittai le vaisseau avec elle; et, dès le lendemain, sans en donner avis à personne, je frétai une petite barque qui nous conduisit à Surate.

« Cette ville est une des plus agréables du monde : nous y menâmes joyeuse vie aussi long-temps que durèrent quelques milliers de piastres que j'avais apportés avec moi; mais l'argent s'épuisa, et je commençai à être inquiet de l'avenir, non pour moi, mais pour ma jeune compagne, dont l'amour n'était point à l'épreuve de la misère.

« Nanine était une seconde *Manon Lescaut*, plus fidèle peut-être dans la prospérité, mais tout aussi prompte à prendre son parti dans l'infortune. Sa beauté, ses talents l'avaient fait connaître à Surate, non seulement de tous les Européens, mais de tous les grands du pays : quelques uns de ces derniers, qui l'avaient vue danser, et qui pour cette raison la croyaient esclave, m'en avaient offert des sommes considérables; et nous avions souvent ri ensemble de ces étranges propositions.

« Un soir, comme je revenais de la loge française, pour traiter de notre passage sur un vaisseau qui devait incessamment faire voile pour l'Ile-de-France, je ne trouvai plus Nanine au logis : une des femmes qui la servaient me remit, de sa part, une lettre encore humide de ses larmes, où, sans me laisser soupçonner le parti qu'elle avait pris, elle m'invitait à supporter avec courage une séparation qu'elle avait crue nécessaire à mon bonheur et au sien : mon étonnement fut égal à mon désespoir.

« Pendant huit jours que je restai encore à Surate,

et que j'employai à découvrir ses traces, il me fut impossible d'obtenir le moindre renseignement. Réduit au point de ne pouvoir payer mon passage sur le bâtiment où je devais m'embarquer, j'acceptai le commandement d'une escorte de *lascars* [1], et je montai l'un de ces petits bâtiments qui ont besoin d'être armés pour se défendre contre les pirates dont ces parages sont infestés.

« Au moment où nous levions l'ancre, une pirogue s'approcha du bâtiment; quelques Indiens qui la conduisaient déposèrent à bord de notre navire une grande caisse à mon adresse, et s'éloignèrent sans répondre à aucune des questions que je leur fis. J'ouvris cette caisse, où je trouvai, parmi des provisions de bouche de toute espèce, une bourse qui contenait six cents pagodes (environ cinq mille francs). Rien ne m'indiquait à qui j'étais redevable d'un pareil service; mais le mystère même dont s'entourait mon bienfaiteur ne me permit pas de méconnaître la main de la volage Nanine. Comment s'était-elle procuré les ressources qu'elle me forçait à partager? Quel était son sort? Qu'est-elle devenue depuis? Je l'ignore, et je n'ai, à cet égard, que des soupçons dont il est inutile de vous entretenir.

« A la pointe du jour, le lendemain de notre départ de Surate, nous fûmes assaillis par une ving-

[1] Soldats de louage.

taine de chaloupes marattes, armées chacune de deux petites pièces de canon; nous en avions coulé bas cinq ou six, et nous aurions facilement échappé aux autres, si tous les pirates de la côte, dont les vents ne nous avaient pas permis de nous éloigner, ne se fussent mis à notre poursuite. Après un combat de cinq ou six heures, notre bâtiment fut pris; je perdis tout ce que je possédais; je fus fait esclave, et conduit dans l'intérieur des terres. Il y avait trois mois que j'étais employé chez mon patron à porter des briques et à tailler des piquets pour les tentes; je m'ennuyais de cet état, et je voulais en sortir à quelque prix que ce fût. Le nabab de Visapour traitait alors avec le *Pescha*, chef de la république maratte, de la levée de plusieurs escadrons qu'il voulait prendre à sa solde; mon maître consentit à m'incorporer dans la petite troupe qu'il devait fournir pour son contingent, et de laquelle il me donna le commandement dès la seconde campagne.

« J'étais entré dans les quatre circars, pour me rapprocher de M. de Bussy, à qui je voulais m'offrir comme médiateur d'une alliance avec les Marattes, que je croyais utile aux intérêts de la France : nous vous avons attaqués, comme c'est l'usage des gens que je commande, sans nous informer à qui nous avions affaire, et parceque nous nous croyions les plus forts. Vous savez le reste. »

Après avoir passé plusieurs jours avec ce cher

aventurier dans les épanchements de la plus vive amitié, je le chargeai d'une lettre pour le général français auprès duquel il se rendit; deux mois après, il m'écrivit pour m'apprendre qu'après avoir échoué dans un projet, à l'adoption duquel la prééminence des Français aux Indes était visiblement attachée, il s'était associé avec un de ses compatriotes pour mener le genre de vie qui convenait le mieux à son humeur indépendante et vagabonde; ce qui voulait dire (je l'ai su depuis) qu'un négociant de Pondichéry leur avait fait présent de la carcasse d'un petit bâtiment avec lequel ils se proposaient d'aller à la recherche de ces nids de *salanganes,* si estimés dans l'Orient, et dont ils se proposaient de trafiquer avec les Chinois, qui les paient au poids de l'or : notre correspondance régulière date de cette époque.

Après une foule d'aventures, conséquence naturelle d'un pareil genre de vie, le chevalier, qui s'était enrichi en dénichant les oiseaux des îles Séchelles, vint s'établir à Tutucorin, en qualité de fermier du roi de Travancor, pour la pêche des perles : il y passa dix ans.

Les premiers éclairs de la révolution française (qu'il avait pris, comme tant d'autres, pour l'aurore d'un jour nouveau) le rappelèrent dans sa patrie; les malheurs qu'il éprouva, les périls qu'il courut dans cette effroyable tourmente, appartiennent moins à son histoire particulière qu'à celle de cette mémorable époque. Dans la dernière crise de cette fièvre politique, il fut condamné à la déportation à la Guiane: la vie qu'il avait menée jusqu'ici le rendait moins sensible qu'un autre à cet abus de pouvoir.

Enfermé avec plusieurs compagnons d'infortune dans le fort de Sinnamary, il chercha et ne tarda pas à trouver le moyen d'en sortir; mais au lieu de se rapprocher des bords de la mer, il s'enfonça dans cette immense solitude, et alla s'établir, avec quelques nègres qu'il avait achetés à Cayenne, sur les bords de l'Oyapoc, à peu de distance d'une peuplade de sauvages qui l'accueillirent comme un ami, et qui l'aiment aujourd'hui comme un bienfaiteur.

Depuis qu'une main puissante et secourable a replacé l'état sur ses antiques bases, j'ai vainement invité mon pauvre ami à rentrer en France: « L'ins-
« tinct, m'a-t-il répondu, finit toujours par triom-
« pher; la civilisation n'était pas mon fait, et je n'ai
« plus le temps de recommencer l'éducation dont
« j'aurais besoin pour vivre en *bonne compagnie:* je
« reste avec mes sauvages, je veux mourir avec eux;
« ce qui n'empêche pas que *l'Ermite de l'Orénoque*
« ne soit tendrement attaché à son vieux camarade,
« *l'Ermite de la Chaussée-d'Antin.* »

Tel est le singulier personnage à qui j'adresse la *revue de cette année* 1813, objet de mon prochain Discours.

N° CVII. [25 DÉCEMBRE 1813.]

REVUE DE L'AN 1813.

> . . *Celebrare domestica facta*
> Hor., *Ars poet*
>
> Parlons de nos affaires.
>
> Ne demandez pas que les choses se fassent comme vous le souhaitez; mais tâchez d'acquiescer à la manière dont elles se font.
> Diog. Laerc., *Caract. d'Épict.*

L'Ermite de la Chaussée-d'Antin, à l'Ermite de la Guiane : Salut.

Je crois vous voir, mon vieux camarade, au déclin du jour, à la porte de votre *case*, devant laquelle vous faites brûler des herbes sèches pour vous débarrasser des maringouins, au moment où votre bon nègre Topino vous apporte, de Cayenne, la lettre que vous recevrez de moi tous les ans à la même époque; vous l'ouvrez avec empressement, et, avant d'en commencer la lecture, vous faites avec moi la triste réflexion que nous sommes nés dans le même village, et que nous mourrons à quinze cents lieues l'un de l'autre.

Je sais bien que la mort, qui confond tous les temps, rapproche aussi toutes les distances : cependant il y a je ne sais quelle consolation (demandez plutôt à vos sauvages) à penser que nos cendres se mêleront à celles de nos pères, et que les amis qui nous survivront ne pleureront pas sur un froid cénotaphe. Mais laissons là ces vieilles idées de l'autre monde, et voyons un peu ce qui se passe dans le meilleur petit coin de celui-ci. Vous avez beau vouloir tenir rancune à notre France et la rendre responsable de l'injustice dont vous avez été victime ; vous êtes misanthrope par principes, et Français au fond du cœur.

C'est en vain que vous avez été vous choisir une retraite parmi les sauvages de l'Orénoque, *par mépris pour les nations civilisées ;* c'est en vain que vous goûtez *avec tant de délices les charmes d'une vie indépendante ;* le souvenir de votre patrie occupe encore la plus grande partie de ces jours que vous passez, à l'abri d'un palétuvier, à voir travailler vos nègres en fumant votre *gargouli*. Je vous suis, mon vieux boudeur, jusque sur ce lit de nattes où vous rêvez, au bruit importun des moustiques, à ce Paris dont il vous est plus aisé de médire aujourd'hui qu'il ne vous était facile de le quitter autrefois, lorsque Nanine en faisait les honneurs au jeune chevalier de Pageville.

Vous voyez que je commence cette lettre, comme toutes les autres, par des reproches, et en vous invitant à revenir en France : vous y répondrez, comme à l'ordinaire, en m'engageant à venir habiter la Guiane; pour vous rappeler, je vous présente la cage; pour me séduire, vous me montrez la forêt : efforts inutiles de part et d'autre, les oiseaux sont trop vieux; l'un finira sur son bâton et l'autre sur sa branche. Arrivons maintenant à la revue annuelle que vous attendez de moi avec une impatience qui venge votre cœur des torts de votre esprit.

Vous avez servi long-temps dans les rangs de nos braves; vous avez été bercé des glorieux récits qui attestent que la plus ancienne monarchie de l'Europe en est aussi la plus illustre : je vous ai vu plus d'une fois, dérogeant à votre système de cosmopolisme, vous enorgueillir d'être né aux rives de la Seine, et vous enthousiasmer au souvenir de ces beaux mouvements de patriotisme qui, selon vous et moi, honorent plus un peuple que les plus brillants trophées de sa gloire militaire. Quelle émotion n'éprouveriez-vous pas, en contemplant cette phalange de héros, que la trahison seule pouvait ébranler, que les éléments seuls ont pu vaincre, adossée contre nos frontières, et faisant tête à l'Europe entière liguée contre nous, avec cette même fermeté, avec cette même audace qui lui avaient soumis tant d'empires! Vous ne sauriez ce qu'il faut ad-

mirer davantage de la valeur plus qu'humaine de nos
défenseurs, de leur dévouement à la patrie, ou de
cette inaltérable confiance dans le génie d'un chef
qui les a toujours conduits à la victoire ! L'idée que
vous avez de votre nation s'agrandirait encore à la
vue des circonstances difficiles où elle se trouve. Il en
est des grands peuples comme des grands hommes :
pour connaître leur stature morale, il faut les me-
surer au moment du péril. Les Français plaident
aujourd'hui, comme Cicéron, *pro domo suâ* : après
vingt ans de guerre, nos ennemis, qui nous croyaient
épuisés par nos triomphes, ont menacé la France ;
et la France, bravant leurs efforts, a dit à son souverain :

> *Hîc ames dici Pater atque Princeps:*
> *Neu sinas Medos equitare inultos,*
>   *Te duce, Cæsar* [1].

Vous aurez de la peine à croire que les soins et
les sacrifices de toute espèce qu'exigent d'aussi im-
périeuses circonstances n'aient pas un moment
ralenti les travaux immenses qui ont pour objet la
splendeur de l'empire et l'embellissement de la capitale. Après six cents ans d'une existence impar-

---

[1] Aimez à vous entendre donner ici le beau nom de père et de
prince de la patrie ; et ne souffrez pas que les Parthes fassent impunément des courses dans l'empire que vous gouvernez
                                       Hor., ode ii, liv. I

faite, le Louvre, *qui serait terminé depuis long-temps s'il eût été destiné à loger le général d'une congrégation de moines*, est enfin achevé, à la gloire immortelle du prince qui a tiré cet antique palais de nos rois, des décombres où il était depuis si long-temps enseveli. Vingt autres monuments, aussi brillants qu'utiles, *le palais de l'Université, l'hôtel des Archives, l'hôtel des Postes, la Bourse, l'arc-de-triomphe de l'Étoile,* etc., s'élèvent de toutes parts, et attesteront aux siècles à venir l'éclat dont les arts ont brillé dans celui-ci.

Vous n'aurez plus occasion de vous plaindre, monsieur le sauvage, de ces *vestiges de barbarie* dont cette ville superbe offrait naguère l'affligeant contraste. Des marchés spacieux et commodes ont remplacé, dans Paris, ces halles dégoûtantes qui obstruaient quelques rues sales et étroites. Cette année a vu terminer un des marchés nouveaux, dans l'ancienne abbaye de Saint-Martin-des-Champs, et jeter les fondements de trois autres, dans la rue des Blancs-Manteaux, sur l'emplacement de l'ancien couvent des Carmes de la place Maubert, et dans l'enceinte qu'occupait autrefois cette foire Saint-Germain, dont le nom pourrait bien vous arracher un soupir.

Turgot, dans le dernier siècle, avait proposé de purger Paris de ces immondices, de ces ruisseaux de sang qui corrompent l'air et affligent les regards, en établissant les tueries des bouchers auprès des barrières. Ce projet d'un ministre patriote reçoit aujourd'hui son exécution. Quatre *abattoirs*, que l'on peut comparer, pour la beauté, l'étendue, et la distribution des bâtiments, à ces *macella magna* que l'on admirait autrefois à Rome, s'élèvent à l'extrémité des principaux faubourgs, et correspondent aux quatre grandes divisions de la capitale. L'*abattoir* situé au haut du faubourg Montmartre est à-peu-près terminé.

Du pont d'*Austerlitz* au pont d'*Iéna*, ou, pour être entendu de vous, du Jardin-des-Plantes à l'École-Militaire, la Seine promène aujourd'hui son cours entre des quais superbes. Dix ans auront achevé cette grande et noble entreprise, qui suffirait à l'illustration d'un règne.

En face de cette École-Militaire, que vous avez vu bâtir, et dont la pensée contient toute la gloire de Louis XV, on a construit le superbe pont d'Iéna, à l'entrée duquel doivent être placées deux statues équestres.

Je vous ai parlé, dans une de mes lettres, des routes du Simplon et du Mont-Cenis, des ports, des canaux en construction sur plusieurs points de l'empire, de l'ouverture de ce bassin de Cherbourg, un des plus beaux monuments de l'industrie et de la patience humaine; c'est de Paris seul qu'il est question dans cette revue, où je n'envisage que les événemens d'une année.

Il est impossible de dire un mot de l'état actuel des sciences, sans parler de la perte récente qu'elles ont faite par la mort de Lagrange. L'Europe avait placé dans ses mains le sceptre d'Uranie. Après avoir justifié son choix par des travaux qui lui assignent sa place entre les Newton, les Leibnitz et les Euler, il a payé sa dette à la nature, et légué ses ouvrages et sa mémoire à des hommes dignes d'apprécier un pareil héritage. A aucune époque, les sciences exactes n'ont été cultivées avec un succès plus général : la physique, la chimie, l'histoire naturelle et la médecine, se prêtent mutuellement des secours; et si l'année qui s'achève n'a été marquée par aucune de ces découvertes dont l'éclat frappe subitement les yeux, du moins a-t-elle ajouté quelques points lumineux à cette espèce de voie lactée qui borde l'horizon des sciences.

Vous avez vu le dix-huitième siècle dans toute sa gloire; vous avez été assez heureux pour vivre avec les grands hommes qui l'ont illustré : mais c'est tout au plus si vous connaissez de nom ceux qui leur ont succédé. Depuis que vous avez quitté la France, de nouvelles réputations se sont établies, de nouveaux talents se sont formés; et, quoi qu'en dise la race éternelle des détracteurs, la décadence des lettres n'est pas aussi évidente que ces messieurs ont intérêt à le faire croire. Vous n'êtes pas assez injuste pour demander à deux siècles de suite, des Voltaire, des

Montesquieu, des Rousseau, et des Buffon; si vous ne remarquez plus de fortunes colossales dans la république des lettres, peut-être y trouverez-vous un état d'aisance plus général, et même, en cherchant bien, quelques riches qui craignent, en trahissant le secret de leur opulence, de s'exposer, comme les marchands grecs, aux *avanies* dont les menacent les *Turcs* de la littérature.

Cette année, fertile en productions poétiques, n'en léguera qu'un bien petit nombre à la postérité. L'auteur de *Marius* et des *Vénitiens*, avant de reparaître dans la carrière du théâtre où d'anciens succès l'honorent, où de nouveaux succès l'attendent, a publié un Recueil de fables qui ne peut manquer d'ajouter à sa réputation. Au lieu de se traîner sur les traces d'un modèle inimitable, le nouveau fabuliste se fraie une route nouvelle; il arme l'apologue du trait le plus aigu de l'épigramme, et force le vice ou le ridicule à se trahir lui-même par le cri qu'il lui arrache. Quelques unes de ces fables sont des chefs-d'œuvre dans leur genre : vous en jugerez; je vous les envoie.

Vous avez été content de la tragédie d'*Omasis*; vous ne le serez pas moins des *Veillées poétiques*, où le même auteur exprime, en vers harmonieux, ces grandes images, ces pensées sublimes qu'Young avait noyées dans un fatras de rêveries mélancoliques. M. Baour-Lormian a fait passer dans sa traduction de *l'Aminte* du Tasse toutes les beautés qui ont sauvé de l'oubli cette froide pastorale.

Le poëme d'*Amadis des Gaules*, faisant suite aux *Chevaliers de la Table-Ronde*, n'est pas tout-à-fait indigne de l'accueil flatteur qu'il a reçu du public. Cet ouvrage, où régnent une facilité prodigieuse, un esprit enjoué, vif et piquant, laisse à desirer plus de couleur dans la poésie, et plus de correction dans le style.

Les Troubadours sont le début d'un jeune homme qui s'annonce avec un talent remarquable; mais on cherche dans son ouvrage de l'intérêt, des épisodes, un plan, et même un sujet.

Après avoir lu le *Recueil des élégies de madame Dufresnoy*, qui se distinguent par une exquise sensibilité, vous lui assignerez, j'espère, une place fort au-dessus de cette madame Deshoulières, à qui l'on a fait une réputation extravagante, et dont le mérite se réduit à deux ou trois petites pièces, qui ne lui sont même pas irrévocablement acquises.

Après le poëme de l'abbé Delille sur *la Conversation*, on a pu lire l'épître qu'a publiée madame de Vannoz sur le même sujet: c'est en faire un assez bel éloge.

Je ne vous parle pas de cette foule d'opuscules en vers, qui survivent si rarement à l'article du journal qui les annonce; quand on lève un plan à la hâte, on ne s'arrête que sur les points élevés.

Parmi les ouvrages en prose que je vous envoie, vous distinguerez l'*Histoire littéraire de l'Italie,* où l'auteur déploie de vastes connaissances, un esprit supérieur, et une érudition profonde. Peut-être trouverez-vous qu'il apprécie quelquefois avec plus de talent que de justesse, avec plus de prévention que de justice, le génie des écrivains qui ont illustré l'Italie moderne; peut-être lui reprocherez-vous d'avoir épuisé son sujet, en exhumant une foule de noms obscurs qui retombent de tout leur poids dans l'oubli d'où il cherche à les tirer; mais vous n'en admirerez pas moins ce riche monument littéraire, qui manquait au pays même à la gloire duquel il est élevé.

Vous avez été trop content du premier volume de l'*Histoire des Croisades,* pour que je vous fasse attendre le second, dont la publication est de même date que ma lettre. L'importance du sujet, la grandeur des personnages, l'intérêt de l'action, la vérité du tableau, l'industrieux emploi des couleurs locales, et la fermeté du style, m'ont paru distinguer cette seconde partie d'un ouvrage dont le succès est désormais assuré.

C'est une idée heureuse que celle de *la Gaule poétique,* de cette espèce d'*Album* dans lequel M. Marchangy a rassemblé et disposé avec art des sujets que peuvent s'approprier la peinture, l'éloquence, et la poésie. Pour se figurer le parti qu'on pouvait tirer d'un pareil plan, il faut en supposer l'exécution confiée à l'auteur du *Génie du Christianisme*.

M. Salgues[1] continue à faire la guerre aux *Préjugés et aux Erreurs répandus dans la société*. Il est difficile d'avoir raison avec plus d'esprit. On lui reproche d'espadonner quelquefois dans le vide, et de combattre des monstres qui n'existent plus. Il répond à cela qu'il faut brûler les têtes de l'hydre après les avoir coupées, de peur qu'elles ne renaissent.

Vous vous rappelez bien un certain baron de Grimm, que vous avez vu souvent à Eaubonne, et que vous appeliez *la Poupée*, dans l'humeur que vous donnaient le rouge et les mouches

Dont il eut soin de peindre et d'orner son visage.

Eh bien ! ce baron, mort depuis quelques années, vient de ressusciter dans une *Correspondance littéraire*, à laquelle des jugements singuliers, des anecdotes piquantes, des bons mots peu connus, et des détails sur les plus grands personnages du 18ᵉ siècle, ont donné une vogue extraordinaire.

Si vous ajoutez à ce fatras spirituel une trentaine de volumes de prétendues *Anecdotes inédites* qui ont

---

[1] M. Salgues est aujourd'hui rédacteur en chef du *Drapeau-Blanc*, où il s'escrime de son mieux en faveur de ces mêmes préjugés contre lesquels il combattait alors.

été imprimées vingt fois, de *Souvenirs* qui sont dans la mémoire de tout le monde, de *Portraits* qui ne ressemblent à personne, vous aurez une idée des Mémoires historiques qui ont paru dans le cours de cette année 1813. J'ai mis à part, et vous m'en saurez gré, *le Glaneur*, de M. Jay, qui se distingue par des aperçus fins, des observations neuves, et un style piquant; les *Portraits* de M. de Meilhan, et les *Caractères* de M. de Levis, qui m'ont paru mériter une distinction particulière.

Le roman d'*Eugène et Guillaume* ne doit pas être confondu dans la foule des productions de ce genre, dont nous sommes périodiquement inondés. Un cadre vaste, un but philosophique, des caractères vrais et habilement contrastés, assignent à cet ouvrage un rang dans la littérature. Vous y retrouverez tout le talent de son auteur, un jugement sain, un esprit droit, un ton naturel; plus de connaissance des hommes que du monde, plus de justesse dans le coup d'œil que de pénétration, plus de franchise et d'abandon dans le style que de grace et de correction. Peut-être le succès mérité que cet ouvrage obtient eût-il été plus général, si M. Picard, qui paraît s'être proposé pour modèle l'auteur de *Gil-Blas*, eût, à son exemple, semé d'épisodes intéressants une fable dont l'extrême simplicité serait alors le premier mérite.

Malgré votre aversion pour les romans historiques, vous avez lu avec un grand intérêt la nouvelle intitulée : *Mademoiselle de Clermont;* vous n'en auriez pas moins à la lecture de *Madame de La Fayette,* si tout le talent de l'auteur pouvait empêcher que Louis XIII ne fût, dans son roman, ce qu'il est dans l'histoire, un prince faible, un amant froid, en un mot, un personnage insipide.

Vous aurez encore un roman, mais de ceux qui vous plaisent. *Léonie de Monbreuse* est l'ouvrage d'une femme d'esprit, qui peint ce qu'elle a vu, qui exprime ce qu'elle a senti. Des aperçus fins, l'habitude et la connaissance du monde, un style animé, ferme et piquant, ont classé cette production au nombre des plus agréables de l'année.

Ce n'est pas à un homme qui s'est avisé de faire jouer la comédie à des Nègres et à des Caraïbes, qu'il faut oublier de parler des spectacles. L'Opéra (pour commencer par le plus brillant, sinon par le meilleur) n'est plus ce théâtre des arts

> Où les beaux vers, la danse, la musique,
> De cent plaisirs font un plaisir unique.

La poésie et la musique y deviennent chaque jour des accessoires plus inutiles. La danse, qui n'est plus que le talent des pirouettes, menace de tout envahir; et, pour peu que nos danseuses se perfectionnent au point de pouvoir tourner sur elles-mêmes aussi vite et aussi long-temps que les derviches de

Sainte-Sophie, il est probable qu'on finira par se dispenser d'interrompre, de temps en temps, le tourbillon des ballets par une action qu'il faut se donner la peine de suivre, et par des chants qu'il faut prendre la peine d'écouter. En attendant que l'art soit parvenu à ce point de perfection vers lequel il s'achemine à grands pas, jetons un coup d'œil rapide sur les ouvrages dont s'est enrichi cette année le répertoire de l'académie impériale de musique.

Le Laboureur chinois est parodié sur une partition allemande : il n'est donc permis de s'étonner de la faiblesse du poëme, qu'à ceux qui ignorent les difficultés d'un pareil travail.

La musique de l'opéra des *Abencérages*, que les amateurs de l'art s'accordent à regarder comme le chef-d'œuvre du premier de nos compositeurs, (M. *Cherubini*) n'a pas eu ce qu'on peut appeler un succès populaire ; mais on l'entend avec plus de plaisir la seconde fois que la première ; mais on y trouve toujours des beautés nouvelles. Est-il bien certain qu'un succès de cette nature ne soit pas préférable à un engouement dont il est quelquefois bien difficile de se rendre compte ?

Le sujet de *Médée* a paru d'autant moins bien choisi pour le théâtre de l'Opéra, que l'auteur, en privant cette magicienne de sa baguette, et en cherchant à nous intéresser à ses chagrins, au lieu de nous épouvanter par ses fureurs, a dénaturé un caractère connu, et s'est privé des ressources qu'il pouvait en tirer.

Il y a trente ans que madame Dugazon faisait courir tout Paris, pour la voir dans le rôle de *Nina*; mademoiselle Bigottini, dans un ballet du même nom, obtient aujourd'hui le même succès. L'art de la pantomime n'a peut-être jamais été poussé plus loin; et personne n'a fait parler le geste avec plus de sensibilité, de grace, et d'éloquence. Ce ballet de M. Milon, composé avec beaucoup de talent, n'a d'autre tort, à mes yeux, que celui qu'il ne peut manquer de faire à l'Opéra-Comique, dont il est emprunté. Il serait à desirer qu'on fît revivre l'ordonnance qui défendait aux auteurs d'opéra et de ballets de parodier, en musique ou en entrechats, les chefs-d'œuvre des autres théâtres.

Dans le compte sommaire que je vous rends à la hâte, songez bien que je ne vous donne pas mes opinions pour des jugements : cette remarque est sur-tout essentielle en vous parlant de la Comédie-Française. On a donné sur ce théâtre plusieurs ouvrages nouveaux. Le premier (par ordre de date, entendez-vous?) est une tragédie de *Tippo-Saëb*, sur laquelle vous me permettrez de garder le silence.

Si vous me demandez, après avoir lu *l'Intrigante*, comment il se fait qu'une comédie en cinq actes, en vers, dont le caractère est bien conçu et fortement tracé, dont les mœurs sont vraies, dont le style est de la meilleure école, n'ait pas fourni sur la scène une plus longue carrière, je vous répondrai... [1] J'en aurais trop long à vous répondre.

Ninus II est le début d'un jeune auteur tragique qui s'annonce avec éclat. Quelques défauts dans le plan et dans la contexture de la pièce sont compensés par une sensibilité profonde, et par des situations d'un grand intérêt, et une scène de premier ordre.

Je ne vous parlerais pas d'une petite pièce en un acte et en prose, intitulée *la Suite d'un Bal masqué*, si, depuis *la Gageure*, je connaissais quelque chose du même genre que l'on pût comparer à ce joli ouvrage pour la grace et la peinture fidéle des mœurs de la bonne compagnie. L'auteur de cette comédie est une femme (madame *de Bawr*).

De toutes les pertes que le Théâtre-Français a faites depuis quelques années, la plus récente et la plus irréparable est celle de cette actrice inimitable sur qui l'art et la nature semblaient avoir épuisé leurs dons les plus rares. La mort de mademoiselle Contat laisse d'éternels regrets aux amateurs d'un art charmant dont elle était la gloire et le modèle.

---

[1] Cette comédie était une satire très hardie des mœurs de la cour de Napoléon; et il est bon d'observer que la censure d'alors ne crut pas devoir s'opposer à sa représentation.

La retraite d'*Elleviou* n'a pas été moins funeste au théâtre de l'Opéra-Comique. Cet excellent comédien, que vous n'avez pas connu, a fait pendant vingt ans les délices de Paris. On immolait jadis une hécatombe sur la tombe des hommes dont on voulait honorer la mémoire : serait-ce à l'imitation d'un pareil sacrifice qu'on a cru devoir consacrer la retraite de cet acteur par la chute de tant de pièces nouvelles, dont il faut néanmoins séparer deux ouvrages qui ne font point partie de cette liste mortuaire ? Une femme (cette année figurera bien honorablement dans les annales du beau sexe) a jeté, sur un canevas de Dufresny, intitulé *les Deux Jaloux*, quelques morceaux de musique qui l'ont placée, dès son début, au rang de nos plus agréables compositeurs. *Le Nouveau Seigneur de village* est une production musicale pleine de grace et de charme, dont l'auteur a prouvé qu'une longue absence de Paris, si nuisible au talent du poète, est sans danger pour le talent du musicien.

Grétry est du nombre des hommes célèbres que nous avons à regretter. Vous avez applaudi aux premiers succès de cet ingénieux compositeur, dont la vie n'a été qu'un long triomphe, et à qui la nation entière a payé un juste tribut d'hommages.

L'Odéon, en sa double qualité de théâtre Français et Italien, a fort malheureusement spéculé cette année sur les drames et sur les *opera seria*. Le public a bâillé au *tragique bourgeois;* et le beau monde, qui mériterait quelquefois une autre épithète, n'a pas eu la patience (quoiqu'il parût en avoir fait la gageure) d'entendre jusqu'au bout les *sérieuses inepties* dont les chanteurs ultramontains ont ici le malheureux privilége.

L'*Opera Buffa*, proprement dit, n'a point partagé la disgrace de l'opéra sérieux; mais il a perdu, dans la personne de madame Barilli, sa gloire et son soutien. Cette excellente cantatrice (qu'il faut ajouter à la liste des pertes irréparables de l'année) avait trouvé l'art de concilier à son talent tous les goûts et tous les suffrages.

A l'exception de la gravure du beau tableau de Gérard, représentant *la Bataille d'Austerlitz*, que le savant burin de Godefroy a reproduit avec beaucoup de succès, les arts, dans le cours de cette année, n'ont fixé l'attention publique sur aucun chef-d'œuvre. Les peintres, les sculpteurs, les graveurs, préparent, dans le silence de l'atelier, les productions dont s'enrichira l'exposition prochaine.

Ma tâche annuelle est remplie: vous voilà, mon vieux solitaire, à-peu-près au courant de notre situation physique et morale. Une remarque affligeante, qui ne vous aura point échappé, c'est que la mort, parmi nous, n'a point frappé au hasard, et qu'elle a trop bien choisi ses victimes. Si le système des compensations est une loi de la nature (ce qui ne me paraît pas démontré), l'an 1813 doit avoir donné naissance à un grand géomètre, à un grand poëte, à un grand musicien, à une fameuse actrice, et à une excellente cantatrice. De tant de pertes, la plus sensible aux enfants d'Apollon est celle de l'abbé Delille, le seul traducteur qui ait pris place à côté de ses modèles, et l'un des plus grands poètes dont s'honore le Parnasse français.

Pour terminer l'esquisse de ce vaste tableau, je devrais vous parler de nos ridicules; mais que servirait de vous apprendre qu'après avoir emprunté leurs modes aux Grecs et aux Romains, nos dames mettent aujourd'hui à contribution le Japon et la Chine? que les plus grands événements dont Paris se soit occupé pendant l'année 1813 ont eu pour objet le retour d'une actrice, et les querelles de deux autres? que nos élégantes ont couru, avec le même empressement, au Cirque de Franconi, pour y voir l'*éléphant,* au Palais, pour y prendre parti dans un *procès scandaleux,* et aux séances de l'abbé Faria, pour étudier le *somnambulisme?* que nos oisifs ont mis la plus grande importance à la recherche d'un mauvais *portrait de J.-J. Rousseau?* enfin, que nos badauds se sont extasiés en présence de *la Chasse aérienne,* des *enseignes en tableaux,* des *Chevaliers de Malte,* de *la course des chevaux,* et de *la lionne de mer?* En convenant qu'il n'y a point là de matériaux pour l'histoire, souvenez-vous de ce mot de Montesquieu : *Heureux le peuple dont l'histoire est ennuyeuse !*

AN 1814.

L'ERMITE
DE
LA CHAUSSÉE-D'ANTIN.

N° CVIII. [3 janvier 1814.]

MES PROJETS POUR L'AN 1814.

Vitæ summa brevis spem nos vetat inchoare longam.
Hor., od. iv, lib. I.

La vie est courte; ne portons pas trop loin nos espérances.

L'ERMITE ET SON MÉDECIN.

L'ERMITE (*après une quinte de toux*).

Sans doute, mon cher Docteur, c'est une belle chose que la vieillesse; mais avouez qu'elle a bien des inconvénients.

LE DOCTEUR.

Cicéron, comme vous le savez, ne lui en trouve que quatre petits: le premier, de nous empêcher d'agir; le second, d'amener à sa suite des infirmités;

le troisième, de nous rendre étrangers à presque tous les plaisirs ; le quatrième, enfin, de nous approcher de la mort [1].

L'ERMITE.

Comme on peut ranger dans ces quatre classes à-peu-près tous les malheurs de la vie, vous conviendrez que ces petits inconvénients-là en valent bien d'autres ; néanmoins Cicéron pouvait ajouter, en forme de supplément, l'humeur que la vieillesse nous donne, la gaieté qu'elle nous ôte, l'inquiétude continuelle où elle nous tient.

LE DOCTEUR.

Cette réflexion chagrine, que vous suggère votre maladie et non votre âge, n'a point d'autorité dans la bouche d'un homme dont l'exemple réfute aussi victorieusement l'opinion. Il y a vingt ans que je vous connais, et je ne vous ai jamais vu (accès de goutte et rhumatisme à part) d'une humeur plus égale, d'une gaieté plus franche, et d'une tranquillité d'esprit plus philosophique.

L'ERMITE.

L'exception ne détruirait pas la règle, fût-elle même aussi complète que vous le croyez ; mais le fait est que si j'avais besoin de me convaincre de

---

[1] Unam, quod advocet à rebus gerendis ; alteram quod corpus faciat infirmum ; tertiam, quod privet omnibus ferè voluptatibus ; quartam, quod haud procul absit à morte.

CICERO, *de Senectute.*

l'affaiblissement de mes facultés physiques et morales, j'en trouverais la preuve dans une disposition nouvelle contre laquelle je lutte de toute la force de mon caractère, et qui se manifeste dans une sorte de répugnance que j'éprouve de temps à autre pour les choses mêmes dont j'ai le goût et l'habitude. Ces livres qui m'environnent, auxquels je dois, non pas les plus vifs, mais les plus doux plaisirs de ma vie, je les vois quelquefois de l'œil du sénateur *Pococurante* [1]. Je me dis, en regardant cet amas de papier (dont les bêtes ne se bornent pas toujours à faire les frais de la couverture), que ces quatre ou cinq mille volumes se réduiraient, d'après le calcul du savant évêque d'Avranches, à un seul petit in-douze, si l'on n'y faisait entrer que les choses vraies, utiles, et une fois dites.

LE DOCTEUR.

C'est votre maladie.

L'ERMITE.

Le commerce des gens que j'aime le plus m'est quelquefois à charge; la lenteur et le radotage de mon vieux domestique me deviennent insupportables.

LE DOCTEUR.

C'est votre maladie.

[1] Personnage du roman de *Candide*.

L'ERMITE.

Je m'étonne, comme si je venais d'en faire la découverte, qu'il y ait tant de fous, tant de sots, et tant de méchants au monde.

LE DOCTEUR.

C'est votre maladie.

L'ERMITE.

Ma maladie! ma maladie! Vous me traitez comme le *Géronte* du *Légataire*. Ma maladie, docteur, c'est mon extrait de baptême.

LE DOCTEUR.

Point du tout; la vieillesse est relative : tel homme de soixante-quatorze ans est plus jeune que tel autre à cinquante. Vous n'êtes pas vieux encore, vous êtes malade. Vous avez mal aux nerfs.

L'ERMITE.

Comme je rirais, si je n'avais pas peur de tousser! A moi, une maladie de petite-maîtresse? Vous seriez bien embarrassé, si je vous demandais ce que c'est que le mal de nerfs.

LE DOCTEUR.

Je vous expliquerais la chose comme le médecin de Molière explique la vertu de l'opium, et il ne faudrait pas trop rire de ma définition; car, bien que le docteur *Pangloss* assure avec raison qu'il n'y a pas d'effets sans cause, il n'est pas donné aux médecins, ni même aux philosophes, de les connaître toutes.

L'ERMITE.

Si vous ne connaissez pas la cause du mal, comment voulez-vous le guérir?

LE DOCTEUR.

Comme je fais venir du blé, sans savoir comment il germe; comme j'ordonne une médecine, sans savoir comment elle purge.

L'ERMITE.

J'ai donc mal aux nerfs: eh bien! soit; maintenant que faut-il faire à cela?

LE DOCTEUR.

Reprendre pendant l'hiver un exercice que vous avez interrompu depuis quelques mois; et, dès que les premières feuilles annonceront le printemps, sortir de Paris et vous mettre en course.

L'ERMITE.

Savez-vous, mon cher docteur, qu'entre autres griefs que j'ai contre Hippocrate et sa brigade (griefs sur lesquels il faudra que je m'explique un jour avec vous à cœur ouvert), un des plus grands est cette habitude de ne compter pour rien l'état et la position du malade, en prescrivant le remède? Rien de plus absurde, à mon sens, que la médecine par recettes générales; je ne me réconcilierai avec votre art, que lorsque je le verrai agir sur l'individu et non sur l'espèce. Ordonner à un pauvre diable de ferblantier de la rue des Prouvaires, qui gagne un écu par jour, de se mettre au régime du vin de quinquina pour se guérir des fièvres, n'est-ce pas lui dire de faire son testament? Prescrire à la femme d'un marguillier de la paroisse Saint-Jacques-du-Haut-Pas d'aller prendre les eaux de Tœplitz pour se mettre dans le cas de devenir mère, n'est-ce pas condamner impitoyablement son mari à mourir sans héritiers? Il en est de même de votre ordonnance: je me suis fait ermite, et vous voulez que je me remette à courir le monde! Constitué *observateur des mœurs parisiennes*, irai-je remplir ma tâche sur les bords de la Loire, dans les montagnes du Dauphiné, ou dans les plaines du Languedoc?

LE DOCTEUR.

Voilà justement où je voulais en venir. Pourquoi vous croiriez-vous obligé de confiner dans les murs de la capitale vos observations sur nos mœurs? Les Français sont-ils tous à Paris? Plusieurs de vos correspondants vous ont déja fait la même question. Que Paris soit le centre de vos opérations; que tous vos réseaux, comme ceux d'Arachné, viennent aboutir au même point, rien de mieux; mais étendez votre trame; attachez-en les fils à nos provinces; et (pour suivre la comparaison jusqu'au bout), averti par le moindre mouvement, sortez de votre trou, et courez saisir votre proie à l'extrémité de la toile.

L'ERMITE.

J'y ai pensé plus d'une fois; mais nos romanciers,

nos poëtes dramatiques, ont déjà tant parlé des ridicules de la province!....

LE DOCTEUR.

Comme des ridicules du Marais, par tradition, et sans aucun égard aux changements que le temps et les circonstances y ont apportés. D'ailleurs il est un point de vue plus utile, plus général, sous lequel on a rarement envisagé la province, et que vous parviendrez à saisir. Les nuances qui distinguent les mœurs, les usages, les habitudes, dans les différentes parties de la France, voilà ce qu'il est important de connaître et de comparer, quelquefois pour l'amusement, et plus souvent même pour l'instruction de la capitale.

L'ERMITE.

Je commence à croire, mon cher docteur, que votre ordonnance n'est point impraticable; et me voilà presque décidé à entreprendre, au retour de la belle saison, quelques excursions sur les terres départementales, où j'aurai soin, comme vous pouvez croire, de voyager incognito. Une fois d'accord sur le projet, parlons des moyens d'exécution. Je ne suis pas assez ingambe pour m'en aller, à la manière de J.-J. Rousseau, un bâton à la main, et portant mon bagage en sautoir; je ne suis plus assez jeune pour entreprendre un voyage à cheval; et je ne suis ni assez pressé ni assez riche, pour voyager en poste.

LE DOCTEUR.

Reste ce qu'il y a de mieux pour un homme qui se déplace avec l'intention d'en voir d'autres, les voitures publiques : une diligence, une patache, un coche d'eau, sont d'excellents cabinets d'observations ; les modèles s'y pressent en quelque sorte sous les yeux du peintre, et ce n'est pas à vous que j'apprendrai le parti qu'on peut tirer de semblables situations.

L'ERMITE.

Voilà encore un point arrêté : maintenant, mon cher docteur, où irai-je ? je suis dans mon jour de déférence pour la médecine : tracez-moi un itinéraire en forme d'ordonnance ; cela vous donnera l'occasion de disserter sur le *climat* et sur le *tempérament*, deux mots qui jouent un grand rôle dans le dictionnaire de la Faculté, en attendant qu'elle sache ce qu'ils veulent dire.

LE DOCTEUR.

Vous êtes bien heureux que je sois encore plus votre ami que je ne suis votre médecin, sans cela !...

L'ERMITE.

Je sens toute la force de ce *quos ego*... N'importe, docteur ; présentez le breuvage, et, comme Alexandre, je le bois sans hésiter.

LE DOCTEUR.

Je reviens sur votre épigramme, et je me demande s'il est possible qu'un homme de bon sens pousse l'entêtement jusqu'à nier l'influence du climat.

L'ERMITE.

Je ne nie point, docteur; je doute. Je sais que l'auteur de l'*Esprit des lois*, dont l'autorité est d'un bien grand poids à mes yeux, a dit que *l'on pourrait distinguer les climats par degré de sensibilité, comme on les distingue par degré de latitude;* qu'il a cru trouver, dans la position géographique des différents pays, l'origine des qualités et des défauts de leurs habitants : mais l'expérience, dont l'autorité l'emporte sur celle de Montesquieu, m'a prouvé que le même pays, à quelques siècles d'intervalle, avait été successivement habité par la nation la plus brave, la plus entreprenante, la plus libre, et par le peuple le plus lâche, le plus paresseux, le plus esclave de la terre : j'ai trouvé, contre son système, les Cafres belliqueux sous l'équateur, et les timides Lapons auprès du pôle : en un mot, docteur, rien ne me paraît moins prouvé que cette influence du climat dont on a fait tant de bruit.

LE DOCTEUR.

Au moral, tout ce qu'il vous plaira; ce n'est point là mon affaire; je ne m'inquiète pas d'où viennent les vices des hommes : je cherche d'où naissent leurs maladies; et je sais que cette expérience, que vous invoquez toujours, fait de l'examen du climat une loi fondamentale de l'hygiène : au demeurant, cette question est ici tout-à-fait oiseuse. Quand on se promène dans la chambre, il n'importe guère que ce soit en long ou en large, du nord au sud, ou de l'est à l'ouest; vous voyagerez comme on se promène, pour changer d'air, pour faire un exercice utile à votre santé; vous ne séjournerez que trois ou quatre jours dans le même endroit; il est donc assez indifférent que vous vous dirigiez sur tel point ou sur tel autre : vous prendrez le chemin qui vous paraîtra le plus agréable.

L'ERMITE.

Voilà ce qui s'appelle parler en ami : vos confrères ne sont pas toujours aussi clairs ni aussi laconiques.

LE DOCTEUR.

Il y a des professions comme la nôtre, comme la vôtre, où il faut quelquefois parler pour n'être pas entendu. Réduisez un avocat à la seule discussion du fait; ôtez-lui ses citations, ses amplifications, ses exordes, ses péroraisons, et vous verrez ce que deviendra l'éloquence du barreau; exigez des journalistes de ne rien avancer dont ils ne soient sûrs, de ne louer que ce qu'ils estiment, de ne censurer que ce qu'ils entendent; ôtez-leur la réputation de la veille, l'érudition du jour, et l'intérêt du moment, vous verrez ce que deviendront les journaux.

L'ERMITE.

Prenez-y garde, docteur; si vous jetez des pierres

dans notre jardin, nous ferons pleuvoir une carrière dans le vôtre.

LE DOCTEUR.

Vos pierres ne tuent personne.

L'ERMITE.

Que n'en puis-je dire autant des...? (*Il tousse.*)

LE DOCTEUR.

C'est cela!... une bonne quinte, en expiation de vos épigrammes contre la médecine. Souvenez-vous que Molière en est mort.

L'ERMITE.

Je vous offre ce soir une place pour voir *le Malade imaginaire*.

LE DOCTEUR.

Adieu, bon ermite.

L'ERMITE.

Adieu, malin docteur.

LE DOCTEUR.

Je vous recommande, pour votre catarrhe, mon sirop pectoral et l'apozème suivant l'ordonnance.

L'ERMITE.

Je la suivrai, songez-y bien. Adieu, mon ami.

LE DOCTEUR (*revenant*).

Toute réflexion faite, ni sirop ni apozème; tenez-vous chaudement, et buvez beaucoup d'eau sucrée.

N° CIX. [12 JANVIER 1814.]

A MES CORRESPONDANTS.

> .... *Prodire tenus, si non datur ultrà.*
> Hor , ep. 1, lib. I.
>
> J'aurai du moins fait quelques pas, si je ne puis aller plus loin

J'entends crier tous les jours contre des gens en place qui ont pris le parti de ne point répondre aux lettres qu'on leur écrit, et je me rends volontiers l'écho des reproches que cette conduite leur attire. Je n'admets aucune excuse à leur silence : quiconque jouit des avantages attachés à un poste éminent, en doit accepter les charges. « La fatigue que je vous cause, l'ennui que je vous donne, dirais-je à ces messieurs, n'est pas seulement un inconvénient, mais un devoir de votre état, et je ne vois qu'insolence ou paresse dans le refus que vous faites de le remplir. » Mais cette obligation, dont je ne pense pas qu'un fonctionnaire public puisse s'affranchir, n'en est pas une pour moi, pauvre ermite, observant, catéchisant du fond de ma cellule, sans mission, et sans autre profit que l'espoir d'être utile. Je reçois beaucoup de lettres; je les lis avec attention; j'en publie quelques unes d'un intérêt général; je prends note des choses intéressantes ou des observations judicieuses que les autres renferment, pour les employer dans l'occasion; mais je ne réponds particulièrement à aucune : mon temps y passerait tout entier, et je suis arrivé à une époque de la vie où l'on connaît le prix des heures.

En faisant, il y a quelques jours, le triage des lettres de l'année, j'ai mis à part celles dont les auteurs m'adressent des questions auxquelles je puis répondre en quelques lignes : chacun d'eux voudra bien prendre la part qui lui revient dans cette réponse collective.

Madame *C*** de M****, en m'annonçant l'intention où elle est de se retirer à Dinan et de quitter la capitale, où elle se sent tourmentée *du besoin de critiquer et de la démangeaison d'écrire*, me demande ce que je pense de sa résolution. Si je considérais moins son bonheur particulier que le plaisir des autres (en regardant sa lettre comme un essai de son talent), je pourrais l'engager à céder au penchant qu'elle combat, et l'encourager, par l'exemple de plusieurs personnes de son sexe qui se distinguent, à Paris, dans la carrière des lettres et des arts; mais j'ai consulté, sur ce point, une femme dont l'autorité ne pourrait être suspecte que d'une trop grande prévention en faveur d'une célébrité qu'elle a justement acquise, et c'est madame Dufrénoy qui répond à madame C*** de M*** :

>J'ignorais alors qu'une femme,
>Payant toujours trop cher la palme d'un écrit,
>Pour jouir en repos des vertus de son ame,
>Au sévère public, écho léger du blâme,
>Ainsi que ses appas doit voiler son esprit :
>J'ignorais qu'au Parnasse une douce victoire
>Nous donne moins d'éclat encor que de travers;
>J'ignorais que vos cœurs [1], inconséquents et fiers,
>Même en nous adorant, haïssent notre gloire,
>   Et que l'action la plus noire
>Nous fait moins d'ennemis que quelques petits vers.

Enfin, puisque madame C*** de M*** ne peut échapper à la tentation de bel esprit qu'en s'éloignant de la capitale, je lui conseille, dans toute la sincérité de mon ame, de prendre la route de Dinan le plus tôt possible. Il est encore plus facile d'être heureux sur les bords de la Rance que d'être célèbre sur les bords de la Seine; et quant au plaisir de critiquer, qui n'est guère que celui de médire, madame C*** de M*** pourra s'y livrer avec plus de succès et de sécurité dans une petite ville de province, où tout fait scandale, où le plus petit murmure est entendu, que dans ce Paris, où la plus

---

[1] Des hommes.

forte explosion de la plus grosse calomnie se perd le plus souvent dans le bruit général.

En continuant, suivant les règles de la galanterie, à m'occuper d'abord de mes aimables correspondantes, je viens à madame *de Saint-P****, qui me demande quelques instructions sur la manière de composer sa bibliothèque. Si cette dame demandait à un médecin de lui indiquer les remèdes dont elle doit composer une petite pharmacie à son usage, le docteur, avant tout, voudrait savoir quels sont ses goûts, ses habitudes, son âge, et son tempérament: je dois en agir de même : une bibliothèque est une espèce de pharmacie morale ; on y a beaucoup multiplié les drogues, et le médecin prudent ne les administre pas au hasard. Que madame de Saint-P*** veuille donc bien m'apprendre quel est son rang dans le monde, sa position dans sa famille, sa fortune, et son âge, et je me hasarderai à lui donner mon avis sur le choix des livres dont elle veut meubler son boudoir. S'il arrivait qu'elle fût mère de famille, qu'elle eût une maison à conduire et des enfants à élever, cela réduirait beaucoup le catalogue.

Je regrette de ne pouvoir citer en entier la lettre de mademoiselle *Charlotte de S****; on y verrait un petit tableau d'intérieur plein d'intérêt et de vérité: en me parlant de sa famille, mademoiselle Charlotte m'apprend assez le prix que je dois mettre aux éloges que l'on y donne aux homélies du vieil Ermite; et comme on aime assez généralement à occuper de soi les gens que l'on estime, je ne me presserai pas de terminer la dispute qui s'est élevée sur mon âge au château de S***.

Pour répondre sans fâcher personne, si je parle à M. de S*** du siége de Harbourg; si je lui donne des détails sur cette belle défense qui fait tant d'honneur à M. *de Pereuse;* si je lui cite quelques anecdotes relatives aux souffrances que nous endurâmes pendant le blocus, et qu'on ne peut connaître à moins d'avoir été *dans la bouteille,* comme dit Sosie, M. de S***, calculant mon âge depuis 1757, en conclura qu'il a gagné, et que je ne puis avoir moins de soixante-douze ans. Si je nomme à monsieur son neveu, le général, quelques jeunes officiers avec qui j'ai servi dans la guerre de l'indépendance; si je lui rappelle certaines folies de jeunesse dont on a beaucoup parlé à New-Yorck, et que l'on a mises sur mon compte, il en conclura que je dois être d'une trentaine d'années moins âgé que son oncle ne le suppose; mais beaucoup de gens attesteront au frère de mademoiselle Charlotte, qui revient de Bengale, que non seulement j'ai fait, comme lui, le voyage des Indes, mais que j'en suis revenu très jeune pendant la révolution; je n'aurais plus, à ce compte-là, qu'une quarantaine d'années, ce qui lui ferait gagner son pari, à ma très grande satisfaction.

Maintenant, comment faire pour entretenir mademoiselle Charlotte dans l'opinion où elle est que je suis un jeune homme? En lui faisant remarquer dans mes écrits une foule de passages qui prouvent que j'aime plus les femmes que je ne les connais; un certain penchant à excuser la jeunesse, qui peut faire croire que je plaide dans ma propre cause; enfin, une connaissance approfondie des superfluités de la mode, qui ne se loge guère dans une tête à cheveux blancs. Quoi qu'il en soit, de tous les portraits que l'on se fait de moi au château de S***, celui auquel je serais plus glorieux de ressembler à été tracé dans ces beaux vers de Shakespeare, dont mademoiselle Charlotte me fait une beaucoup trop généreuse application :

He has. . . . .
Made use and fair advantage of his days:
His years are young, but his experience old;
His head unmellow'd, but his judgement ripe. . . .

Il y a bien de l'esprit, bien de la grace dans la lettre que m'a écrite, de B...., mademoiselle C*** F***; mais je me crois bien loin de mériter les louanges qu'elle me prodigue, si j'ai à me reprocher d'avoir fait naître chez elle le desir *de quitter la province, et d'imposer à son mari futur l'obligation de la conduire dans la capitale.* Mademoiselle C*** n'a que quatorze ans; elle est bien jeune, et il lui est permis de ne pas savoir encore qu'il est, pour une femme, des plaisirs plus doux que celui des spectacles, des promenades plus agréables que celle du *Salon*, et des devoirs plus chers que celui de cultiver son esprit et son goût. La raison précoce dont elle paraît douée, jointe à une plus longue expérience de la vie, lui auront bientôt appris que le bonheur des femmes est une plante qu'il faut cultiver en famille; qu'elle s'accommode mal d'une forte agitation et de l'éclat du trop grand jour; qu'enfin il ne faut pas placer ses espérances hors du cercle où l'on est destiné à vivre.

M. *F*** de Neur****, qui a bien voulu me communiquer le manuscrit d'un ouvrage *sur l'Économie politique,* me demande ce que je pense de l'utilité d'un pareil livre; je lui réponds avec M. Necker (dont l'autorité est d'un plus grand poids que la mienne), qu'on fera jusqu'à la fin du monde des livres sur cette science; que l'on ne pourra jamais y être qu'à la suite des opinions des autres; que toutes les routes s'y trouvant en cercle, on doit toujours et nécessairement y revenir sur ses pas.

M. *Ber****, de Colmar, qui *prend le rire pour une convulsion,* et pense que la *gaieté est un état contre nature,* voudrait que je traitasse habituellement quelques points d'érudition, de statistique, quelques questions de métaphysique, d'histoire, ou tout au moins de haute littérature; il pousse la complaisance jusqu'à m'indiquer plusieurs sujets, dont un seul, bien traité, ouvrirait certainement à son auteur la porte de la troisième classe de l'Institut; mais le savant Alsacien ne me dit pas comment de semblables questions pourraient se rattacher à la peinture des mœurs, objet spécial de mes observations et de mes Discours : sans examiner jusqu'à quel point je serais ou non coupable de remplir une pareille tâche, j'ai tout lieu de croire que mes lecteurs habituels ne me tiendraient aucun compte de leur prouver que *Platon, Confucius, et le grand Albert, avaient la même opinion sur l'immortalité de l'âme,* ou *que le genre humain a commencé dans l'île de Ceylan.* Je n'oserais même pas assurer qu'ils prissent le moindre plaisir à me voir *redresser les erreurs nombreuses qui se trouvent dans la* Bibliothéque historique *du P. Lelong.* Je pense, comme Plutarque, qu'il n'y a point de bons propos, tenus hors de propos; et je demanderai la permission à mon correspondant de Colmar, de continuer à me renfermer dans les limites que je me suis tracées.

M. Eugène D*** est arrivé à Paris avec beaucoup d'esprit et peu d'argent; il a fondé de grandes espérances sur les bonnes études qu'il a faites, et sur *l'amour de rimer* qui le possède. Il a commencé par faire *incognito* des vers d'almanach, *que personne n'a critiqués;* ce premier succès lui a donné l'idée de suivre la carrière dramatique; il a dédaigné les théâtres secondaires, et il a eu l'honneur de se faire refuser deux grands ouvrages aux Français. Ce double échec lui a fait soupçonner qu'il s'était mépris sur son talent ; il a quitté la scène, et s'est jeté dans l'éloquence académique ; il s'y croyait d'autant mieux appelé, qu'il y a très peu de poëtes ou d'orateurs du jour qui puissent se flatter d'habiller une pensée commune de mots plus harmonieux, et de cadencer plus régulièrement une période : cependant il a concouru cinq fois, et n'a obtenu qu'un *accessit* à l'académie de Bruxelles.

Dans un premier accès de découragement, M. Eugène se plaint à moi de l'injustice et de la sottise de son siècle : je le console du mieux que je puis, en lui apprenant que son histoire est en ce moment, à Paris, celle d'une foule de jeunes gens qui se sont laissés prendre aux mêmes amorces. Il me demande des conseils ; je n'en ai qu'un à lui offrir, et je crains bien qu'il ne tarde trop long-temps à le suivre : « Vous avez de l'esprit, des talents, M. Eugène ; retournez à Caen : appliquez-vous à l'étude de la jurisprudence, et peut-être, avant quatre ans, figurerez-vous avec honneur à la barre d'un tribunal de première instance. Votre père occupait une place dans une administration, vous pourrez y entrer comme surnuméraire ; l'intelligence, le travail et l'application vous y assigneront bientôt un rang plus honorable et plus lucratif. On a beau déclamer contre l'injustice et les passe-droits; l'homme utile finit toujours par faire son chemin, ne fût-ce qu'à la suite de l'homme puissant. »

Je ne terminerai pas cette espèce de circulaire sans remercier mon spirituel et mystérieux correspondant A***, de plusieurs lettres charmantes qu'il m'a écrites, et dont j'ai fait discrètement mon profit.

N° CX. [15 JANVIER 1814.]

LE GATEAU DES ROIS.

Fabam mimum agunt.
CICER.
Ils tirent le gâteau des rois.

Je voudrais qu'on ne confondît pas les préjugés d'un peuple avec ses habitudes. On ne saurait poursuivre les uns avec trop de persévérance; mais il est rare que l'on gagne quelque chose à détruire les autres. Tout préjugé est né d'un vice; toute habitude nationale prend sa source dans une vertu. La démonstration de cette vérité ferait de ce Discours un chapitre de morale; mais

Trop de morale entraîne trop d'ennui.

J'abandonne donc ce principe à lui-même, et j'en viens aux fêtes de famille, que je mets au nombre de ces vieilles habitudes dont je vois avec regret s'affaiblir chaque jour la vénérable autorité.

Ce goût m'a été inspiré dès mes plus jeunes ans par un de mes oncles maternels, le prieur d'*Ar-*

LE GATEAU DES ROIS. 373

mentières, qui passait chez mon père tout le temps qu'il ne passait point à son prieuré, c'est-à-dire onze mois et demi par an. Le prieur avait un appartement au second, dont sa bibliothèque occupait la plus grande partie. Au-dessus d'une espèce de table à la Tronchin, où il travaillait, je vois encore, dans un cadre de bois d'ébène, un calendrier à son usage, qu'il dressait lui-même au commencement de chaque année, et dans lequel il avait soin d'inscrire, par ordre de date, les fêtes, les anniversaires de tous ses parents, de tous ses amis, et même de toutes ses connaissances. Le jour arrivé, on était sûr de recevoir à domicile un bouquet accompagné, pour l'ordinaire, d'une pièce de vers ou d'un couplet en forme de compliment. Ce qu'il faisait pour les autres, il l'exigeait pour lui d'une manière si absolue, qu'il déshérita un de ses parents pour avoir négligé de lui écrire une lettre de bonne année. Mon oncle, tout en exagérant l'importance de semblables devoirs, avait sur ce point des idées qui n'étaient pas tout-à-fait étrangères à la saine morale : je me souviens que, dans une petite comédie qu'il avait faite à ce sujet, un des personnages traitait d'abus cet asservissement à des coutumes puériles.

.... Tous ces grands mots ne m'en imposent guère ;
C'est à l'abus, d'abord, qu'on déclare la guerre :

> Mais l'usage y tenait: on le laisse déchoir,
> Et l'usage détruit entraîne le devoir;
> Voilà, monsieur, comment, avec de belles phrases,
> De la société l'on sape enfin les bases.

Combien d'exemples ne nous citait-il pas de querelles assoupies, de procès entre parents terminés dans ces réunions de famille que l'usage prescrivait autrefois, et qu'il semble à peine tolérer aujourd'hui! Le *Réveillon*, le *Gâteau des Rois*, le *Mardi-Gras*, la *Saint-Martin*, étaient alors des fêtes domestiques où les jeunes gens trouvaient des plaisirs qu'ils vont maintenant chercher ailleurs. Mon oncle le prieur connaissait, dans leurs petits détails, le cérémonial de ces fêtes, et mettait tous ses soins à le faire observer. Ces jours-là, il se constituait, de sa pleine autorité, maître de la maison; il ordonnait le repas, présidait aux invitations, désignait les places à table, et veillait à ce que tout se passât dans les règles.

De toutes les fêtes de famille, celle *des Rois* était, à ses yeux, la plus importante; aussi voulait-il qu'on la célébrât avec une pompe toute particulière. Les souvenirs qui m'en restent ne m'ont jamais permis de relire, sans une vive émotion, la description charmante que M. de Châteaubriand a faite de cette fête antique, où j'ai si souvent assisté. La famille était nombreuse, la salle du festin était grande; il ne reste que moi de tous les convives.

« Les cœurs simples (dit l'auteur du *Génie du*
« *Christianisme*) ne se rappellent pas sans atten-
« drissement ces heures d'épanchement où les fa-
« milles se rassemblaient autour des gâteaux qui re-
« traçaient les présents des mages. L'aïeul, retiré
« pendant le reste de l'année au fond de son appar-
« tement, reparaissait dans ce jour comme la divi-
« nité du foyer paternel. Ses petits-enfants, qui de-
« puis long-temps ne rêvaient que la fête attendue,
« entouraient ses genoux, et le rajeunissaient de
« leur jeunesse. Les fronts respiraient la gaieté, les
« cœurs étaient épanouis, la salle du festin était dé-
« corée, et chacun prenait un vêtement nouveau :
« au choc des verres, aux éclats de la joie, on tirait
« au sort ces royautés éphémères ; on se passait un
« sceptre qui ne pesait point aux mains du mo-
« narque. Souvent une fraude, qui redoublait l'allé-
« gresse des sujets et n'excitait que les plaintes de
« la souveraine, élevait au trône la fille du lieu et
« le fils du voisin nouvellement arrivé de l'armée.
« Les jeunes gens rougissaient, embarrassés qu'ils
« étaient de leur couronne; les mères souriaient,
« et l'aïeul vidait sa coupe à la nouvelle reine : le
« curé, présent à la fête, recevait, pour la distri-
« buer avec d'autres secours, cette première part,
« appelée la *part des pauvres*. Des jeux de l'ancien
« temps, un bal dont quelque vieux serviteur était
« le musicien, prolongeaient les plaisirs, et la mai-

« son entière, nourrices, enfants, fermiers, domes-
« tiques, et maîtres, dansaient ensemble la ronde
« antique. »

Je lisais, il y a quelques jours, le passage que je viens de citer, en présence d'un M. Fergus, savant plus estimable qu'orthodoxe, avec qui j'ai fait mes études, et qui trouvait très mauvais que M. de Châteaubriand fît honneur au christianisme de l'institution d'une fête évidemment renouvelée des Grecs et des Romains.

« Que diable (disait-il en agitant ses gros sourcils noirs) vient-on nous parler des mages et de leurs présents, à propos d'un usage dont l'origine profane est si bien connue. Qui est-ce qui ne sait pas que cette plaisanterie du *Roi de la Fève* nous vient des Romains, dont les enfants, pendant les saturnales, tiraient au sort à qui serait roi du festin? Cet emploi de la *fève*, pour interroger le sort, remonte aux Grecs, qui se servaient de fèves pour l'élection de leurs magistrats. Nous avons transporté au commencement de janvier une fête que les anciens célébraient vers la fin de décembre, au solstice d'hiver, et que les Romains, s'il faut en croire Lucien, Strabon, et Vossius, avaient empruntée des Perses. L'élection de ce roi de circonstance se faisait à table, comme chez nous; mais après avoir été traité, pendant la courte durée de son règne, avec tout le respect et tous les égards dus à son rang, le monarque éphémère était pendu pour terminer la fête. Il est pourtant bon d'ajouter qu'il était choisi dans la classe des esclaves, et plus souvent parmi les criminels.

« — Je sais fort bien (répondis-je à mon savant en *us*) qu'on peut tout désenchanter à force d'érudition ; mais je vous avouerai que la lecture du mémoire le mieux fait sur l'origine du *Roi de la Fève* ne m'amusera jamais autant qu'une de ces fêtes de famille, devenues beaucoup trop rares aujourd'hui.....

« — Dans le monde où vous vivez (interrompit M. Fergus) ; car j'ai pour ma part à choisir entre trois maisons où je suis invité ce soir à tirer le *Gâteau des Rois*, et dans l'une desquelles je vous réponds que vous serez bien reçu, si vous voulez m'accompagner. »

Il me nomma M. Bruno, autre vieux camarade d'école, avec qui j'avais été en pension chez M. Doppi, rue Mazarine. Nous en étions sortis à la même époque, moi pour entrer au collège, et Bruno pour suivre la profession de son père, marchand de draps *au Mouton d'or*, dans la rue des Marmouzets. Il y avait plus de vingt ans que nous ne nous étions vus ; mais je m'étais toujours fourni chez lui, et je savais qu'il m'avait conservé quelque amitié : je ne balançai donc pas à prendre Fergus au mot.

Il était quatre heures lorsque nous nous rendîmes chez le doyen de l'ancien échevinage. Nous trouvâmes, au-dessus de la boutique, dans un petit salon dont un marchand de nouveautés de la rue Vivienne serait honteux de faire aujourd'hui son antichambre, le bon vieillard assis auprès de la cheminée dans un vaste fauteuil en velours d'Utrecht, un petit enfant sur ses genoux, et deux autres assis par terre, qui montraient au grand-papa les polichinelles, les magots chinois, les soldats d'étain qu'ils avaient reçus pour étrennes au jour de l'an. Une jeune personne de seize à dix-sept ans aidait une vieille servante à mettre le couvert. M. Charles Bruno, le fils cadet, au coin d'une fenêtre, faisait à haute voix la lecture d'un journal, tandis qu'une vieille tante découpait des manchettes de papier de couleur pour mettre aux bougies. Le Nestor des marchands de la Cité me reçut à bras ouverts, et me présenta de la manière la plus aimable à toute la famille, qui m'accueillit avec la même bonté. On peut croire que dans la conversation qui s'établit au coin du feu entre les trois vieux condisciples, M. Doppi ne fut point oublié, et que la phrase, *vous rappelez-vous?...* revint plus d'une fois dans un pareil entretien. Les autres convives arrivèrent à la file: le premier fut M. Boutard, gendre de M. Bruno, et l'un des plus fameux passementiers de la rue des Bourdonnais; il amenait avec lui deux de ses enfants. M. Boutard est un fort galant homme, qui n'a d'autre défaut que de tirer un peu trop de vanité des soins qu'il donne à la fabrique de Sainte-Opportune, dont il est le plus ancien marguillier. Vint ensuite l'abbé Daillot, neveu du patriarche, et vicaire de Saint-Magloire ; il fut suivi de M. Melchior Bruno, capitaine des vétérans de la caserne Notre-Dame-des-Victoires, lequel donnait le bras à madame Boutard et à sa fille, petite brune de la figure la plus espiègle.

Le dîner était servi : on n'attendait pour se mettre à table que M. Daumont, ancien commis de M. Bruno, et l'ami le plus intime de la famille. Mademoiselle Françoise Bruno, la tante, engagea son frère à se mettre à table, en vertu de cet axiome gastronomique : *qu'attendre empêche de manger, et que manger n'empêche pas de venir.* Son avis fut adopté ; le fauteuil du grand-père fut placé au milieu de la table, le dos au feu : chacun debout auprès de sa chaise, attendit pour s'asseoir que l'ancien de la famille eût prononcé le *benedicite* et se fût assis lui-même. Une petite table, pour les enfants, avait été dressée dans un des coins de l'appartement : la tante Bruno en avait la surveillance.

L'ami Daumont arriva comme on enlevait la soupe : il s'annonça par un gros rire dont j'observai qu'il faisait toujours précéder ses plaisanteries : Je m'aperçois qu'on m'attend *comme l'abbé attend les moines*, dit-il en serrant la main à chaque convive l'un après l'autre, et sans m'oublier, moi qu'il ne connaissait pas : l'abbé répondit par un *tardè venientibus ossa*, qui produisit beaucoup d'effet.

La soupière enlevée, on apporta devant madame Boutard, qui faisait les honneurs de la grande table, un gâteau des rois, qu'elle bénit en y traçant un signe de croix, et qu'elle découpa en dix-huit parts : on fit ensuite avancer le plus jeune des convives, ce qui donna lieu au vicaire de placer un *surgat junior* dont il parut se savoir bon gré. On couvrit le gâteau d'une serviette, on fit faire au plat deux ou trois tours, pour ôter toute idée de dol ou de faveur, et l'enfant distribua les portions. La première que l'on tira fut celle des *pauvres*, qui fut remise au vicaire avec les aumônes que chacun s'empressa d'y joindre; le grand-papa fut servi le second : en ma qualité de vieillard et d'étranger, j'eus la troisième part, où se trouvait la fève. Mon élection à la royauté du festin fut annoncée par une salve d'applaudissements : auxquels succédèrent les cris répétés de *vive le roi!* Je fus respectueusement invité par mes nouveaux sujets à faire choix d'une compagne qui partageât avec moi l'éclat du rang suprême; je jetai les yeux sur mademoiselle Rose Boutard, qui me parut bien moins sensible à l'honneur de venir occuper un trône, qu'au déplaisir de quitter la place qu'elle occupait auprès du petit cousin Bruno. Le dîner fut gai, même un peu bruyant, et les cris de *la reine boit! le roi boit!* se firent entendre pendant toute la durée du repas. La précaution qu'avait eue le savant Fergus, d'apporter avec lui six bouteilles d'un excellent vin de Bordeaux (précaution que le capitaine des vétérans apprécia mieux que personne) acheva de mettre l'ami Daumont en belle humeur, et le vicaire ne perdit pas une si belle occasion de nous dire, en vidant son verre à la santé de son oncle : *Bonum vinum lætificat cor hominis.*

Au dessert on procéda, suivant l'usage, aux élections des grandes charges de la couronne, et tout le monde admira ma pénétration lorsqu'on me vit nommer M. Boutard, ministre de mes finances; Daumont, mon maître-d'hôtel; le capitaine Melchior, généralissime de mes armées; l'abbé Daillot, mon grand-aumônier; et mademoiselle Bruno, dame d'honneur de la reine. Les nominations achevées, le grand-aumônier, le ministre des finances et le maître-d'hôtel entonnèrent un canon bachique, après lequel la reine et son petit cousin chantèrent, à ma barbe royale, un duo si passionné, qu'avec un prince moins débonnaire, les chanteurs auraient mal passé leur temps.

On prit le café au coin du feu; quelques voisins vinrent ensuite se joindre à la famille, et je pris l'occasion d'une table de *loto* que l'on dressait, pour fausser compagnie, bien résolu de revenir le dimanche suivant visiter mes heureux sujets, et achever mon paisible règne.

N° CXI. [22 JANVIER 1814.]

LES GENS EN BONNET DE NUIT.

> — *Intus et in cute novi*
> PERSE, sat. III.
> Je pénètre jusque dans l'intérieur.

Le *Diable Boiteux* offre un tableau de la société si piquant et si vrai, qu'on n'a jamais songé à reprocher à son auteur la bizarrerie du cadre dont il a fait choix. Cette prison d'Asmodée dans une bouteille; cette aventure si romanesque de don Cléophas qui se sauve chez le magicien; ce moyen d'enlever le toit des maisons de Madrid pour voir ce qui s'y passe, sont, à bien prendre, des inventions plus folles qu'ingénieuses; mais le voyageur, arrivé dans un pays délicieux, ne chicane point son guide sur le chemin qu'il lui a fait prendre. Après Le Sage, plusieurs auteurs ont eu recours au merveilleux pour accréditer des rêveries qu'ils ont données pour des observations; ils ont mérité le même reproche, et n'avaient malheureusement pas à faire valoir les mêmes excuses; j'en excepte pourtant Crébillon fils, dont *le Sopha* pouvait être plus *moral*, mais non plus spirituel et plus divertissant. Jusqu'ici je me suis tenu, pour le fond comme pour la forme de mes *Discours*, dans les limites les plus étroites du vrai, ou du moins du vraisemblable; cependant il peut se présenter telle occasion qui ne permette pas de mettre le public dans la confidence entière des circonstances qui m'ont rendu témoin des faits que je rapporte : c'est le cas où je me trouve aujourd'hui. Les scènes que j'ai à décrire se sont passées sous mes yeux; je les ai vues, ce qui s'appelle vues; mais comme je ne suis, après tout, comptable à mes lecteurs que de l'exactitude de mes observations, et non des particularités qui m'ont mis en mesure de les faire, ils voudront bien se contenter aujourd'hui d'une explication plus près de la vérité, quoique tout aussi incroyable que beaucoup d'autres.

Vers la fin de 1769, j'étais parti du Caire pour me rendre à Suez, et j'avais profité d'une caravane qui se composait, en grande partie, de la suite et des bagages d'un riche négociant turc, lequel se rendait en pèlerinage à la Mecque. C'était un vieillard de soixante-douze ans, d'une humeur douce, égale, et qui (fort différent en cela de ses compatriotes) joignait à beaucoup d'esprit naturel une instruction acquise par de longs et fréquents voyages. Il s'appelait Aly-Mongoul : pendant un séjour de vingt mois qu'il avait fait à Jédo, capitale du Japon, il s'était lié avec un bonze dont il avait reçu, disait-il, un présent inestimable. Dès le premier jour de notre voyage, il exigea que je partageasse sa table et sa tente, et ne cessa pendant la route de me donner les témoignages de la plus vive affection. A peine arrivé à Suez, il y fut atteint de la peste, et quatre jours après, on désespéra de sa vie. La contagion ne m'effraya pas; je lui donnai, jusqu'au dernier moment, des soins auxquels ce bon musulman se montrait on ne peut plus sensible. « Mon ami, me dit-il le jour même de sa mort, je veux vous laisser un faible gage de ma reconnaissance; j'ai envoyé chez vous quatre esclaves, deux bons chevaux arabes, et trois chameaux chargés de tous les objets dont vous pouvez avoir besoin pendant le reste de votre voyage; maintenant je vous prie d'accepter, en mémoire de moi, cet instrument magique dont m'a fait présent le bonze japonais. Cette lunette, qu'il a composée lui-même par des procédés dont il a emporté le secret, a la propriété merveilleuse de faire pénétrer la vue à travers les corps opaques qu'on lui oppose, et de rapprocher en même temps les objets et les sons de manière à permettre de voir et d'entendre ce qui se passe derrière la plus épaisse muraille. Je dois ajouter, pour votre instruction, que cet instrument n'a son effet que la nuit et pendant les deux mois où le soleil parcourt les signes du capricorne et du verseau, et qu'il existe telle circonstance dont le résultat immédiat est de ternir les verres et d'effacer tout-à-coup les objets. » A ces mots, proférés avec peine, Aly-Mongoul s'interrompit, me présenta la lorgnette, et mourut en me serrant la main. Plus occupé de son état que de ses discours, où je ne voyais que les progrès du mal auquel il était près de succomber, j'avais accepté son présent, sans y attacher d'autre prix que celui que devait y mettre mon amitié.

J'étais depuis long-temps possesseur de ce singulier bijou, sans qu'il me fût venu dans l'idée d'en faire usage, lorsqu'un soir, à la campagne (en quittant une femme dont j'étais éperdument épris, et qui demeurait dans un pavillon à quelque distance de celui où j'étais logé), je m'avisai de braquer sur sa fenêtre la lunette du bonze, qui me tomba sous la main : il me sembla d'abord que je distinguais clairement ce qui se passait dans l'intérieur de sa chambre ; mais tout-à-coup je ne vis plus rien ; j'en conclus que je m'étais fait illusion : je remis la lorgnette dans son étui, et quarante ans s'écoulèrent sans que je songeasse à l'en tirer.

Il y a quelques jours qu'en fouillant dans un vieux secrétaire pour y chercher des papiers dont j'avais besoin, je retrouvai ce talisman, sur lequel mes yeux s'arrêtèrent avec attendrissement : tout en songeant à mon voyage de Suez, à ce bon Aly-

Mongoul, de l'amitié duquel j'avais si peu joui, à ses discours au moment de notre éternelle séparation, j'avais tiré la lunette de son étui, et je la tournais dans mes doigts avec distraction, tout en fumant un cigare à la fenêtre, avant de me coucher, suivant mon invariable coutume. Sans trop songer à ce que je faisais, je portai la lunette à mon œil, et, à ma grande surprise, que je manifestai par un cri involontaire, je m'aperçus que je voyais dans l'intérieur de la maison qui fait face à la mienne. Je promenai l'instrument sur tous les points, et bien sûr, cette fois, de ne me point tromper, je résolus de mettre de l'ordre dans mes observations, et d'épier ce qui se passait à chaque étage.

Je commençai ma revue nocturne par la boutique du rez-de-chaussée, dont le maître avait fermé la porte depuis une demi-heure : je vis le bon homme, avant de monter se coucher à l'entre-sol, où sa femme l'attendait, visiter sous les comptoirs, la chandelle à la main, pour s'assurer qu'aucun filou ne s'y était glissé, tandis qu'une grosse servante assez fraîche dressait son lit de sangles au milieu de la boutique. M. Bardin (c'est le nom du marchand mercier) s'amusa ensuite à lutiner la *bonne*, qui ne lui répondait qu'en lui montrant du doigt le plancher. Je crus alors apercevoir quelques petites taches dans les verres de ma lunette ; mais elles se dissipèrent à la voix de madame Bardin, qui ouvrit le judas en demandant à son mari, d'un ton un peu aigre, ce qui l'empêchait de monter. Je le suivis à l'entresol, après avoir remarqué que la servante, un moment après qu'il fut sorti, alla mettre un petit morceau de bois sous le loquet de la porte qui conduit au logement de ses maîtres, et fit passer quelque chose sous la fausse porte du magasin.

Je trouvai à l'entre-sol une querelle établie entre madame Bardin, assise dans son lit sur son séant, et M. Bardin, qui ôtait sa perruque, et la plaçait avec beaucoup de soin sur un champignon de portemanteau : il était question d'un schall en faux cachemire que madame la mercière avait cru pouvoir accepter, comme étrennes, de la part d'un ami de la maison, parrain de son dernier enfant. M. Bardin trouvait le cadeau trop *conséquent,* et, tout en mettant son serre-tête et son bonnet de coton, il marmottait entre ses dents des reproches auxquels sa femme répondit d'abord avec emportement, puis ensuite par des larmes. M. Bardin, effrayé de la scène qu'il avait osé faire, se hâta de demander pardon : il eut beaucoup de peine à l'obtenir, et j'ose d'autant moins répondre qu'il en soit venu à bout, qu'au plus fort des plaintes et des sanglots de la dame, ma lorgnette se troubla, et qu'il me fut impossible de savoir comment se terminait cette querelle conjugale.

Pour éclaircir mes verres, je les dirigeai sur le

premier étage : il est occupé par un de ces hommes d'affaires qu'on appelle *usuriers*, parcequ'ils connaissent mieux que personne l'intérêt de l'argent qu'ils prêtent; je voyais à l'extrémité d'une longue enfilade d'appartements somptueux, dans une chambre plus richement qu'élégamment décorée, M. N***, assis devant un superbe secrétaire à cylindre, et s'occupant à coter, sur un registre, des effets qu'il tirait l'un après l'autre de son portefeuille. Après avoir regardé deux ou trois fois sa pendule, en paraissant hésiter sur ce qu'il avait à faire, il sonna : son valet de chambre, qui dormait dans la pièce à côté, ouvrit la porte; il lui fit un signe que je crus entendre, et passa dans l'appartement de sa femme, où je l'accompagnai. Il est difficile de rien voir de plus joli que madame N***, et d'imaginer quelque chose de plus délicieux que sa chambre à coucher, où elle était occupée à écrire; elle vit entrer son mari avec une émotion dont je ne pouvais encore deviner la cause; mais qui changea visiblement de caractère, lorsque après avoir échangé quelques mots affectueux, M. N*** se plaignit d'un violent mal de tête et se retira en baisant la main de sa femme. A peine était-il sorti, que deux femmes de chambre entrèrent; tandis que l'une déshabillait sa jolie maîtresse, dont chaque mouvement trahissait je ne sais quelle impatience, l'autre déployait autour d'un lit charmant, élevé sous une voûte de glaces, les voiles de cachemire et de mousseline dont il était orné, plaçait quelques livres sur le *somno*, et allumait une lampe de nuit dans une urne d'albâtre; la jeune dame se coucha, ses femmes se retirèrent, et j'en allais faire autant, lorsque je la vis, un moment après, à travers l'espèce de brouillard dont ma lunette se couvrit, se relever doucement, et mettre, avec précaution, le petit verrou à la porte de sa chambre; ma curiosité redoubla lorsque je vis tourner sur elle-même une petite porte masquée par une draperie; mais je ne pus en apprendre davantage; à mon grand regret, le brouillard s'épaissit, et le palais d'Armide disparut à mes yeux.

L'appartement au-dessus est occupé par un ancien notaire et sa femme: ils avaient eu *assemblée* ce jour-là, en commémoration de la vingt-deuxième année de leur mariage. Le domestique éteignait les bougies des tables de jeu, et la servante *faisait la couverture*, tandis que madame roulait au compas les cheveux de son mari et les renfermait sous une coiffe de toile de Hollande à chou, brodée en couleur. Le notaire, coiffé de nuit, après avoir réglé sur six heures le réveil de sa pendule, profita du moment où sa femme ajustait sur sa tête de quarante-cinq ans une baigneuse à dentelles, pour faire les apprêts de la bassinoire, qu'il promena gravement dans son lit. Il se coucha le premier: sa femme rôda quelque temps dans la chambre, couvrit le feu, ferma les portes, plaça dans la cheminée un verre en guise de lampe de nuit, et alla prendre sa place auprès de son époux. Je crus m'apercevoir que la conversation qui s'établissait entre eux brouillait insensiblement ma vue; je la dirigeai sur l'étage supérieur.

Une jeune femme, de la figure la plus douce et la plus intéressante, était assise au coin d'un feu composé de deux tisons qui brûlaient lentement à six pouces de distance, et travaillait à la lueur d'une petite lampe à pompe; sa fille, âgée de douze ou quinze ans, ourlait des mouchoirs, en agitant du pied une barcelonnette où dormait son jeune frère. Au milieu de la chambre, je vis une table avec trois couverts, sur laquelle la jeune fille alla placer une salade de bœuf et un morceau de fromage. « Il doit être près de minuit, disait la jeune dame, et il ne vient pas! il lui sera sans doute arrivé quelque chose. — Tu sais bien, maman, répondait la petite, que papa rentre quelquefois bien plus tard; mais... entends-tu? On frappe à la grande porte : c'est lui, j'en suis sûre. » En effet, un moment après, je vois entrer un homme d'une quarantaine d'années, d'une belle figure, qui jette brusquement son chapeau et son carrick sur une chaise, et répond avec humeur aux caresses de sa fille et de sa femme : celle-ci lui demande d'une voix timide s'il veut se mettre à table; il fait signe que non, et se déshabille sans proférer une parole. La pauvre femme, les yeux humides, propose à sa fille de souper; l'aimable enfant, pour toute réponse, allume une lampe, baise la main de son père, embrasse sa mère avec une expression de tendresse impossible à rendre, et va se coucher dans un cabinet voisin. Je n'eus pas de peine à deviner que cet homme était un joueur qui rapportait chez lui tout le mécontentement, toute la mauvaise humeur d'une soirée malheureuse. Sa douce compagne, après avoir prié Dieu au chevet de son lit, plaça le berceau de son enfant entre les deux lits jumeaux de l'alcôve, et se coucha, en s'adressant à son mari d'une voix si tendre, si consolante, que je ne fus point étonné, un moment après, de ne plus rien voir à travers les pleurs qui obscurcissaient mes yeux.

La nuit était froide : quelque plaisir que je trouvasse à continuer mes expériences de catoptrique, je sentis que j'avais besoin de regagner le coin de mon feu. En me retirant, je jetai un dernier regard du haut en bas de la maison que je venais d'examiner en détail; mais je ne vis plus rien; un nuage épais l'enveloppait tout entière, à l'exception d'un petit coin lumineux où se trouvait la chambre d'un gros chanteur italien, qui fredonnait, en rêvant, l'air : *Ombra adorata*, de l'opéra de *Roméo et Juliette*.

N° CXII. [15 FÉVRIER 1814.]

PROJET DE JOURNAL.

> .... *Injuriæ,*
> *Suspiciones, inimicitiæ, induciæ,*
> *Bellum, pax rursum.........*
> TÉRENT , *Eun.*, act. I.
>
> Rebuts, soupçons, debats, trève, guerre nouvelle, et puis nouvelle paix.

Mon Dieu! qu'on a de peine à vivre en paix dans ce monde! Hobbes a raison; « c'est un état de guerre continuel; » l'on vous y dispute, l'épée à la main, jusqu'au petit coin de terre où vous préparez votre sépulture! C'est une triste propriété qu'un grand âge; c'est, du peu que je possède, ce dont je me dessaisirais le plus volontiers. Cependant on m'assure qu'un confrère (de l'ordre des *Moindres*, à en juger par son travail) a pris la peine d'écrire une brochure d'une centaine de pages, pour contester la date de mon baptistaire. Cet *Ermite de faubourg*, qui ne veut pas absolument que je sois né en 1741, vient, avec une charité très peu chrétienne, me saisir dans ma cellule; il me traduit en public pour avoir à répondre sur le fait de contradictions, d'erreurs de date dont il me prétend atteint et convaincu, sans vouloir y trouver la preuve et l'excuse d'un cerveau que les années ont affaibli. Quel démon s'est emparé du saint homme? Pourquoi vient-il élever cellule contre cellule, et pourquoi cherche-t-il à affaiblir l'autorité de mes sermons dans l'esprit des fidèles que je catéchise du mieux qu'il m'est possible?

Dans le *Factum* que le cher confrère a publié contre moi (et dont il a paru, dans le *Journal de Paris*, une réfutation d'autant plus péremptoire qu'elle est plus spirituelle); dans ce *Factum*, dis-je, il est bien prouvé que dans le cours de mes observations sur les *mœurs françaises*, je me suis trompé sur des faits de la plus haute importance: tels que *la création du régiment de Savoie-Carignan, l'invention du jeu du trente-et-un*, etc. On a tant de peine à arracher de la bouche d'un auteur l'aveu de sa faute, et je suis si convaincu de l'intérêt que prend le public à savoir au juste l'époque où fut créé le régiment de Savoie-Carignan, que je me refuse avec peine à l'envie de compulser une vingtaine de volumes de l'ancien *Almanach Militaire* pour justifier mon dire, et que je passe à regret condamnation sur un reproche aussi grave. Cette concession me coûterait moins, je l'avoue, si mon adversaire triomphait avec plus de modestie, s'il se complaisait moins à étaler, à mes dépens, tous les trésors d'une mémoire meublée de si belles choses. Pour tant d'avis, je ne donnerai qu'un conseil à mon vieux confrère ; c'est de chercher dans ses *Souvenirs* quelque ouvrage plus piquant à imiter que celui de don *Pablo de la Rocca*. Cet écrivain espagnol publia, dans le dernier siècle, un gros volume où il s'évertuait à prouver « que Lesage s'est plu à imaginer une fable absurde qui contrarie à chaque page l'ordre chronologique des événements des règnes de Philippe III et de Philippe IV; qu'aucun biographe n'a fait mention des actions et des discours qu'il prête au duc de Lerme, et qu'enfin il est assuré qu'il n'y avait jamais eu à Valladolid de médecin du nom de *Sangrado*; » d'où le bon Castillan conclut que *Gil-Blas* est un mauvais ouvrage. Don Pablo n'a persuadé personne; mais enfin il a fait ce qu'il a pu; il faut lui savoir gré de l'intention.

Il y a loin de moi à Lesage, et de *Gil-Blas* à *l'Ermite de la Chaussée-d'Antin*; mais aussi, par compensation, mon adversaire est moins redoutable et moins célèbre que le critique espagnol. Je puis donc espérer que son pamphlet ne tuera pas mon livre, et j'en viens à mon texte.

L'habitude que j'ai prise de mettre sous les yeux de mes lecteurs les observations dont je me suis plus spécialement occupé dans le cours de la semaine, me conduit tout naturellement, et sans quitter le champ de la critique, à parler d'un genre d'ouvrage qui constitue à lui seul (j'ai honte d'en faire l'aveu) la plus grande partie de notre littérature actuelle.

Voilà bientôt soixante ans que je lis des *journaux* : je les ai vus, de loin à loin, rédigés par des hommes d'un talent véritable; cependant aucun, à aucune époque, ne m'a donné l'idée de la manière dont je me figure que ces ouvrages périodiques devraient être faits.

Voltaire (qu'il faut toujours citer, quelque erreur qu'on veuille combattre, quelque vérité qu'on veuille établir) est de tous ceux qui ont écrit sur cette matière celui qui a le mieux senti le mérite d'un bon journal, et qui a le mieux fait connaître les éléments dont il doit se composer. Ses *Conseils à un journaliste* sont un monument de goût, d'esprit, et de raison : faut-il en conclure que si Voltaire eût fait un journal, nous aurions de lui le précepte et l'exemple? Je n'oserais l'affirmer. Voltaire avait souvent besoin de réflexion pour être juste, et la chaleur de son premier mouvement ne s'accordait guère avec cette impartialité dont il fait, ainsi que Diderot, la première vertu d'un journaliste.

Quelques lignes que ce dernier a publiées sur les devoirs de cette classe d'écrivains passaient pour une satire amère des journalistes de son temps; ces réflexions ne seraient, de nos jours, qu'une critique modérée des honteux abus qui corrompent et alimentent cette branche de littérature, dont la stérile exubérance a desséché toutes les autres.

Il faut être juste, cependant; Voltaire et Diderot, en écrivant sur ce sujet d'une manière trop spéculative, n'ont pas remarqué qu'un journal est à-la fois une entreprise littéraire et commerciale; que l'avantage des lettres et des sciences n'est tout au plus, pour les entrepreneurs, qu'un but accessoire, et que le registre de leurs abonnés est le volume de leur bibliothèque qu'ils consultent le plus souvent. On fait, ou du moins on a l'intention de faire un livre pour la postérité : c'est pour les contemporains que l'on fait un journal; c'est donc le goût du jour qu'il faut consulter; c'est le préjugé, l'erreur du moment qu'il faut caresser ou combattre; c'est en présence de l'événement qu'il faut avoir une opinion; et, pour comble de difficulté, c'est sous l'influence de l'amour-propre et de l'intérêt personnel qu'il faut presque toujours écrire.

L'état, d'autres diraient le métier de journaliste, est l'objet du mépris de beaucoup de gens, dont quelques uns prodiguent trop facilement leurs richesses, et qui ne se lassent pas de répéter qu'*un journaliste est un homme qui resterait sans rien faire si les autres se reposaient.* Cette plaisanterie, si c'en est une, peut s'appliquer à cent autres professions. Voltaire est si loin de borner les fonctions de cette espèce de critiques au talent de rendre compte des ouvrages des autres, qu'*aux qualités qu'il exige d'un journaliste* on pourrait douter qu'*il y eût beaucoup de savants dignes de faire un journal.*

Maintenir les droits du bon goût, propager les saines doctrines, encourager le mérite modeste, mettre en lumière des beautés nouvelles, s'opposer à l'invasion des barbares dont l'empire des lettres est de nouveau menacé, faire une guerre continuelle à la sottise, à la présomption, aux préjugés de toute espèce; tel est le devoir, tel est l'engagement d'un journaliste: de pareilles fonctions, pour être nobles, n'ont besoin que d'être exercées noblement.

La mauvaise foi, si haïssable dans toutes les conditions de la vie, est ce qu'il y a de plus odieux dans le caractère d'un écrivain qui a le pouvoir de devancer et la prétention de diriger l'opinion publique; ce vice est malheureusement celui qui domine dans la littérature des journaux. L'opinion qu'on énonce sur un ouvrage n'est presque jamais que l'expression du sentiment que l'on porte à l'auteur.

Ce serait, j'en conviens, exiger d'un journaliste plus qu'on n'a droit d'attendre d'un homme, que de vouloir qu'en toutes circonstances il sacrifiât entièrement ses affections ou même ses ressentiments à ses devoirs; qu'il jugeât avec une rigoureuse impartialité l'ouvrage d'un ami, d'un bienfaiteur, ou celui d'un ennemi déclaré ; mais ces concessions ne devraient-elles pas, en toutes circonstances, avoir pour bornes le respect que l'on doit au public et celui que l'on se doit à soi-même?

Les réflexions que je fais là, je les adressais, il n'y a pas long-temps, à un homme de lettres qui me communiquait le projet qu'il avait formé de publier un nouveau journal. Nous étions à-peu-près d'accord sur les principes ; mais nous disputâmes, quand il fut question du plan qu'il se proposait de suivre, et du choix des collaborateurs qu'il desirait s'adjoindre.

« Je veux faire un journal de parti, me dit-il franchement ; il n'y a que ceux-là qui réussissent ; l'important est de prendre le bon : or, le bon est incontestablement, dans ce cas, celui qui promet un plus grand nombre de lecteurs. Quand je consacre chaque jour, en déjeunant, une heure de mon temps à causer avec quelqu'un, je ne vais pas choisir un indifférent qui me contredit et me fatigue en cherchant à me prouver ce que je suis résolu à ne pas croire : j'invite l'ami qui m'amuse, qui partage mes goûts, et me fournit de nouvelles raisons pour persister dans l'opinion que je me suis faite. Mon journal aura donc ce que nous appelons de *la couleur :* je ne suis pas encore bien décidé sur la teinte ; mais elle sera tranchante, et de nature à se voir de loin.

« Quant à mes collaborateurs, j'ai composé un

petit manuel à leur usage, où je leur donne pour directions générales :

« 1° D'écrire pour le public, c'est-à-dire pour les abonnés, et non pour leur coterie particulière.

« 2° De ne prôner un mauvais ouvrage, et de n'en dénigrer un bon, qu'autant qu'il s'agirait, pour le rédacteur lui-même, ou pour son ami le plus intime, d'une place lucrative ou d'une chaire dans quelque grand collége.

« 3° De ne jamais faire plus de deux articles sur un même livre, quelque parfait ou quelque ridicule qu'il soit, parceque le lecteur ne doit pas être obligé de se souvenir de ce que vous lui avez dit, pour prendre intérêt à ce que vous lui dites.

« 4° A propos d'un recueil de chansons, de ne point commencer comme l'*Intimé :*

Avant la naissance du monde....

et de se contenter, en parlant du vaudeville de la veille, de remonter aux trouvères et aux troubadours.

« 5° De se borner, en fait de théâtre, à parler des piéces nouvelles, des reprises, des débuts, des rentrées d'acteurs, et tout au plus de quelques représentations brillantes, à moins d'avoir assez de courage, de vogue et d'impudence, pour entreprendre de prouver que Molière est très inférieur à Aristophane, ou que Schiller l'emporte sur Racine. Un peu de scandale a son mérite; mais il faut être de force à soutenir la gageure, et *s'être fait un front qui ne rougisse jamais :* cette espèce de rédacteur est fort chère; j'en marchande un, auquel il ne manque que de savoir l'orthographe.

« Je n'avais besoin que de trois collaborateurs; j'ai eu le choix entre cinquante, qui tous ont heureusement fait leurs preuves; ce qui m'a permis de les refuser en connaissance de cause.

« Vous vous doutez bien que je n'ai point accepté les services du pesant Mérinval, dont les articles de plomb sont autant de thèses pleines de raison, de savoir, et d'ennui.

« Je n'ai pris qu'un engagement conditionnel avec ce Blainville, qui a trouvé le secret, avec de l'esprit, du goût, et des connaissances, de faire de sa signature un épouvantail pour ses lecteurs. Sa phrase, comme il le dit lui-même, est forte de choses; mais de choses si vraies, si connues, si incontestables, qu'on est toujours tenté de lui dire : « Apprends-moi ce que j'ignore, ou prouve-moi ce dont il m'est permis de douter. »

« J'ai refusé plus positivement les offres de Saint-Yon; celui-ci vise à la légèreté, à l'esprit, à la malice; mais il badine avec si peu de grace; ses éternelles plaisanteries roulent sur un si petit pivot, tournent dans un si petit cercle; ce n'est point un papillon qui voltige, c'est une phalène qui bourdonne.

« Mes associés sont : le piquant Dermont ; il sait beaucoup, et possède au plus haut degré le talent de mettre la science à la portée du plus grand nombre des lecteurs. Entre ses mains, la critique est un aiguillon, et non pas un poignard ; l'érudition est un flambeau, et non pas une massue.

« Durval joint, à beaucoup d'esprit et de gaîté naturelle, de la facilité dans le travail, de l'élégance dans l'expression ; l'ironie, dont il fait peut-être un trop fréquent usage, est toujours assaisonnée d'un sel attique qui en tempère l'amertume.

« Les arts auront dans Forlis un censeur ingénieux et un digne interprète ; il ne grossira pas ses articles de citations de Vitruve, de Winckelman, du père Martini ; il n'entassera pas les termes techniques de manière à se rendre inintelligible, pour se donner l'air savant ; il parlera en amateur éclairé ; et, pour être neuf, sans cesser d'être juste, il ne vantera pas les artistes étrangers aux dépens de ses compatriotes, et ne cherchera pas à nous prouver que

.... C'est du Nord que nous vient la lumière.

« Nous nous ferons une loi de dire la vérité le plus souvent possible ; mais il nous arrivera plus d'une fois de préférer une hérésie piquante à une proposition platement orthodoxe. Diderot n'a fait qu'un mauvais jeu de mots, en disant qu'*un journaliste plaisant était un plaisant journaliste.* Le premier but d'un journal est d'amuser ; et si le premier devoir d'un journaliste est d'être vrai, c'est que l'intérêt et la gaieté ne se trouvent presque jamais avec le mensonge. »

N° CXIII. [5 MARS 1814.]

LE PONT-DES-ARTS.

Speak well of the bridge you pass over.
ENGL. PROV.

Dites du bien du pont sur lequel vous passez

Pourquoi ce nom de *Pont-des-Arts?* En quoi les arts ont-ils eu plus de part à sa construction qu'à celle du Pont-Royal et du pont de Neuilly? Il est probable que cette vague dénomination fera dire un jour quelque sottise aux continuateurs des Sauval et des Hurtaux. Je voudrais qu'on assignât aux monuments publics un nom qui rappelât ou leur fondateur, ou leur destination, ou leur origine. Je trouve tout simple par exemple qu'on ait appelé *Notre-Dame* et *Saint-Michel* deux ponts dont l'un conduit à l'église et l'autre à la place du même nom; qu'on en ait récemment désigné deux autres par les noms glorieux d'*Austerlitz* et d'*Iéna*; mais que signifient ces mots de *Pont-Rouge*, de *Pont-Neuf*, et de *Pont-des-Arts?* Le *Pont-Rouge* a depuis long-temps perdu sa couleur primitive; le *Pont-Neuf* est maintenant un des plus vieux de Paris, et le *Pont-des-Arts* serait beaucoup mieux nommé le *Pont-du-Louvre*. Je commence par une bien petite observation; mais il me semble qu'un peu de bon sens ne gâte jamais rien.

Quoi qu'il en soit, le Pont-des-Arts est construit en fer (ce à quoi l'Académie n'a point pensé dans l'article de son dictionnaire où elle définit le mot *Pont* : « bâtiment de *pierre* ou de *bois* élevé au-dessus d'une rivière »). Le premier pont en fer que l'on ait vu en Europe (il existe en Chine deux anciens modèles de ce genre de construction) est celui de *Colebrock-Dale*, dans la province de *Shrop-Shire*, d'une forme moins légère et moins élégante, mais d'une plus grande étendue que le Pont-des-Arts. Ce dernier, commencé en 1804, est situé entre le Pont-Neuf et le Pont-Royal, en face du Louvre et de l'ancien collége de Mazarin, aujourd'hui le palais de l'Institut. Ce bâtiment de fer, considéré sous le rapport de l'architecture, a été l'objet de beaucoup d'éloges et de quelques critiques, dont la plus sérieuse était de manquer de solidité. Je ne suis pas obligé d'avoir une opinion sur ce sujet : le Pont-des-Arts, comme tout autre lieu où je m'arrête, n'est pour moi qu'un théâtre : j'examine un moment la décoration, mais je fais sur-tout attention à la pièce et aux acteurs.

Mardi matin, le temps était superbe; j'étais sorti pour me promener et me distraire des pensées sombres où je me sentais entraîner; je cherchais un lieu dont le mouvement m'arrachât en quelque sorte à moi-même, et dans lequel je pusse échapper au présent, au milieu d'objets propres à réveiller dans mon esprit d'imposants souvenirs. Je m'arrêtai sur le Pont-des-Arts. Appuyé sur la balustrade de fer qui règne dans toute sa longueur, mes yeux se portèrent alternativement sur toutes les parties du vaste tableau dont j'étais environné.

Les Parisiens jouissent, depuis quelques années, du spectacle de plusieurs panoramas représentant les villes les plus célèbres de l'Europe. Là, sous le chapiteau de tôle, le spectateur qui promène ses regards sur la toile circulaire où la peinture et l'optique ont combiné leurs merveilleux effets, se croit transporté dans le lieu même dont on lui présente l'image. Dans le grand nombre de ceux qui ont été admirer ce produit d'un art nouveau, quelques uns, en passant sur le Pont-des-Arts, se sont-ils aperçus qu'ils avaient sous les yeux le plus beau panorama de l'univers? En effet, où trouver ailleurs un tableau aussi riche de fond, aussi varié d'accessoires, animé de scènes aussi vives, de personnages aussi divers?

Le Louvre est le premier édifice sur lequel s'arrêtent ma vue et ma pensée : je songe à tous les princes qui l'ont habité, à tous les événements dont il a été le théâtre, à tous ceux qui doivent s'y passer encore. Je détourne involontairement les yeux de cette fenêtre d'où l'on prétend (sans autre preuve [1], il est vrai, que l'éloquente exclamation de Mirabeau à la tribune de l'assemblée nationale) que Charles IX, armé d'une carabine, tira sur ses sujets protestants dans l'exécrable journée de la Saint-Barthélemy.

Je songe, en regardant ce palais de l'Institut, de l'autre côté de la rivière, qu'à cette même place existait encore, en 1660, la fameuse tour de Nesle qui servait d'entrée à l'hôtel de ce nom, habité successivement par plusieurs reines de France. La plus honteusement célèbre est cette Jeanne de Bourgogne, femme de Philippe V, dit *le Long*, laquelle, s'il faut en croire Brantôme, choisissait ses amants parmi les hommes qu'elle voyait passer sous les fenêtres de son boudoir, et leur faisait payer de leur vie leur bonne fortune.

Le cardinal Mazarin, en 1661, fit bâtir sur l'emplacement de l'hôtel de Nesle le collége des Quatre-Nations, et, après sa mort, Coysevox éleva le mausolée du cardinal dans l'endroit même où, trois siècles avant, une reine impudique avait eu son boudoir. Cent cinquante ans après, les restes du cardinal ont

[1] J'ai vérifié depuis ce fait, que Brantôme et les Mémoires de Tavanes attestent. On a vu à la cour de Louis XIV un vieillard, dit Saint-Simon, qui disait aux courtisans que c'était lui-même qui avait chargé la grande arquebuse de chasse dont se servait le roi

été relégués dans une autre enceinte pour faire place au fauteuil du président de l'Institut. Quelle bizarrerie dans la destinée des choses humaines !

Non loin de là, sur le même côté, je vois ce magnifique *hôtel des Monnaies*, dont l'abbé Terray a posé la première pierre, sans pouvoir faire oublier aux Parisiens qu'*il suspendit les rescriptions*.

Cette pointe de l'île, où l'on construit en ce moment l'obélisque du Pont-Neuf [1], a vu périr dans les flammes le grand-maître des Templiers. La statue équestre de Henri IV, élevée sur le même terrain, semblait avoir effacé ce cruel souvenir : la révolution l'a détruite [2] !

On ne se souviendra pas aussi long-temps de la *Samaritaine*, quoique son carillon ait fait pendant plus d'un siècle les délices des bons Parisiens. Ce monument, du plus mauvais goût, qui avait, entre autres inconvénients, celui d'interrompre un très beau point de vue, vient enfin de disparaître, et n'existera bientôt plus que dans la mémoire des habitants du quai de la Ferraille.

En suivant le cours de la rivière, et reportant

---

[1] Depuis la restauration, la statue équestre de Henri IV a été relevée sur cette même place.

[2] Quelques écrivains ont assigné la place Royale comme le lieu du supplice du grand-maître : plusieurs chevaliers furent brûlés sur cette place, et d'autres dans l'île des Cygnes ; mais l'exécution du grand-maître eut lieu à la pointe de l'île de la Cité.

mes regards vers le Louvre, je suis cette galerie immense qui conduit l'œil jusqu'au château des Tuileries ; je parcours dans toute sa longueur ce quai de la Conférence qui va se perdre aux Champs-Élysées, et permet à la vue de s'étendre jusque sur les hauteurs de Meudon.

Après avoir admiré le cadre de ce vaste tableau, j'observe avec plus de plaisir encore les nombreux personnages qui l'animent.

Le Pont-des-Arts est un point de réunion entre les deux plus beaux quartiers de Paris: celui du Palais-Royal (dans lequel je comprends la Chaussée-d'Antin) et celui du faubourg Saint-Germain. Par cela même qu'il en coûte quelque chose pour passer sur ce pont, les gens qu'on y rencontre le plus habituellement n'appartiennent pas aux dernières classes du peuple, ou du moins sont au-dessus de la modique rétribution qu'on exige. Ce calcul n'a probablement pas échappé à ce *pauvre Francansalle*, qui vient chaque jour, enveloppé dans une couverture de laine, étaler en ce lieu sa misère : parmi les passants dont il cherche à émouvoir aujourd'hui la pitié, il en est encore quelques uns qu'il a fait rire autrefois sous l'habit et le masque d'Arlequin, lorsqu'il exerçait cet emploi à la Comédie-Italienne; exemple trop commun du sort réservé au talent même, dont une jeunesse imprévoyante n'a point assuré l'avenir.

L'ancien camarade de Carlin a pour compagnon d'infortune, sur le Pont-des-Arts, un vieillard aveugle, plus digne encore de compassion : cet honnête artisan, après quarante ans de travaux, d'économie, ou plutôt de privations, avait amassé le fonds d'une rente de cent écus qui l'aidait à supporter le malheur qu'il avait eu de perdre la vue depuis quelques années. La banqueroute de la maison, dans laquelle il avait placé son petit pécule, l'a privé de toute espèce de ressource; son débiteur est allé *s'enterrer au château de sa femme*[1], et le pauvre créancier aveugle est venu s'établir sur le Pont-des-Arts, où il cherche, à l'aide d'une serinette, à appeler sur son infortune l'attention et la pitié des passants. Un jour, en lui faisant l'aumône, je lui donnai le conseil de s'approcher assez près du bureau de péage pour que les personnes qui viennent payer leur rétribution n'aient pas eu le temps de refermer leur bourse avant de passer devant lui : la charité est encore plus difficile à saisir que l'occasion, et la paresse est pour elle aussi à craindre que l'insensibilité.

A peu de distance de l'aveugle, et sur le même côté du pont, un physicien en plein vent a établi son cabinet, lequel se compose seulement de trois machines, dont l'une s'applique à la *statique*, l'autre à la *dynamique*, et la troisième à l'*optique*. Ses ex-

---

[1] M. Étienne, comédie des *Deux Gendres*.

périences se bornent à celles d'*une balance à cadran,* où quelques badauds vont s'assurer du poids de leur corps; d'un *dynamomètre,* où d'autres vont essayer la force de leurs poignets; enfin, d'un *microscope,* où les curieux vont admirer la conformation de la peau, et les animalcules nageant dans une goutte de vinaigre. Si l'on ajoute à ces trois personnages l'invalide manchot et le buraliste bourgeonné, du côté du Louvre; le vétéran boiteux et le receveur étique, du côté de l'Institut, on aura la liste exacte des personnes qui ont fait élection de domicile sur le Pont-des-Arts.

Parmi ces habitants, on pourrait compter ces habitués qui s'y rendent chaque jour, de midi à deux heures, pour jouir à leur aise du spectacle innocent du passage d'un train de bois ou de l'arrivée d'un bateau de charbon. Au nombre de ces habitués du Pont-des-Arts, deux ou trois se font remarquer par une attitude de confiance et de supériorité qui indique le degré de considération dont ils jouissent parmi les autres. Le coude appuyé sur la balustrade, et la lunette de corne à la main, ils prononcent magistralement sur la hauteur de la rivière, sur l'adresse d'un chien qui nage, ou sur la couleur d'un chat qui se noie. Ces bonnes gens regardent la foule qui borde les quais, de cet œil dédaigneux qu'un élégant du balcon de l'Opéra laisse tomber sur le parterre.

Après ce léger examen des habitants et des habitués du Pont-des-Arts, je me suis amusé à observer les passants : parmi les plus matineux, j'ai remarqué ces cuisinières de bonnes maisons, connues dans la livrée sous le nom de *cordons-bleus,* et qui, trop paresseuses pour aller aux halles, dédaignant les marchés bourgeois du faubourg Saint-Germain, vont faire leurs emplettes chez les marchands de comestibles du Palais-Royal, au risque de payer un tiers de plus des provisions qu'elles font payer le double à leurs maîtres. Viennent ensuite les employés de la rive droite, qui se rendent, en se promenant, à leurs bureaux, et dont quelques uns profitent du passage du pont pour lire quelques pages du roman qu'ils ont en poche.

A dix heures l'ouverture du Muséum attire une foule d'élèves en peinture, qui vont au Louvre étudier les grands modèles. La jeune fille, accompagnée de sa mère, et son *cartable* sous le bras, court y dessiner une tête de Raphaël ou du Titien, tandis que la maman, les pieds contre le poêle, et l'œil sur sa fille, emploiera le temps de la séance à broder une garniture de robe dont l'aimable élève a dessiné le feston.

Vers midi, le pont est fréquenté par des garçons de caisse du quartier d'Antin, qui vont faire la recette chez les épiciers de la rue du Four, et chez les merciers de la rue de Thionville.

Au concours d'hommes de lettres et de savants qu'on y rencontre de deux à cinq heures, on s'aperçoit que le Pont-des-Arts est en effet le chemin de l'Institut. C'est principalement un jour d'élection que cette place est curieuse à observer. Les amis du plus habile candidat s'emparent des avenues, et attendent au passage l'académicien de leur connaissance, qu'ils ont l'air de rencontrer par hasard; il est si simple de parler de l'élection qui se prépare! il est si naturel de faire valoir les titres d'un ami! Peut-être serait-il plus généreux de ne pas déprécier ceux des autres concurrents, mais l'amour de l'art a son enthousiasme, et l'amitié son excuse : à force d'importunité, on obtient une promesse, que celui qui la donne aura peut-être oubliée à la descente du perron. Au moyen d'un cordon de communication qui s'établit du pont à la salle des séances, on est instruit, de minute en minute, de la marche de l'élection, dont le plus zélé des amis, qui n'est pas toujours le plus ingambe, court annoncer le résultat à celui qui s'y trouve le plus immédiatement intéressé. J'ai rarement passé sur le Pont-des-Arts, à cette heure du jour, sans y rencontrer un écrivain fameux dont la personne est aussi connue que les ouvrages, et qui semble avoir fait partie de la ville de Paris, dont il a fait le *Tableau*. La singularité de ses opinions, que je me rappelle en le voyant passer, ne me fait guère moins rire aujourd'hui que ses drames ne m'ont fait pleurer dans ma jeunesse.

L'éclat du Pont-des-Arts tombe avec le jour : on y rencontre encore, de loin à loin, quelques amateurs qui se rendent au théâtre de l'Odéon, ou quelques écoliers qui retournent à leur chambre garnie de la rue de la Harpe, après avoir été se délasser au Théâtre-Français des travaux d'une journée consacrée tout entière à l'étude.

LA CELLULE DE L'ERMITE.

N° CXIV. [22 MARS 1814]

LA CELLULE DE L'ERMITE.

*Auream quisquis mediocritatem
Diligit, tutus caret obsoleti
Sordibus tecti, caret invidendâ
Sobrius aulâ.*

HOR., lib. II, od. VII.

Celui qui connaît tout le prix d'une heureuse médiocrité, préfère une demeure simple et décente qu'habite le repos, à ces palais magnifiques qui fixent les regards de l'envie.

On est bien près de sa fin, dit-on, quand on fait son inventaire ; aussi ne répondrais-je pas que ce ne fût le pressentiment de la mienne qui m'ait inspiré ce discours.

Il y a une chose dont on ne sent tous les avantages que dans l'arrière-saison de la vie: c'est la douceur des habitudes. Cette jouissance est tout-à-fait inconnue aux jeunes gens. Pilpay a beau leur dire *que le bonheur est uniforme, qu'un ciel serein n'offre qu'un azur sans nuage;* ils ne conçoivent pas qu'on puisse faire le lendemain ce qu'on a fait la veille. J'ai été trop long-temps de leur avis pour ne pas apprécier leurs excuses. Je me rappelle cette année de ma jeunesse où je fis le premier essai de mon indépendance, en quittant la maison paternelle pour aller me loger en hôtel garni. Ce fut, je m'en souviens, à l'hôtel des *Trois Milords*, rue Traversière, que je fis élection de domicile : j'y avais loué, au prix d'un louis par mois, un appartement infiniment moins agréable que celui dont je pouvais disposer chez mon père ; mais j'y trouvais l'avantage d'une entière liberté : je n'étais qu'à deux pas du Palais-Royal, de l'hôtel d'Angleterre, du café de la Régence ; j'étais servi dans ma chambre par un domestique de place, qui n'était point chargé de surveiller mes démarches ; je pouvais me lier avec d'aimables voisins, au nombre desquels se trouvait le fameux chevalier de La Morlière, de qui j'appris à faire des dettes, mais non à ne les pas payer.

L'abus du plaisir finit toujours par en éteindre le goût : la vie errante, les longs voyages au milieu desquels s'écoula ma jeunesse, changèrent si complétement mes idées, qu'avant l'époque où l'âge en fait un besoin, je n'aspirais qu'au bonheur du repos et au calme de la retraite. Revenu au gîte, je ne songeai plus qu'à m'y établir d'une manière *confortable* [1].

Le choix d'un logement n'est pas une chose in-

[1] Ne pourrait-on pas obtenir, de messieurs de l'Académie, des lettres de naturalisation ou de naturalité, comme dit Urbain Domergue, pour cet adjectif, qui manque à la langue française?

différente. Le docte évêque d'Avranches paraissait y attacher un grand prix, à en juger par les détails dans lesquels il entre sur sa chambre à coucher; il eut toujours soin qu'elle fût exposée au nord, et voici les raisons qu'il donne de cette préférence paradoxale :
« Tous les orages, dit-il, les grands vents, les grêles et les pluies violentes, viennent du midi; d'où il suit que les fenêtres tournées de ce côté sont fréquemment brisées par les tempêtes. Les chambres exposées au midi sont des fournaises pendant l'été; le soleil vous y aveugle ou vous y brûle tout le long du jour; les objets du dehors qui se présentent aux yeux n'y sont vus que du côté de l'ombre, qui vous en dérobe tous les agréments. Aucun de ces défauts ne se rencontre dans l'exposition nord : le calme y règne; la fraîcheur s'y trouve en été, et l'on s'y garantit de a bise et du froid de l'hiver, qui sont par-tout les mêmes, en se calfeutrant et en se munissant de châssis et de rideaux; les objets ne s'y montrent que du côté où ils sont éclairés et dorés des rayons du soleil. »

Ce raisonnement, qui n'en est pas moins juste, tout opposé qu'il est aux opinions reçues, m'a fait prendre mon parti sur l'exposition septentrionale de ma cellule, que j'avais d'abord regardée comme un grave inconvénient.

J'ai voulu que tout y fût, avec moi, en rapport d'âge et de souvenir. Je me suis attaché de préférence aux meubles qui ont vieilli avec moi : la plus grande partie m'est venue par succession, et les plus modernes remontent à la jeunesse de Louis XV. Mon mobilier ressemble à celui dont Molière nous donne, dans *l'Avare*, de si plaisants détails; on voit dans ma chambre à coucher *le lit en points d'Hongrie vert olive ou à-peu-près; les six chaises, la courtepointe doublée d'un petit taffetas changeant rouge et bleu;* il me manque *le pavillon à queue, en serge d'Aumale, avec le mollet et les franges de soie, la tapisserie des amours de Gombaut et de Macé;* mais j'ai *la table en bois de noyer, à pieds chantournés en colonnes, qui se tire par les deux bouts.* C'est de mon oncle le prieur que me viennent les pièces les plus antiques de mon ameublement, et entre autres un grand fauteuil de maroquin noir à oreillettes, où mon grand-père a traduit et commenté les *Institutions militaires de Végèce;* où mon oncle le prieur rédigeait ses almanachs en faisant sa sieste, et où j'ai l'habitude de lire quelque ode ou quelque épître de mon Horace avant de me coucher.

Par une clause expresse de son testament, le prieur d'Armentières m'a légué sa bibliothèque et ses portraits de famille, les deux choses qu'il aimait le mieux au monde, et dont il m'a recommandé la conservation avec une affection toute paternelle. J'ai rempli de mon mieux ses dernières volontés : les dix-sept portraits dont il m'a fait légataire : et dont j'ai respecté jusqu'aux cadres enfumés qui les renferment, sont rangés, autour de ma chambre, suivant l'ordre où ils étaient placés dans la sienne. C'est la faute du temps, qui ne ménage pas plus les portraits que les modèles, si le beau teint de ma grand'tante la présidente de Saint-Valier (surnommée par ses contemporains *le Lis de Bretagne*) est aujourd'hui du même ton de couleur que celui de son père le capitaine de vaisseau, dont la figure basanée aurait fait tache dans une compagnie de mulâtres.

A la suite de ces deux portraits se trouve celui d'un frère de la présidente, mort évêque de Saint-Papoul; lequel évêque avait trouvé le moyen de ne faire le voyage de son diocèse que trois fois dans sa vie; ce qui n'a pas empêché qu'il n'ait eu les honneurs d'une oraison funèbre, prononcée par son grand-vicaire, qui ne l'avait jamais vu.

L'évêque a pour pendant son frère, l'avocat-général de la cour des aides de Dijon, magistrat intègre, plus fidèle à l'audience que l'évêque ne l'était à l'église, et qui, pendant quarante ans d'exercice, n'a pas laissé passer la moindre affaire sans donner ses conclusions. En mourant, il avait témoigné le desir que je fisse imprimer le recueil de ses réquisitoires: c'est bien la faute des libraires si je n'ai pas donné cette petite satisfaction à la mémoire de ce bon parent: aucun n'a voulu s'en charger, sous prétexte que ce genre d'ouvrage n'était pas d'un intérêt assez vif.

Ma mère et mon père occupent le panneau principal ; ces deux portraits sont de Boucher, et de son meilleur temps ; mon père est représenté en *berger arcadien*, et ma mère en *amazone*. Le choix du costume n'est pas ici, comme on pourrait le croire, une fantaisie du peintre ; il tient à une anecdote de famille que je ne raconterai pas, de peur de voir, avant un mois, mon père et ma mère figurer dans quelque mélodrame.

J'ai été forcé, par la disposition du local, de placer ma sœur la religieuse en regard de mon cousin le mousquetaire, le plus mauvais sujet de notre famille : après avoir commencé sa ruine avec les femmes, il l'avait achevée au jeu, et s'en consolait en songeant qu'il lui restait encore une trentaine d'années qu'il pouvait employer à boire. Mon cousin méprisait souverainement les hommes adonnés à plusieurs vices, et se glorifiait de n'en avoir jamais eu qu'un à-la-fois.

Si j'ajoute à cette collection de portraits quelques vieilles figures portant casque ou rabat, et qui sont reconnues, par tradition, pour être de la famille ; quelques copies de grands maîtres flamands que j'ai achetées pour des originaux (à une époque où j'avais la prétention d'être un connaisseur), et des vues de différents pays, que j'ai dessinées moi-même pendant mes voyages, on aura une idée de ma galerie.

Ma bibliothèque est composée d'éléments non moins hétérogènes : les douze cents volumes des martyrologes, des liturgies, des écrivains jansénistes, que m'avait légués le bon prieur, n'avaient guère plus de prix à mes yeux que les livres du licencié Sédillo pour Gil-Blas. J'avais grande envie de les vendre ; mais j'étais retenu par la promesse que j'avais faite au testateur : heureusement la lecture d'un chapitre de Pontas, sur les *cas de conscience*, me fournit l'idée d'une distinction qui mit d'accord mon goût et ma conscience : je conservai la bibliothèque comme je l'avais promis, et je vendis les livres. Les *Van Eupen*, les *dom Calmet*, les *Sanchez*, firent place à Voltaire, à Racine, à Molière, à Corneille, et à Boileau ; de tous les écrivains de Port-Royal, je ne gardai que Pascal et Nicolle ; peu s'en fallut même que je ne me défisse de ce dernier. Mon libraire consentit à me troquer, moyennant l'à-point comme on peut croire, Desfossés, Fontaine, Jansénius, et *tutti quanti*, contre Rabelais, La Bruyère, Montaigne, et Montesquieu ; bref, je finis par me composer aux dépens des Pères de l'Églies, des controversistes et des hérésiarques, une bibliothèque dont je ne pense pas qu'il y ait maintenant un volume à retrancher.

Les bronzes dorés, le marbre, l'acajou, ne brillent pas dans ma simple demeure : les ornements de ma cheminée se bornent à une pendule en bois d'ébène incrusté de dessins à fleurs en cuivre. Cette pendule, qui a sonné toutes les heures de la vie de mon père, aura bientôt sonné toutes les miennes : dans le silence de la nuit, je prête souvent l'oreille aux mouvements du balancier, et je crois entendre les pas mesurés du Temps qui fait sa ronde en marmottant sans cesse : *Fugit hora, carpe diem.* Aux deux côtés de la pendule figurent les quatre Saisons en biscuit de Sèvres, et deux Magots en porcelaine du Japon, dont M. Dupleix avait fait présent à l'abbé Delaville, premier commis des affaires étrangères, et que mon oncle acheta à la vente de ce célèbre diplomate.

Un vaste bureau en bois de chêne, que surmonte un casier dont je me suis fait, pour ainsi dire, une mémoire artificielle; les bustes de mes grands hommes favoris, Voltaire, Horace, Molière, Bacon, Rousseau, La Fontaine, Adisson et Montesquieu, rangés sur la corniche de ma bibliothéque; un bon tapis de Bergame, une chaise longue en brocart gros bleu, une lampe en cuivre, à trois becs, portée sur un pied de fer poli, des tasses en figuier de l'Inde, et un paravent en papier de la Chine, forment le complément de mon gothique mobilier.

Mon domestique n'est pas nombreux; il se compose d'un vieux serviteur que j'ai depuis quarante ans, et d'une femme de ménage qu'il garde, réforme, ou change selon qu'il le juge convenable.

Madame Choquet n'est à mes gages que depuis dix ans; c'est une honnête couturière d'une cinquantaine d'années, dont le mari est caporal de vétérans et maître en fait d'armes dans la rue des Marais, près le Wauxhall; elle vient chez moi tous les matins à huit heures, et n'y reste que jusqu'à midi.

C'est un trésor pour un homme comme moi qu'une femme comme elle: le mérite de madame Choquet ne se borne pas aux petits détails d'une maison, qu'elle entend à merveille; elle excelle à faire le café; de plus, elle me tient au courant de toutes les nouvelles du quartier, depuis la rue du Mont-Blanc jusqu'à la rue Saint-Lazare; sa qualité de couturière et de *blanchisseuse de fin* la met en relation directe avec tout ce que la Chaussée-d'Antin a de mieux en femmes-de-charge et en femmes-de-chambre. Tout en m'assurant qu'elle ne se mêle jamais des affaires d'autrui, elle a soin de me raconter chaque matin, en me servant ma tasse de café à la crême, tous les propos d'antichambre qu'elle a recueillis la veille, et qu'elle commente avec un instinct de malignité dont il n'y a pas de journaliste qui ne se fît honneur. Je l'écoute en homme qui ne perd pas son temps à l'entendre, et souvent quatre heures de l'après-midi la trouveraient encore, son plumeau à la main, jasant debout devant mon fauteuil, si maître Paul ne venait pas arrêter son intarissable babil.

Ce Paul est un original d'une autre espèce, un vrai Sancho parisien : il a son franc-parler avec moi, et c'est tout au plus s'il me laisse la même liberté ; il a partagé ma bonne et ma mauvaise fortune, nous avons vieilli ensemble, et le bon homme s'est tellement identifié avec moi, qu'il ne parle jamais que de *nous,* et qu'il raconte comme *siennes* toutes les aventures qui me sont arrivées. Paul est l'oracle politique des antichambres de la Chaussée-d'Antin : les voyages qu'il a faits l'ont mis en réputation dans toutes les loges de suisses et de portiers ; et bien qu'il confonde quelquefois le détroit de Gibraltar et celui de Magellan, le cap de Bonne-Espérance et le cap Français, la Baltique et le Zuyderzée, il n'en passe pas moins pour le plus grand géographe et le plus grand voyageur qui ait jamais monté derrière une voiture. De toutes ses connaissances, celle dont il est le plus fier, et qu'il applique plus particulièrement à mon service, c'est la connaissance du temps et des variations atmosphériques, qu'il calcule au moyen d'un baromètre et d'un thermomètre dont sa chambre est ornée, et d'après lesquels il décide despotiquement de l'habit que je dois mettre et de la chaussure que je dois porter. Il me tient, à plusieurs égards, sous sa dépendance, et se fâche très sérieusement pour peu que je contrarie ses dispositions.

J'ai beaucoup réfléchi sur l'habitude que l'on contracte en vieillissant, de se laisser mener par les gens qui nous servent; cette faiblesse tient à-la-fois de la reconnaissance que l'on croit devoir à l'intérêt qu'on nous témoigne, aux soins qu'on nous donne, et à la paresse, qui nous fait un travail de l'exercice même de notre volonté. C'est une action pour un vieillard, que de *vouloir;* avec un peu de résistance, on en fait une fatigue; et on finit par lui faire desirer de pouvoir se reposer sur quelqu'un d'une volonté dont il croit toujours se réserver le privilége.

N. B. *L'Ermite de la Chaussée-d'Antin était occupé à tracer ses dernières esquisses des Mœurs parisiennes, quand une épouvantable catastrophe fit tout-à-coup tomber de sa main la plume légère dont il se servait pour retracer les travers d'une époque fertile en prodiges. Il recueillit ses forces pour fixer le tableau de ce siège de Paris, jugé si diversement par les amis exclusifs de la gloire ou de la liberté nationale. L'Ermite se rangea du parti intermédiaire de ceux qui croyaient voir dans l'avenir des compensations aux malheurs présents. Il mourut avant que d'être détrompé.*

N° CXV. [9 AVRIL 1814.]

LA PRISE DE PARIS.

*Consulere patriæ, parcere afflictis, fera
Cæde abstinere, tempus atque iræ dare,
Orbi quietem, seculo pacem suo,
Hæc summa virtus.*
SENEC., *Octav.*

Donner des lois a son pays, soulager les peuples, ménager le sang des hommes, dompter sa colère, donner le repos au monde, la paix à son siecle, telle est, pour un roi, la suprême vertu

« Il y a, disait Fontenelle, des mots qui hurlent de surprise et d'effroi de se trouver unis ensemble; » tels sont ceux qui forment le titre de ce Discours: *la Prise de Paris!* Comment, pourquoi, par qui cette capitale a-t-elle été prise? Montesquieu n'a-t-il pas fait l'observation que, par un bonheur admirable, elle se trouvait située de la manière la plus avantageuse pour sa sûreté particulière et pour celle de la France? N'avions-nous pas deux lignes de places fortes, des montagnes inaccessibles, et la mer pour en défendre les approches? de braves, de nombreuses légions pour la couvrir? Quelle puissance de l'Europe a pu lever tant d'obstacles et se frayer un chemin jusque dans les murs de Paris? L'Europe entière! Quelle cause a produit un pareil effet? l'ambition d'un seul homme!

C'est à l'histoire qu'il appartient de publier les fautes qui ont amené un si grand désastre; de dérouler, pour l'instruction des peuples et des siècles, le tableau de la glorieuse tyrannie qui a pesé douze ans sur la France, et dont les excès déplorables étaient peut-être nécessaires à l'accomplissement des seuls vœux qui restassent à former à des cœurs français : la restauration de la famille de Henri IV, et la garantie solennelle de voir à l'ombre des lois refleurir la liberté publique. Ma vie est trop avancée, mes forces sont trop affaiblies, pour que j'ose entreprendre l'esquisse d'une aussi vaste peinture ; j'assemble au hasard quelques matériaux ; des mains plus fermes, plus habiles, élèveront l'édifice.

J'ai beaucoup vécu, et j'ai moins qu'un autre peut-être à me féliciter de cette faveur. L'égoïsme, ce vice odieux dans la jeunesse et dans l'âge mûr, a son excuse chez les vieillards: on tient d'autant plus fortement à la vie, qu'elle est plus près de nous échapper; on craint de dépenser pour autrui un reste de forces qui suffit à peine pour soi. Cette avarice est, à tout prendre, moins condamnable qu'aucune autre; ce n'est plus un vice de l'esprit, c'est une infirmité de l'âge : le cœur s'use comme les autres organes; la sensibilité s'oblitère avec les sens qui la produisent; c'est le triste bienfait de la vieillesse; mon seul regret est de n'en pas jouir au même titre que mes contemporains, dans le moment d'une crise politique qui nous met à de si grandes épreuves.

Parmi les actions de grace que je rends sans cesse à la Providence, la première est de m'avoir fait naître Français, de m'avoir appelé à la vie sur cette terre illustrée par tant de grands hommes, tant de grands événements, tant de grands souvenirs; chaque citoyen est légataire particulier d'un si grand héritage, et cette espèce de substitution est la garantie la plus sûre de la gloire nationale. Cet amour de mon pays, porté jusqu'à l'enthousiasme, m'identifie tellement à ses malheurs ou à ses prospérités, qu'en ce moment, où je ne dois plus y voir que la place de ma tombe, j'épouse toutes ses craintes, toutes ses espérances, avec l'énergie d'une ame jeune et passionnée.

Au nombre des événements que tant de secousses politiques ont pu me faire craindre, celui de l'occupation de la capitale par des armées étrangères n'était jamais entré dans mon esprit. J'avais pour garant de ma sécurité treize siècles d'une possession vierge, car je persiste à ne point voir une conquête dans la prise de Paris sous le règne de Charles VI. Les Anglais y furent appelés, introduits et maintenus par les factions, par la démence du roi, par la perfidie de la reine, et par la proscription du dauphin. Les autres siéges de Paris appartiennent à l'histoire de nos discordes civiles, et sont tout-à-fait étrangers aux succès des armées ennemies.

Il était aisé de prévoir que la France, poussée hors de toutes limites, débordée comme un torrent sur l'Europe entière, épuisée par d'innombrables victoires, écrasée par ses conquêtes, dégoûtée de la guerre, et même de la gloire; il était, dis-je, aisé de prévoir que la France était menacée d'une grande catastrophe.

L'Europe s'est liguée contre un seul homme; ses armées coalisées sont venues recueillir les fruits d'une victoire que les élements et la trahison leur avait procurée; quinze mois ont suffi pour ramener nos légions des bords de la Moskowa aux rives de la Seine.

De tous les spectacles qu'on pouvait offrir aux Parisiens, le plus nouveau comme le plus terrible, était celui d'une bataille. Depuis plus de deux siècles la guerre n'avait point approché de leurs murs; le bruit des armes ne retentissait depuis long-temps à leurs oreilles que dans des marches triomphales; et leurs femmes pouvaient dire, comme celles des Spartiates, *qu'elles n'avaient jamais vu la fumée du camp ennemi;* l'orage grondait sur leurs têtes, les Parisiens se croyaient à l'abri de la foudre. Un gouvernement fallacieux entretenait par tous les moyens possibles cette dangereuse sécurité, et l'ennemi était à nos portes, que les *bulletins* nous parlaient encore de victoires.

Les yeux ne commencèrent à s'ouvrir que dans la matinée du 28 mars, à la vue des scènes déchirantes dont les boulevarts étaient le principal théâtre : ces paisibles remparts, naguère embellis d'équipages brillants, de femmes élégantes, de tout le cortége du luxe et des plaisirs, étaient en ce moment couverts de soldats blessés, de villageois abandonnant leur ferme ou leur chaumière, et traînant avec eux les débris de leur chétive fortune; ici des charrettes où quelques bottes de foin et de paille servaient de lit à des familles entières; là des troupeaux de moutons, de vaches, que conduisait, sur son ânon, leur maître expatrié; plus loin des groupes de citadins effrayés, accablant de questions des malheureux qui semblaient soulagés en racontant leur désastre. Que d'épisodes touchants dans ce triste tableau! Que d'exemples de pitié! que d'actions généreuses! que de secours, de consolations, j'ai vu prodiguer par nos bons Parisiens à leurs malheureux compatriotes!

Dès midi, le tableau change, et tout ce qui se passe sur les boulevarts n'est plus qu'un spectacle pour la foule qui s'y promène. La confiance semble renaître; tout prend une attitude guerrière; quelques fuyards, un plus grand nombre de blessés arrivent; mais des troupes nouvelles, des munitions, de l'artillerie, partent en bon ordre; quelques officiers d'ordonnance, en traversant Paris, y sèment des rapports mensongers, et le peuple non seulement voit sans émotion les mêmes objets qui le glaçaient de crainte quelques heures auparavant, mais il finit par prendre part aux jeux des grimaciers, des charlatans, des marionnettes, sur la même place où il vient de s'entretenir avec terreur du péril imminent dont il est menacé. Les mêmes inquiétudes se renouvellent le lendemain; les mêmes causes les font disparaître.

La postérité se refusera sans doute à croire, ou du moins à comprendre qu'une armée de deux cent mille hommes soit arrivée à deux lieues de cette immense capitale sans que ses habitants en fussent autrement instruits que par le bruit du canon et de la *générale* que l'on battit le 30 mars, à quatre heures du matin, dans tous les quartiers de la ville.

A ce signal, je sors d'un lit où je ne dormais pas; mes préparatifs avaient été faits la veille; j'endosse un vieil habit de ratine bleue, qui ne ressemblait pas mal à un uniforme; je charge mon épaule d'un fusil de *Pauly;* je couvre mon chef d'un bonnet fourré à la polonaise, et dans cet attirail je me mets en campagne. L'effroi était à son comble dans tous les quartiers de cette vaste capitale; le tambour appelait la garde nationale à défendre une ville qui ne pouvait être défendue; par-tout des femmes, des enfants en pleurs, cherchaient à retenir leurs époux, leurs pères, qui s'arrachaient avec effort de leurs bras. Le champ de bataille était pour ainsi dire à ma porte; je m'acheminai vers les hauteurs de Montmartre.

Poursuivant un odieux système de déception, le gouvernement avait annoncé la veille qu'il ne s'agissait que de repousser une faible colonne de l'armée ennemie, et deux cent mille hommes étaient sous nos murs; des masses d'infanterie s'avançaient sur toutes les routes; une cavalerie innombrable couvrait les plaines, et six cents pièces d'artillerie foudroyaient les hauteurs!

Aucune mesure n'avait été prise pour repousser une pareille attaque; quelques pièces de canon servies par d'héroïques enfants, et placées au hasard sur les collines environnantes; douze mille hommes de troupes de ligne, un pareil nombre de gardes nationaux sans chefs et sans munitions; une ligne de palissades mal disposées, mal jointes: tels étaient nos moyens de défense. Pouvaient-ils avoir été pris dans une autre intention que d'attirer sur cette ville tous les malheurs d'un siége, en lui donnant un aspect guerrier propre à justifier les mesures que pourraient prendre les vainqueurs, et tous les excès auxquels ils pourraient se porter.

Après une défense de douze heures contre des forces décuples; lorsque tout paraissait perdu, *fors l'honneur;* pendant qu'on placardait encore sur les murs une proclamation dans laquelle un roi qui venait de fuir disait : *Je reste avec vous;* lorsqu'il ne restait plus à franchir qu'une frêle barrière, objet de dérision pour les Parisiens eux-mêmes, on a vu (chose incroyable) l'armée victorieuse des puissances alliées s'arrêter comme par enchantement aux portes de cette capitale de la France, terme de tant de vœux, de fatigues, et de travaux.

Cette nuit du 30 mars, qui dut être pour Paris une nuit de ravage et de destruction, a préparé dans la capitale des arts l'alliance des grandes puissances de l'Europe, et la restauration du trône antique des Bourbons[1] : révolution prodigieuse, que le génie le plus entreprenant n'imaginait plus que dans ses rêves, et qui fut exécutée au moment où l'on put l'entrevoir.

Dès la pointe du jour, les boulevarts, que devait suivre l'armée des alliés entrant à Paris, étaient, en quelque sorte, inondés des flots d'une population

[1] Ceux qui pourraient être étonnés que l'Ermite s'exprimât avec tant de modération sur ce terrible évènement de la prise de Paris, doivent se rappeler que la gloire de l'Empereur n'avait jamais balancé à ses yeux la perte de la liberté.

immense : les fenêtres de toutes les maisons étaient encombrées de spectateurs. Quelques patrouilles de la garde nationale suffisaient pour maintenir l'ordre parmi cette multitude de citoyens animés du même esprit et pleins des mêmes sentiments.

Je ne le cache pas, cet appareil nouveau, ces légions accourues des bords du Volga, de la Sprée, et du Danube, cette pompe étrangère de la victoire, ont affligé profondément mon cœur; depuis un mois ma santé s'affaiblit; je crains que le coup fatal ne soit porté.

N° CXVI. [16 AVRIL 1814.]

LA MALADIE DE L'ERMITE.

Elleborum frustrà, cum jam cutis ægra tumebit,
Puscentes vidoas.

PERSE, sat. II.

C'est en vain qu'on a recours aux remèdes quand le mal est invétéré.

Les secousses sont fatales à mon âge : il faut un tremblement de terre pour renverser un bâtiment neuf : une détonation un peu forte suffit pour faire crouler une masure. L'économie animale est soumise aux mêmes lois que l'économie domestique : le pauvre et le vieillard doivent également ménager le peu qu'ils possèdent.

Le ciel m'a départi d'assez longs jours, et cependant j'ai peine à concevoir qu'ils aient pu suffire aux événements qui se sont pour ainsi dire accumulés dans l'espace de temps que ma vie embrasse. Les derniers dont je viens d'être témoin, et auxquels mon esprit et mon cœur ont pris une part trop active, ont épuisé mes forces : je me sens attaqué de cette maladie que Fontenelle définit : *une difficulté de vivre*, et j'ai le pressentiment que j'irai bientôt aider Rabelais dans la recherche *du grand peut-être*.

Ce que j'ai de mieux à faire dans un moment où toute espèce d'occupation m'est interdite, c'est de ressasser mes souvenirs, bien sûr de n'y trouver que des consolations pour le présent qui m'échappe, et des espérances pour un avenir dont j'ai le bonheur de ne pas douter.

Le premier événement public que je retrouve gravé dans ma mémoire (moins par la sensation que j'étais alors trop jeune pour éprouver, que par le récit qui m'en a tant de fois été fait), c'est le retour de Louis XV après sa maladie de Metz. Cette *entrée* d'un monarque bien-aimé, sur les jours duquel on avait conçu de si vives alarmes, n'avait rien d'une pompe triomphale ; c'était une véritable fête de famille, semblable, à quelques égards, à celle dont cette capitale offrait, mardi dernier, l'image à l'aspect du petit-fils de Louis XV, rentrant dans Paris après vingt-cinq ans d'absence.

Louis XVI, dans un règne trop court pour le bonheur et pour l'honneur du peuple français, déploya des vertus dont le ciel s'est réservé la récompense. La chute du trône amena les désastres révolutionnaires ; l'État penchait vers sa ruine, tous les liens de la société étaient rompus, la nation sentait le besoin d'un chef : l'audacieux Bonaparte se saisit du pouvoir et nous sauva de l'anarchie par la servitude. Le mouvement de la guerre, l'ivresse de la victoire, nous dérobèrent quelque temps la vue de nos fers, et nous gémissions avec une sorte d'orgueil sous un joug intolérable. Au premier revers on vit chanceler l'édifice immense qu'il avait élevé hors de toutes proportions, et bientôt il se brisa lui-même, en tombant du haut de sa prodigieuse fortune.

Le cercle révolutionnaire est achevé; nous nous retrouvons au point d'où nous sommes partis. Puisse cette longue et sanglante leçon, reçue par les pères, ne pas être perdue pour les enfants! Que les nôtres apprennent par notre expérience à quel prix s'achètent les institutions nouvelles, et qu'ils jouissent avec reconnaissance, au sein de la monarchie, des bienfaits d'une constitution qui peut seule maintenant en garantir la durée.

On peut en croire le fougueux cardinal de Retz sur les dangers de discuter les lois établies. Voici comment il peint une de ces assemblées tumultueuses de la Fronde :

« On chercha, en s'éveillant, comme à tâtons,
« les lois; on ne les trouva plus; l'on s'effara, on
« cria, on se les demanda; et, dans cette agitation,
« les questions que leurs explications firent naître,
« d'obscures qu'elles étaient, et vénérables par leur
« obscurité même, devinrent problématiques, et de

« là, à l'égard de la moitié du monde, odieuses ; le
« peuple entra dans le sanctuaire ; il leva le voile
« qui doit couvrir l'origine d'où sont émanés les
« droits des peuples et ceux des rois, qui ne s'accor-
« dent jamais mieux ensemble que dans l'ombre et
« le silence. » Nous avons appris à nos dépens, mais
au profit de nos neveux, qu'il était plus facile de
nier ces principes que d'en éviter les conséquences.

Je m'enfonçais de plus en plus dans les profon-
deurs de la politique ; j'en sortis par ordonnance
du médecin. C'est un original que mon ami le docteur N***. En dépit de la fièvre qui me galopait,
il me prouva que je n'étais point malade, et finit
par m'assurer, le plus sérieusement du monde, qu'on
ne meurt que lorsqu'on le veut bien. Je lui objec-
tai que cette volonté-là vient toujours avec l'âge.
« Il n'y a point d'âge, continua-t-il ; la vieillesse est
un vieux préjugé ; et la santé du corps, accident à
part, dépend de celle de l'ame. — Dans ce cas-là,
docteur, comment expliquerez-vous ma maladie,
quand je vous aurai donné l'assurance que mon
ame ne s'est jamais mieux portée? Tous mes vœux,
de ce côté du tombeau, sont à-peu-près comblés ;
je me rattache à la vie tant que je peux, et quoique vous en puissiez dire, je sens qu'elle m'échappe.
— C'est que vos réflexions ne sont pas toutes d'accord avec vos sentiments ; c'est que votre esprit est
contristé par des observations chagrinantes, en

même temps que votre cœur nage dans la joie : il résulte de ce conflit de sensations et de pensées un état violent que vous appelez maladie, et qu'il dépend de vous de faire cesser. — Docteur, il y a du vrai dans ce que vous dites : je jouis délicieusement des jours de repos et de liberté que j'entrevois pour ma patrie ; je suis né sous les Bourbons, et je me retrouve avec bonheur sous leur empire ; mais si je détourne un moment les yeux de ce tableau touchant, je vois l'intrigue aux cent pieds, aux cent bras, qui déja s'empare de toutes les avenues du pouvoir ; je vois la bassesse, encore souillée de la fange où elle se traînait la veille, profaner aujourd'hui l'éloge, en se hâtant de s'en rendre l'interprète ; j'entends prodiguer la menace et l'outrage à l'ennemi qui n'est plus à craindre, et je vois une foule de braves le lendemain de la victoire. — Eh ! mon pauvre Ermite, c'est bien la peine d'avoir vécu soixante-quinze ans pour s'étonner de pareilles choses ! Le navire est à flot, les vents sont bons, le pilote est au gouvernail ; est-ce le temps de penser aux souris qui rongent la cargaison ? Plus d'humeur ; éloignez toutes les pensées tristes ; prenez mon bras, et venez à quelques pas d'ici jouir du spectacle d'un petit-fils de notre Henri IV, reçu par ses enfants auxquels il apporte, comme lui, la paix, le bonheur. »

Le docteur me pressa; je fis un effort pour passer un habit; ma faiblesse trahit mon courage. J'allais y renoncer; une musique militaire se fit entendre sous mes fenêtres: je prête l'oreille; j'entends l'air national; mes forces renaissent; je m'habille; et, soutenu par le docteur et par mon fidèle Paul, je parvins à me transporter sur le passage de *Monsieur*.

Quelles émotions j'éprouvai en revoyant ce prince *d'un caractère si franc, si loyal, si français*. Sa figure, où l'on aimait à reconnaître quelques traits du bon Henri, rayonnait de joie et de bonheur. Tout était français dans sa personne; sa grace, ses manières affables, cette expression d'amour et de confiance qui caractérise sa noble race, cet habit national, et ce panache national aussi, puisque c'était celui du *Béarnais*.

Dans ce moment je me sentis renaître; un cri s'échappa de ma bouche et de mon cœur: *vive le Roi!* Ce mot, que j'avais bégayé dans mon enfance, à l'entrée de Louis XV, j'ai donc pu le répéter soixante-dix ans après! J'ai pu voir, après tant d'orages, la nation se rallier comme une famille autour d'un père chéri; les factions vont s'éteindre, tous les cœurs se réunir dans l'intérêt de la patrie, et toutes les volontés se confondre dans le vœu du bonheur public, fondé sur la double base de l'amour du prince et du respect des lois. La nature peut disposer de moi; j'ai assez vécu.

Depuis ce jour d'éternelle mémoire, je suis confiné dans mon lit; je crains bien, malgré ma bonne volonté, de n'en plus sortir vivant.

N° CXVII. [21 AVRIL 1814.]

LA MORT DE L'ERMITE.

Vixi, et quem dederat cursum fortuna, peregi.
VIRG., *Enéide.*

J'ai vécu ; j'ai fourni la carrière que la nature m'avait ouverte.

Le moment est venu ; je sens que je n'achèverai pas la journée qui commence, et je profite d'un mouvement de fièvre, qui rend à mon sang et à mon esprit quelque activité, pour laisser tomber sur le papier les dernières lignes que tracera ma main défaillante.

A l'heure où l'on ne possède plus que ce qu'on a donné, où l'on ne se tient plus compte à soi-même que du bien qu'on a fait et de celui que l'on peut faire encore, je ne laisserai point échapper une pensée qui se présente inopinément à mon cœur, et à laquelle ma réflexion n'a pris aucune part.

En traçant, il y a bientôt un an, le tableau pénible du *Départ de la Chaîne*, j'ai parlé *d'un jeune homme d'une figure assez douce, des yeux duquel je*

voyais s'échapper de grosses larmes, et dont les muscles étaient agités de mouvements convulsifs... Ce jeune homme, qu'il est permis de désigner plus clairement aujourd'hui, se nomme *Rateau*, autrefois sous-officier dans la garde de Paris. Il se trouva compromis dans cette conspiration de *Mallet*, dont le but avoué ne justifiait pas l'audace. Il n'était condamné qu'à la mort, on aggrava sa peine en la commuant, et en le condamnant pour le reste de ses jours à l'infamie des galères. Qu'il me soit permis d'élever en sa faveur une voix mourante, et d'appeler sur lui la bonté, la justice d'un prince dont les bienfaits ont devancé la présence, et que le ciel rend à la patrie pour réparer toutes les injustices et consoler tous les malheurs [1]. . . . .
. . . .
. . . .
. . . .

Vendredi, 22 avril 1814.

L'Ermite de la Chaussée-d'Antin a cessé de vivre, il s'est endormi d'un sommeil éternel hier à quatre heures du soir, à l'âge de soixante-quinze ans deux mois et quelques jours. Puisque l'Ermite est devenu,

[1] Le vœu de l'Ermite mourant a été promptement exaucé; un mois après la rentrée du Roi ce jeune homme a été rendu à sa famille.

par accident, un personnage public, et que ses *Discours* ont eu quelques succès dans le monde, j'ai pensé qu'il était de mon devoir, en ma qualité de parent et d'exécuteur testamentaire, de rendre compte à ses amis (au nombre desquels il se plaisait à ranger ses lecteurs) des derniers moments d'un grand-oncle dont j'ai tant de raisons de chérir et d'honorer la mémoire. J'ai pu croire, d'ailleurs, que ces détails, où l'on reconnaîtra les traces de son caractère observateur, ne seraient point déplacés à la suite de ses observations sur les mœurs.

J'avais été moins alarmé que je n'aurais dû l'être d'une maladie dont mon oncle avait lui-même informé le public, et sur les suites de laquelle les rapports du médecin et mes propres observations me rassuraient également. L'Ermite parlait de sa fin prochaine avec une si grande liberté d'esprit, quelquefois même avec tant de gaieté; je remarquais si peu d'altération dans ses traits, si peu d'affaissement dans ses forces physiques et morales, que je m'obstinais à ne voir, dans l'idée qui le préoccupait exclusivement, que le texte d'un de ses prochains *Discours*.

Ce ne fut que dimanche matin, en trouvant au chevet de son lit un notaire auquel il dictait ses dernières volontés, que je commençai à concevoir des inquiétudes dont je ne fus pas le maître de lui dérober la vive impression. « Mon cher Ernest, me dit-il avec un sourire plein de douceur, vous êtes surpris de tout, parceque vous ne vous préparez à rien : rappelez-vous le jugement que vous aviez porté sur madame de Lineuil [1], et ne vous affligez pas sans mesure, après vous être rassuré sans sujet. Mourir est une des clauses du contrat de la vie; et j'ai bien fait d'attendre un peu tard pour la remplir, puisque mes yeux, avant de se fermer, ont vu luire sur la France l'aurore d'un jour qui semblait ne devoir jamais naître, ou du moins ne devoir jamais se lever pour moi. Si la nature m'avait laissé le choix du moment où je devais lui payer ma dette, aurais-je pu en saisir un meilleur? J'ai vu, contre toute vraisemblance, s'accomplir le grand événement d'une restauration qui prépare à ma patrie, du moins je me plais à le croire, de nouveaux siècles de prospérité; je jouis, dès à présent, de tous les biens qui vous sont réservés, avec la certitude de n'être pas témoin des derniers efforts que la sottise, l'orgueil et l'intrigue mettront en œuvre pour retarder l'établissement d'un ordre de choses où le mérite et la probité seront les seuls titres à l'estime de la nation et à la faveur du prince. J'admire, en ma qualité d'homme, l'exemple de magnanimité qu'Alexandre vient de donner au monde, et je n'aurai point à gémir, comme Français, d'un évé-

---

[1] Voyez le n° XXXVIII, tome Ier, page 369

nement dont la gloire est étrangère à mon pays, dont les suites les plus immédiates ne seront peut-être pas sans amertume, et dont les avantages seront nécessairement le fruit de plus d'un sacrifice. »

Le docteur arriva au moment où mon oncle, échauffé par ce qu'il appelait son esprit prophétique, commençait son cours de prédiction : il imposa silence au malade, et le força de donner quelque repos à son corps, en laissant reposer sa tête. L'Ermite me remit quelques billets pour les porter à leurs adresses, et me recommanda de revenir le lendemain de bonne heure. J'insistai vainement pour passer la nuit auprès de lui; il n'y voulut pas consentir.

Le lendemain matin, quelque diligence que j'eusse faite, j'avais été devancé auprès de mon oncle par madame de L***, son amie la plus intime, dont il a été souvent question dans ses *Discours :* sa présence semblait l'avoir ranimé; l'espérance me revint.

La matinée fut calme : l'Ermite reçut plusieurs visites, se fit lire les journaux, et provoqua lui-même une discussion sur les affaires publiques, qui l'occupaient exclusivement depuis sa maladie.

« On peut me croire, disait-il; mes opinions sont aujourd'hui bien désintéressées; mes vœux ne sont plus que des espérances. Il n'y a de repos, de bonheur possible pour la France, qu'au sein de cette monarchie constitutionnelle que Montesquieu préconise avec tant d'éloquence, et dont une nation voisine s'est chargée de nous prouver les avantages. » Le chevalier de N*** se récria contre cette proposition, et parla en faveur de la monarchie *pure*, c'est-à-dire absolue, du ton d'un homme qui récite une leçon mal apprise, et qui croit soutenir ses principes quand il défend ses préjugés. « Eh ! M. le chevalier, lui répondit l'Ermite, pour Dieu ! ne soyez pas plus *royaliste que le Roi;* c'est lui-même qui vous en prie. Vous aurez beau dire et beau faire, le siècle va son train ; il faut marcher avec lui, et vous ne ferez plus accroire à personne que, même sous un bon prince, le despotisme ne soit pas le pire de tous les gouvernements. Plus les Français chérissent la race des Bourbons, plus ils doivent mettre leur trône à l'abri des secousses qui l'ont renversé : cet abri, ils ne peuvent le trouver que dans un état de choses qui identifie en quelque sorte la nation avec celui qui la gouverne ; qui affermisse l'autorité royale, et garantisse la liberté publique ; qui mette hors d'atteinte l'indépendance des tribunaux ; qui consacre en même temps la responsabilité des ministres et l'inviolabilité du monarque. Maintenez surtout, maintenez, avec des restrictions légales, cette liberté de la presse dont l'utilité est suffisamment démontrée par les soins que Bonaparte avait pris pour la proscrire. Du jour où il parvint à enchaîner la pensée, où il put être sûr qu'aucun livre ne paraîtrait que dégradé, mutilé par la censure, l'avilissement de la nation fut au comble, et la tyrannie ne connut plus de bornes : de là ce déluge d'absurdités, de mensonges, dont la France fut inondée pendant dix ans, et qui n'accusait pas moins l'imbécile crédulité du peuple que l'impudence du gouvernement. On pouvait appliquer à son chef ce mot de don Luis de Haro, ambassadeur d'Espagne aux conférences des Pyrénées, à qui l'on demandait ce qu'il pensait du cardinal Mazarin : *C'est un grand homme,* disait-il ; *mais il a un grand défaut : c'est de vouloir toujours tromper.* »

Je voyais que mon oncle se fatiguait beaucoup en parlant. Madame de L*** me faisait signe d'emmener deux ou trois interlocuteurs qui nourrissaient impitoyablement la dispute ; j'avais besoin, pour y réussir, que le docteur vînt à mon aide. Il entra, salua tout le monde avec un sérieux hippocratique, s'approcha du lit du malade, lui tâta le pouls, se recueillit un moment, prit une prise de tabac, et congédia poliment l'assemblée, à l'exception de madame de L***, du chevalier, de moi, et du docteur lui-même, que le malade retint à dîner.

Le médecin voulait se fâcher : « Ne faisons pas les enfants, reprit mon oncle, et parlons à cœur ouvert. Il est bien convenu, docteur, que votre théorie est en défaut, et qu'en dépit de vous et de moi il faudra bientôt en finir ; tâchons donc que la chose se passe le plus doucement possible : *Pompa mortis magis terret quàm mors ipsa* [1], comme vous savez. J'ai encore deux ou trois jours devant moi ; je veux les vivre tout entiers, je vous en préviens : ainsi, ne vous en déplaise à tous trois, nous dînerons encore une fois ensemble. »

Sans écouter les remontrances du docteur, il donna l'ordre qu'on dressât la table auprès de son lit ; et pendant le repas, où il se montra plus gai que nous ne l'avions vu depuis long-temps, il ne fut question que de l'événement de la restauration. Le bon Ermite but un verre de vin de Bourgogne *à la santé de Louis XVIII et à la paix du monde*, et voulut que je lui chantasse au dessert des couplets pleins de sel et d'esprit qu'un aimable correspondant du *Caveau moderne* lui a dernièrement adressés [2].

Vers six heures, mon pauvre oncle éprouva une crise à l'issue de laquelle il témoigna le désir d'entretenir un moment madame de L*** en particulier. « Il y a cinquante ans, lui dit-il en souriant, je n'aurais pas commis une pareille inconséquence, et vous m'eussiez accordé avec plus de peine un tête-à-tête moins effrayant : le temps a de bien singuliers priviléges ! »

Au bout d'un quart d'heure, mon oncle me rap-

---

[1] La mort n'a d'horrible que sa pompe
[2] *Appel à l'Ermite de la Chaussée-d'Antin*, par M. Jacquelin.

pela. Madame de L*** était assise auprès d'un secrétaire ouvert, et tenait en main un petit coffret en bois d'ébène à pointes d'acier, qu'elle emporta en étouffant les sanglots qui la suffoquaient, et en me priant de ne point quitter le malade avant qu'elle ne fût revenue.

A peine cette dame était-elle sortie, que le malade éprouva une crise moins violente que la première, mais qui se termina par un long évanouissement. J'appelai le docteur avec un cri d'effroi; il parvint à ranimer le malade, et m'assura, pour soutenir mon courage, qu'il n'y avait pas encore de danger.

« Le docteur a raison, ajouta l'Ermite, qui avait entendu ses derniers mots, il n'y a pas de danger. Un mal n'est jamais bien grand quand il est le dernier; et, à en juger par l'épreuve que je viens de faire, il est bien facile de mourir. L'ame d'un vieillard s'échappe sans effort, comme le dit fort bien Sénèque; elle est sur le bord de ses lèvres. Je m'observe encore moi-même dans ces derniers moments, et je ne songe pas, sans une sorte de satisfaction, que je vais enfin cesser de faire ce que je fais depuis si long-temps. De quoi puis-je me plaindre? N'est-il pas aussi naturel de mourir que de naître? et les sentiers de la gloire et de la fortune n'aboutissent-ils pas au même point? A compter du terme moyen de la vie, j'ai vécu bien des années aux dépens des autres : je n'ai plus de vœu raisonnable à former, et d'autre prière à adresser au ciel que mon *Nunc dimittis.*

« Adieu, mon ami, continua-t-il d'une voix affaiblie ; nous nous reverrons demain, je l'espère, et tu connaîtras mes dernières intentions. »

Le lendemain, mardi, l'Ermite resta plongé dans un assoupissement presque continuel ; la nuit fut agitée, sans qu'il parût beaucoup souffrir. Le matin du mercredi, il écrivit quelques lignes (celles que j'ai mises en tête de cet article). Je n'avais pas fermé l'œil depuis trois jours, et je dormais sur une chaise longue, dans la chambre voisine, lorsque, vers quatre heures après midi, je fus réveillé par madame de L***, qui m'annonça en fondant en larmes, que mon oncle touchait à son dernier moment. Je m'approchai de son lit ; il ouvrit les yeux, les tourna sur madame de L*** et sur moi avec une expression de tendresse inexprimable, laissa retomber sa tête, et mourut.

Ernest de Lallé.

N° CXVIII. [30 avril 1814.]

LE TESTAMENT DE L'ERMITE.

> . Relinquendum est.
> MART., ep XLIV
> Il faut tout abandonner

« C'est un fort ancien usage que celui des testaments, à en juger par le testament de Noé, cité par Eusèbe, et dont le moine Cedrenus nous a conservé les principales dispositions dans sa *Chronique*. Je sais que beaucoup d'écrivains se sont élevés contre ce droit, en vertu duquel un homme dispose de biens qui ne lui appartiendront plus dans un temps où il aura cessé d'être : je ne suis pas de ces gens-là ; je trouve tout simple qu'on donne ce que l'on possède, à la condition de n'en faire jouir les autres qu'au moment où l'on ne pourra plus en jouir soi-même, et je ne serais pas embarrassé de prouver que sur ce point, et pour cette fois, l'usage se trouve parfaitement d'accord avec la raison, la justice, et la morale.

« Pour mettre, autant qu'il est en mon pouvoir, ce dernier acte de ma volonté à l'abri de la chicane, qui s'introduit le plus souvent entre deux formalités, j'ai pris le parti de faire ce qu'on appelle un testament *olographe,* et d'y établir pour première clause, à l'exemple de Duclos, que tout donataire qui élèverait la moindre difficulté sur tout ou partie dudit testament, soit déchu, par cela même, du droit qui résulte de la disposition faite à son profit. Qu'une pareille détermination soit généralement adoptée, qu'elle devienne protocole indispensable dans tous les actes de cette nature, et l'on tarit la source la plus abondante des procès les plus scandaleux.

« Attendu que je compte à mon neveu, pour la meilleure partie de la succession que je lui laisse, la réputation d'honnête homme, à laquelle j'ai travaillé pendant soixante ans, j'exige qu'il la défende, *unguibus et rostro,* contre ces compagnies de braves nouvellement réorganisées, qui attaquent et qui battent avec tant de courage les gens à terre ou en terre.

« Je déclare que je sors de ce monde bien persuadé que je vais en trouver un meilleur; ce qui doit paraître excessivement probable au plus incrédule, pour peu qu'il ait passé, comme moi, soixante-quinze ans dans celui-ci.

« Néanmoins, comme il faut, autant qu'on peut, mourir en paix, même avec ceux avec qui l'on a vécu en guerre, je demande sincèrement pardon aux fourbes que j'ai démasqués, aux intrigants que j'ai signalés, aux sots dont j'ai eu le malheur de rire, comme je pardonne moi-même aux ingrats, aux envieux, aux calomniateurs, aux libellistes qui ont tourmenté ma vie du mieux qu'ils ont pu; je ne parle pas de quelques beautés infidèles dont ma jeunesse a eu beaucoup à souffrir; chacun à son tour a obtenu le pardon de l'autre.

« J'ordonne que tous mes papiers, sans exception, soient remis à mon vieil ami Charles de L***, lequel, après en avoir extrait ce qu'il jugera digne du public ou du portefeuille d'un ami, fera brûler le reste en sa présence. Par ce moyen, je me crois en droit de désavouer d'avance tous les mémoires posthumes, toutes correspondances inédites, anecdotes secrètes, ou toutes autres publications du même genre que les chiffonniers de la littérature jugeraient à propos de faire paraître sous mon nom. Je croirais faire injure à mon ami en défendant, par une disposition spéciale, que mes lettres particulières fussent imprimées. Nous nous sommes trop souvent récriés ensemble contre cette violation du plus saint des dépots; contre cette impudeur qui met le public dans la confidence des affections les plus secrètes, des sentiments les plus intimes de deux cœurs qui s'épanchent en liberté, pour que je puisse craindre de donner après ma mort le scandale qu'ont excité les *Lettres de Mirabeau,* celles *de mademoiselle de Lespinasse,* et tant d'autres.

« Je ne m'oppose pas à ce qu'il soit fait une édition complète de mes œuvres, si le public et mon libraire veulent en courir le risque; mais j'insiste pour qu'on ne mette pas mon portrait en tête; c'est une vanité dont certaines gens m'auraient guéri, si jamais j'en eusse été atteint: d'ailleurs je suis bien aise d'enlever aux journalistes le plaisir de s'égayer sur la tournure socratique de mon nez, ou sur la forme chinoise de mes yeux. Si pourtant le libraire-éditeur faisait du portrait de l'auteur une condition de son marché, je le prie d'obtenir du dessinateur un costume plus conforme à mon caractère qu'à ma profession. J'ai souvent ri de voir Bertin soupirant une élégie en habit de dragon; Gilbert agitant le fouet de la satire en perruque à bourse, et Buffon expliquant les mystères de la nature en habit brodé et en manchettes de dentelle.

« Je fais défense expresse à mon exécuteur testamentaire de mettre mon mobilier à l'encan. Je n'ai jamais pu voir sans une extrême répugnance cette foule d'étrangers avides qu'une affiche placardée sur un morceau de serge appelle dans une maison en deuil, au milieu d'une famille en larmes, pour s'y disputer la dépouille d'un mort. En conséquence, je charge mon neveu de partager entre Paul, mon domestique, et madame Choquet, ma femme de ménage, ceux de mes vieux meubles qu'il ne gardera pas pour son usage

« Je laisse à mon neveu, par substitution, comme

je l'ai reçu de mon oncle le prieur d'Armentières, mon grand fauteuil de maroquin à oreillettes, qu'il ne reléguera pas dans son garde-meuble, sous peine d'insulter à la mémoire de ses aïeux; en prenant l'habitude de s'y reposer une ou deux heures par jour, il finira par y trouver quelque vieux souvenir de morale et de probité dont il pourra dans l'occasion prendre conseil.

« Je recommande également à la piété de mon légataire les dix-huit portraits de famille que je lui laisse; plusieurs sont l'ouvrage de grands maîtres; il y en a deux de Mignard, trois de Rigaud, un de Raoux, et quatre de Latour: si mon petit-neveu était tenté quelque jour de mettre ses aïeux en vente, je l'invite à relire auparavant certaine scène de *l'École de Médisance* (*School for Scandal*) qui pourra lui en faire passer l'envie.

« Je donne à la femme de mon ami Charles de L***, mon portrait en pied qu'elle m'a demandé, et que je lui ai refusé de mon vivant, par la raison qu'il est d'une ressemblance extrême et d'un ridicule achevé. La mort effacera le ridicule et ajoutera du prix à la ressemblance.

« *Item*. Je donne à Paul toute ma garde-robe; elle est assez modeste pour qu'il puisse s'en parer sans scandale, et la forme de mes habits est assez ancienne pour être bientôt à la mode.

« Mes livres sont pour la plupart surchargés de

notes, et ne sont ni assez rares, ni assez curieux pour tenter les amateurs : si mon légataire se décide à les vendre, il sera obligé d'en traiter avec les bouquinistes ; ce qui m'évitera du moins le désagrément de cette espèce de célébrité bibliographique qui consiste à voir votre nom figurer dans la collection des catalogues, à côté de ceux des *Filheul*, des *Laleu*, des *Bellanger*, et autres illustres inconnus qui n'ont d'autre réputation que celle de leur bibliothèque.

« Je donne à ma femme de ménage, madame Choquet, ma batterie de cuisine, telle qu'elle se comporte ; et attendu que je lui dois un petit dédommagement de la liberté que j'ai prise de parler d'elle un peu légèrement dans un Discours intitulé : *les Caquets* [1], je donne à ladite dame Choquet un portrait de la Vierge, d'après Raphaël, qu'elle convoitait depuis long-temps, et qui figurera très bien au pied de son lit (comme elle me l'a fait observer cent fois), entre son crucifix et son bénitier de cristal.

« *Item*. Je lui donne une année de ses gages.

« Je ne veux point qu'on envoie de billets *de faire part* après ma mort ; ceux qu'elle intéresse l'apprendront assez tôt ; ceux qu'elle n'intéresse pas n'ont pas besoin de l'apprendre.

« Je désire que la cérémonie de mes funérailles

---

[1] Voir le numéro LXXXIX, tome III, page 87

se fasse avec une grande simplicité; qu'on me conduise directement de chez moi à l'église, et de l'église à mon dernier gîte, sans arrêter mon convoi en face du théâtre du Vaudeville, où je me souviens d'avoir donné une pièce il y a vingt ans, ni même devant le bureau du journal, où j'avais élu mon domicile littéraire, dût-on y commander quelqu'un d'office pour y prononcer mon oraison funèbre.

« Vu l'instabilité de nos cimetières modernes, et attendu qu'un autre a pris, au cimetière Montmartre, la seule place que je voulusse y occuper, je charge le docteur N*** de trouver dans son art le moyen de réduire, le plus promptement possible, mon corps à l'état de squelette, afin que je puisse être admis, dès à présent, et sans passer par la longue filière du tombeau, aux honneurs des Catacombes [1], où j'ai retenu ma place dans la promenade que j'y ai faite, il y a deux ans, avec madame de Sezanne : une fois là, je suis certain qu'on ne me délogera plus; je n'ai jamais aimé les déménagements.

« Je desire que Paul reste au service de mon neveu, à moins qu'il ne se retire dans ma ferme de Normandie ; dans l'un ou l'autre cas, je lui donne et lègue une pension de 300 fr. ; plus, 200 fr. pour le deuil, qu'il pourra porter en couleur, si bon lui semble.

« *Item*. Je donne à ce bon et fidèle domestique la

---

[1] Voyez le n° LXXX, tome II, page 328.

pendule à carillon qui se trouve dans mon alcôve, et qu'il a montée pendant trente ans.

« *Item*. Je donne à mon excellent ami Charles de L***, en mémoire de notre vieille amitié, qui a commencé dans les Indes, un rubis gravé dont m'a fait présent Hyder-Aly, après l'invasion du Carnate ; je l'ai porté jusqu'à ce jour. On trouvera cet anneau à la chaîne de ma montre.

« *Item*. Je donne à madame de L*** un petit coffre noir à pointes d'acier, dont la clef est perdue depuis long-temps, et je la prie de ne l'ouvrir qu'un an, jour pour jour, après ma mort.

« *Item*. Je donne aux pauvres habitants du petit bourg de N***, où je suis né, une somme de 1,500 fr., dont M. le curé fera la distribution.

« Mes dettes acquittées, et les dispositions du présent testament remplies, je lègue le reste de mes biens, meubles et immeubles, à mon petit-neveu Ernest de Lallé, que je nomme en même temps mon exécuteur testamentaire.

« Écrit en entier de ma main, moi, soussigné, jouissant du libre exercice de mes facultés intellectuelles, à Paris, dans mon ermitage de la Chaussée-d'Antin, le 28 mars 1814. »

E. J.
L'ERMITE DE LA CHAUSSÉE-D'ANTIN.

RETROSPECT.

RETROSPECT

DE

JANVIER 1813 AU MOIS D'AVRIL 1814.

L'Ermite de la Chaussée-d'Antin a terminé sa carrière avec l'empire : pendant l'année 1813 il avait été témoin de la chute épouvantable de ce colosse impérial, qu'il avait vu s'élever avec plus d'inquiétude encore que d'étonnement et d'admiration. En vain le dominateur de l'Europe, après la désastreuse campagne de Russie, avait-il, en frappant le sol belliqueux de la France, fait éclore en un mois de nombreux bataillons ; la Prusse, la Russie, la Suède, l'Allemagne [1], s'élevaient en armes contre le géant des conquêtes ; l'Angleterre, en versant à grands flots l'or et la corruption, avait ouvert l'abyme sous ses pas ; la guerre contre Napoléon était devenue populaire sur le continent ; dès-lors il put voir que son règne était passé.

[1] L'Allemagne n'a pris ouvertement parti contre l'empereur qu'après la campagne de Silésie : les Saxons pendant la bataille de Leipsick, les Bavarois immédiatement après, et les Wurtembourgeois quelques jours plus tard.

Des négociations fallacieuses suspendent un moment cette lutte trop inégale; mais des nations entières ont recruté les armées royales, et l'Europe marche sur la France.

Dresde et Leipsick annoncent que la victoire elle-même est lasse d'obéir au courage; l'étoile de Napoléon pâlit, et le monde l'abandonne. Il perd l'Espagne: par-tout la trahison des hommes se joint aux infidélités de la fortune. Le Nord tout entier pèse déjà sur nos anciennes frontières.

Cependant telle était la terreur que le nom seul de Napoléon inspirait à ce monde d'ennemis, que les vainqueurs s'arrêtent aux bords du Rhin, et proposent la paix; l'empereur la refuse; l'histoire prononcera sur cet excès d'orgueil, qu'on eût appelé sublime s'il eût gardé le trône.

La France envahie n'avait plus à opposer que quelques bataillons héroïques à des armées innombrables : la présence des baïonnettes étrangères donna aux flatteurs de Napoléon le courage de déclamer contre sa tyrannie chancelante: dans ce moment, il faut le dire, nos seuls guerriers repoussèrent l'infamie et l'invasion par des prodiges de valeur et de dévouement.

Le canon tonnait aux portes de Paris; à Brienne et à Montmirail le flambeau de la gloire française, au moment de s'éteindre, jetait ses plus vives clartés.

La France avait perdu ses rapides conquêtes, et trente ans de révolutions, de malheurs, de combats, et de victoires, se terminaient dans un désastre inouï. Tel était le spectacle sur lequel s'arrêtèrent les derniers regards de l'Ermite de la Chaussée-d'Antin.

Il partageait alors l'illusion de toutes les ames honnêtes; lassée d'une gloire sans liberté, la France espérait retrouver l'indépendance et le repos à l'abri du trône royal et constitutionnel.

Le *Franc-Parleur*, l'*Ermite de la Guiane*, et l'*Ermite en province*, sont chargés de confirmer ou de détruire ses espérances.

FIN DU TROISIÈME ET DERNIER VOLUME
DE L'ERMITE DE LA CHAUSSÉE-D'ANTIN.

TABLE.

Nº LXXXIII.	Révolutions des modes......... page	3
LXXXIV.	Une Noce à la Courtille.............	34
LXXXV.	Une première Représentation d'aujourd'hui......................	45
LXXXVI.	Le Balcon de l'Opéra...............	56
LXXXVII.	Une Soirée du grand monde.........	67
LXXXVIII.	Le Somnambulisme et l'abbé Faria....	77
LXXXIX.	Les Caquets......................	87
XC.	Correspondance...................	96
XCI.	Un Dîner d'artistes................	106
XCII.	Alix et Bérenger, ou la Fontaine d'amour!......................	125
XCIII.	L'Écrivain public.................	147
XCIV.	La Matinée d'une jolie femme........	160
XCV.	Un Voyage à Pontoise.............	171
XCVI.	Macédoine.......................	198
XCVII.	Un Jour de spectacle gratis...........	206
XCVIII.	La Journée d'un jeune homme.......	216
XCIX.	La Saison des eaux	228
C.	Une Partie de chasse................	248
CI.	Les Courses du Champ-de-Mars......	269
CII.	Le Palais	280
CIII.	Les obsèques de Grétry............	289
CIV.	Une exécution en Grève...........	299
CV.	Une Visite d'hôpital..............	309
CVI.	L'Ermite de la Guiane.............	320

N° CVII. Revue de l'an 1813.............. page 329
CVIII. Mes projets pour l'an 1814.............. 351
CIX. A mes Correspondants................ 362
CX. Le Gâteau des Rois.................. 372
CXI. Les Gens en bonnet de nuit........... 383
CXII. Projet de Journal.................... 393
CXIII. Le Pont-des-Arts 404
CXIV. La Cellule de l'Ermite................ 415
CXV. La Prise de Paris.................... 427
CXVI. La Maladie de l'Ermite............... 436
CXVII. La Mort de l'Ermite.................. 443
CXVIII. Le Testament de l'Ermite.............. 453
Rétrospect..................................... 463

FIN DE LA TABLE.

www.ingramcontent.com/pod-product-compliance
Lightning Source LLC
Chambersburg PA
CBHW060518230426
43665CB00013B/1559